思变革 创新声
北大创新评论产业研究案例库（2022）

北大创新评论学术委员会 组编

张越 谢艳 朱垒磊 编著

中国广播影视出版社

图书在版编目（CIP）数据

思变革　创新声：北大创新评论产业研究案例库：2022 / 北大创新评论学术委员会组编；张越，谢艳，朱垒磊编著. -- 北京：中国广播影视出版社，2022.11
ISBN 978-7-5043-8932-9

Ⅰ. ①思… Ⅱ. ①北… ②张… ③谢… ④朱… Ⅲ. ①企业创新－案例－汇编－中国－2022 Ⅳ. ①F279.23

中国版本图书馆CIP数据核字(2022)第203657号

思变革　创新声：北大创新评论产业研究案例库（2022）
北大创新评论学术委员会　组编
张　越　谢　艳　朱垒磊　编著

策　　划	颉腾文化
责任编辑	何　军
责任校对	龚　晨

出版发行	中国广播影视出版社
电　　话	010-86093580　010-86093583
社　　址	北京市西城区真武庙二条9号
邮　　编	100045
网　　址	www.crtp.com.cn
电子信箱	crtp8@sina.com

经　　销	全国各地新华书店
印　　刷	文畅阁印刷有限公司

开　　本	787毫米×1092毫米　1/16
字　　数	255（千）字
印　　张	18.25
版　　次	2022年11月第1版　2022年11月第1次印刷
书　　号	ISBN 978-7-5043-8932-9
定　　价	128.00元

（版权所有　翻印必究·印装有误　负责调换）

编委会

主 任

张 越

副主任

谢 艳　朱垒磊

工作组成员

（按姓名首字母排序）

董晓梦　罗 鹏　李欣桐　李子涵
田瑞雪　吴 波　杨城晟

编者寄语

思变创新，笃行致远。

从创新，到未来，我们在持续地发现"创新源动力"，并将对此的理解与案例研究成果汇编成册、结集出版。2021年春季，最新一期《北大创新评论产业研究案例库（2022）》（以下简称《案例库》）在北大创新评论学术委员会的指导下，再次启动征选、调研、汇编工作，作为北大创新评论产业研究的核心基础，旨在发掘标杆型创新代表企业与示范单位，推动创新成果的发表与传播。

本次《案例库》共收到来自产业集团、产研智库、科创企业等推荐函、自荐函过千件，同时亦收到关于既往入选案例创新升级成果的踊跃投稿，获得创新同人的广泛支持与肯定。经过北大创新评论学术委员会、案例库编委会及各行业组专家分组审议，遵循北大创新评论产业创新评价体系，在"分享前沿学知、创新产业变革"的主旨要求下，对最终入选案例给予点评并汇编成册。

我们将迎来创新价值的顺行推动，企业、区域经济体等主要社会组织将按照革新的产业科学体系及市场原则进行价值实现，敏捷、智慧、安全的智能组织形态是我们生产、生活的必备要素。在本次《案例库》当中，我们聚焦产业发展核心趋势，深度探讨创新动因与价值拐点，注重底层创新与协同创新，从新兴科技与金融、能源、制造、交通等产业融合发展领域征选创新代表，研讨创新价值在产业、市场、社会层面的具象体现。

本《案例库》原始素材、图片及企业调研数据均由入选案例提供，经编委会整理、提炼、审定并点评，形成可供产学研各界参考、学习、讨论的标准文本。入选案例

思变革 创新声

北大创新评论产业研究案例库（2022）

从促进产学研交流、共建创新生态的角度出发，均已许可案例内容的公开发表及学术引用。

产业核心发挥产业权威力，产业中坚聚焦产业影响力，产业新秀寻求产业关注力。北大创新评论将持续深入结合产业周期及产业参与者所处战略位置，输出产业创新能量，帮助核心关键人把握创新及交叉领域的行业机会，并共同培育更具战略高度、综合能力、市场韧性的"创新者"。在此也向对《案例库》工作给予帮助的学者、专家及业界同人表示衷心感谢。

北大创新评论·案例库编委会

2022 年 5 月

推荐序

加快"数智化"发展正当其时

宋洁　北京大学工学院副院长
　　　　长江学者特聘教授

当今世界正经历百年未有之大变局、新冠肺炎疫情全球大流行，国内经济短期性、周期性和结构性挑战叠加，我国经济发展面临较大的不确定性和不稳定性，如何稳住经济大盘并推动经济转型升级成为当前的重要课题。在这样的背景下，我国政府和产业界将目光聚焦到"数智化"发展领域，一批国家级扶持政策相继出台，应用层面的科技创新如火如荼，推动我国"数智化"发展全面进入快车道。

所谓"数智化"发展，是数字化与智能化相结合的一种发展模式，其在传统数字化概念基础上，进一步突出了智能化的效用，在数字技术和智能应用之间架起桥梁，既从产品角度实现了生产端与消费端的互动互促，更好满足市场个性化需求；又从管理角度实现了生产流程的数字化和智能化改造，进一步提高了数据这一生产要素的配置和使用效率。《中华人民共和国国民经济和社会发展第十四个五年规划和2035年远景目标纲要》和《"十四五"数字经济发展规划》均提出，要加快实施"上云用数赋智"行动：其中"用数"的重点是更深层次推进大数据融合应用；"赋智"的重点是支持企业智能化改造；"用数"与"赋智"相结合，就是以"数智化"为企业数字化转型提供能力扶持、普惠服务、生态构建，打造泛在智联的新型生产模式。

面对数字化信息化时代的挑战，各领域各行业通过实施"数智化"战略及其技术应用，可以明显实现提质增效降本，推动产业链升级和现代化改造，对我国实现高

质量发展具有重要意义。

一、"数智化"有利于推动数字经济发展，充分释放数字生产力

近年来，我国数字经济的发展环境较以往有了明显提升，物联网、5G、人工智能、大数据、区块链、云服务、VR 等新技术在很多行业和领域已有广泛的应用案例，并与新能源、新材料、高端制造等新兴领域相伴相生。企业通过运用"数智化"技术，对数据进行深度挖掘，充分发挥数据价值，实现关键环节的智能化，快速响应市场需求，使企业在生产效率、制造成本、产品质量、人员效益方面得到显著的提升。"数智化"为数字技术的应用指明了方向，引导数字生产力有效释放，为数字经济的快速发展提供了强大支撑。

二、"数智化"有利于构建新发展格局，完善数据要素市场

当前国内市场循环不畅的主要制约因素是供给与消费不匹配，需求收缩较为严重，消费端数据所包含的价值没有得到充分重视。"数智化"技术可以从广度和深度两个层面促进市场需求：一是可以通过对消费者大数据的智能分析，将产品及时准确地营销给目标客户，提升供需双方的交易效率，缩短交易周期；二是通过深入解析用户反馈的大数据，准确聚焦消费热点，据此对产品进行持续迭代升级，能够有效满足用户需求，激发消费潜力。同时，在数据要素应用方面，通过"数智化"技术和手段，在供给端可以提供高价值的数据产品，在需求端可以精准满足数据需求，利用智能化分析破解供需双方之间的信息不对称问题，使供需衔接更加顺畅，从而进一步活跃数据要素市场。

三、"数智化"有利于加快供给侧改革，推动稳链、固链、强链

供给侧改革的关键在于技术创新和产业升级。对企业而言，产业升级意味着生产过程的效率提升，产品的附加值增加。"数智化"应用能够优化生产资料配置，大幅提高全要素生产率。同时，产业升级既包含技术提升的要求，也包含供应链的优化要求。在合作分工日益专业和市场需求多变的今天，供应链的稳定和快速响应尤为

重要。"数智化"能够让企业更加了解自身的经营状况，同时也能与供应链伙伴建立更为紧密和稳定的合作关系，通过优化全链条生产过程，为新产品、新技术、新业态迭代提供应用场景，使企业能够灵活应对供应链的变化，确保稳链、固链、强链。

四、"数智化"有利于提升国家治理能力，改善市场环境

"数智化"不仅对经济增长发挥着重要促进作用，更是管理模式和治理方式的重大创新与提升。随着网络强国、数字中国建设加快推进，迫切需要提高商务和政务效率，建立公平有效的治理体系，这些都离不开国家治理能力的"数智化"建设。"数智化"技术能够协助管理部门打通数据孤岛，对分散的数据进行逻辑整合，优化管理流程，实现数据的智能化协同利用，推动创新治理理念和方式，形成数字治理新格局，推进国家治理体系和治理能力现代化。同时，"数智化"技术的广泛应用，也有利于加快建设全国统一大市场，推进系统协调，加快完善数据权属、价值、安全、流通等方面的规章制度、配套措施和业务模式，为数据要素市场的安全有序发展保驾护航。

随着市场对创新理论和应用领域的关注日益增长，《北大创新评论》关于"创新产业变革"的探讨恰逢其时。本书案例涉及金融科技、能源科技、智能出行、智能制造、数字化管理和智能应用等领域，既涵盖关系国计民生的生产行业，也包括与群众日常生活密切联系的消费行业。案例能够将新技术和新模式加以很好的融合，满足了市场的迫切需求，介绍了市场主体和管理者如何通过以"数智化"技术、新兴技术为代表的创新体系融入经营、管理、市场以实现提质增效，为企业创造了更多的经济和社会价值，是政策制定者、企业经营者和创业人员可以参考的优秀资料。相信未来随着案例库的不断发展和完善，本书一定能够成为了解我国"数智化"发展水平和前沿趋势的重要参考。

目录

第一章　金融与科技的"化学效应"

科大讯飞：全栈式 AI 中台加速金融机构智能化创新 / 004

中再巨灾管理公司：巨灾科技支持实体企业气候风险管理 / 014

锘崴科技：隐私计算守护数据要素可信流转 / 022

腾讯云：金融云平台领航金融行业数字化新生态 / 033

冰鉴科技：智能风险管理提升普惠金融服务效能 / 044

火山引擎：智能内容科技释放用户价值创新力 / 056

第二章　新能源　新动力　新经济

中科海钠：钠离子电池实现高性价比储能革新 / 068

电眼查：全场景数据服务平台为电力企业智慧赋能 / 079

华为数字能源：绿色能源方案助力数据中心可持续发展 / 089

亮风台：HiAR Space 增强电力运维高效智能 / 100

金羽新能：高能量密度固态电池深入新能源产业应用 / 109

第三章　从工业互联到工业智联

兵工物资：智慧供应链协同平台智能采购创新实践 / 122

卡奥斯 COSMOPlat："1+N+X" 模式升级城市数字经济生态 / 132

华润数科：Resolink 数字科技构筑跨领域工业互联网协同创新 / 141

蓝箭航天：商业火箭助推中国航天事业腾飞 / 149

树根互联：根云平台推进"5G+ 智慧无人工厂"建设之路 / 158

西域：MRO 数字供应链携手企业数字化新征途 / 165

赛轮集团："橡链云"平台联动中国轮胎企业弯道超车 / 171

第四章　建设最具活力的智能网联汽车社会

兆易创新：MCU 产品 + 生态驱动中国"芯"未来 / 182

智加科技：重卡自动驾驶方案塑造智慧干线物流 / 191

满电出行：精细化运营让新能源智慧出行全面立体 / 198

长城汽车：坚定品类创新推动中国汽车品牌向上 / 208

挚途科技：创新多维探索商用车自动驾驶场景 / 216

第五章　创新驱动的产业"数智化"发展路径

e 签宝：数字签署打造数字政务场景新基建 / 228

深信服："零信任"安全体系构建企业数字化安全底座 / 237

爱笔智能：AI Mall OS 人工智能重塑商业空间 / 250

众安科技：主动风险管理服务赋能网络安全保险发展 / 261

保利威："全链路视频直播"服务企业数字化创新 / 271

第一章

金融与科技的"化学效应"

第一章
金融与科技的"化学效应"

政策推动如根,技术发展为干,产业应用为叶。在我国,金融科技顶层设计全面立体,具备足够的发展空间与创新潜力,金融"数智化"价值增长势不可当。

金融是天然数字化的行业,它既是一个传统领域,又具备了向新兴方向发展的最佳数据要素底座。如要数据要素在金融科技应用中实现经济价值倍增,我们则要勇于探索金融科技的先进性、创新性,在金融数据要素底座上加持网络底座、技术底座、算力底座,推动金融数智基础设施的升级与强化。在监管规则逻辑内,创新金融产品、服务、商业模式和营销方式,最终更大地发挥金融服务的效能,以点带面将优秀的经验和方法辐射到全行业、全领域、全区域,示范、引领、推动中国金融科技体制机制的进化。

"数智化"转型也给金融行业的发展带来了一些潜在可能。在服务创新驱动的实体经济中,金融行业是否可以管理未知的风险,如网络安全风险、合规风险、责任风险、新算法风险、新模型风险以及其他不可知风险等。同时,激流勇进必经大浪淘沙,新一轮技术变革将让金融机构再次站上新跑道,将会带来行业经营模式的结构性变化,市场竞争程度增加。

大势所趋必不能逆势而行,但对新技术、新模式、新格局也要审慎客观。金融行业在科技创新的推动下正从"立柱架梁"全面迈入"积厚成势",但只有在"数智化"转型升级过程中系统布局、开放创新、合理优化,方能行稳致远。[1]

---

[1]参见创新观点导读:北大创新评论《保险业数字化转型:趋势与挑战》。

科大讯飞：
全栈式 AI 中台加速金融机构智能化创新

摘要： 科大讯飞股份有限公司（以下简称"科大讯飞"）是智能语音和人工智能上市企业，致力于 AI 中台作为全栈式、集约化、自动化的新生产力工具的设计与推广。AI 中台是实现 AI 技术在各行业中快速研发、共享复用和部署管理的智能化底座和关键基础设施，在金融行业中，AI 中台解决方案提供从数据采集、数据标注到 AI 模型训练，直至 AI 能力服务输出的整套智能化升级技术产品，助力金融机构沉淀共享 AI 资产，加速智能化升级。

关键词： AI 中台　金融科技　数字化转型

1. 背景说明

1.1 政策背景

发展壮大人工智能产业是党中央、国务院为准确把握新一轮科技革命和产业变革世界发展潮流大势，加快建设创新型国家和世界科技强国所做出的重大战略决策部署。

2021 年 3 月，《中华人民共和国国民经济和社会发展第十四个五年规划和 2035 年远景目标纲要》[1] 提出：培育壮大人工智能、大数据、区块链、云计算、网络安全等新兴数字产业，提升通信设备、核心电子元器件、关键软件等产业水平。建设重

---

[1] 新华社北京 2021 年 3 月 12 日电，《中华人民共和国国民经济和社会发展第十四个五年规划和 2035 年远景目标纲要》，2021 年 3 月 13 日，中华人民共和国中央人民政府网站，http://www.gov.cn/xinwen/2021-03/13/content_5592681.htm。

点行业人工智能数据集,推动通用化和行业性人工智能开放平台建设。

对作为企业数字化领头羊的金融行业,2022年1月4日,中国人民银行发布的《金融科技发展规划(2022—2025年)》[1]提出:强化金融科技治理,全面塑造数字化能力,健全多方参与、协同共治的金融科技伦理规范体系,构建互促共进的数字生态;健全安全高效的金融科技创新体系,搭建业务、技术、数据融合联动的一体化运营中台,建立智能化风控机制,全面激活数字化经营新动能。

1.2 行业现状及痛点

随着数字经济上升为国家战略,金融数字化转型正在从多点突破走向深入发展。观察披露的上市银行2021年年报中,有三个变化值得关注:一是银行愈发渴求科技人才,科技员工占比显著提升;二是银行普遍将数字化转型视为发展的"总抓手",强化统筹领导;三是数字化转型已初显成效,相关资金投入有望进一步增加。[2]

人工智能、大数据、云计算三类能力作为重要的抓手,已经成为金融机构数字化转型过程中优先考虑建设的必备能力和基础设施。但在智能化能力建设过程中,金融机构仍面临着一系列的问题,对AI能力自行开发建设的技术储备有限,耗时费力反而输出存在局限,耽误快速转型。企业级AI能力完整落地面临着三大挑战。

1.2.1 需进一步沉淀核心AI能力资产

AI能力是业务智能化的基本生产要素,是数字经济时代的"水电煤"。强大的AI工程能力不仅能够促使AI模型提升性能、可扩展性、可解释性和准确度,还能够优化资源配置,提升模型开发效率和业务敏捷响应度,最大化AI价值,促进智能化应用的落地。基于AI能力建设的复杂性和高成本,企业自建能力的效率无法更好满足业务需求,需加强AI能力资源池建设,降低AI能力使用门槛及加快能力普及,更好支撑业务场景落地。

---

[1] 中国人民银行印发《金融科技发展规划(2022—2025年)》,载中国人民银行网站,2022年1月4日,http://www.pbc.gov.cn/kejisi/146812/146814/4438627/index.html。

[2] 载中国经济网:《金融数字化转型积厚成势》,2022年4月2日。

1.2.2 AI能力缺乏统一纳管

企业在智能化建设过程中，AI能力缺少统一规划，标准规范不统一，在后续集成以及资源复用时衍生大量工作量，维护成本以及建设成本也逐步增高，能力分散、接口不统一等问题突出，导致前台开发对接难，无法灵活切换厂商和能力组合，难以沉淀共享AI资产，支撑复杂业务需求。

1.2.3 行业AI应用需根据自身业务定制化演进

由于企业内部AI人力缺口较大，目前企业常见的做法是AI应用外采。随着业务需求的不断变化，企业难以自主实现适配优化。对企业而言，核心业务的AI应用需根据实际需求和发展规划自主迭代演进。

2. 创新描述

科大讯飞AI中台是基于行业领先的人工智能技术及应用实践，面向客户提供"开箱即用"的AI原子能力、多厂商能力统一纳管、全能力开发优化闭环、业务场景落地赋能的一站式企业级解决方案。通过AI中台赋能场景，加速金融企业数字化升级，有效提升企业业务智能化、管理智能化水平，保持并提升企业的运营效率和创新能力（见图1-1）。

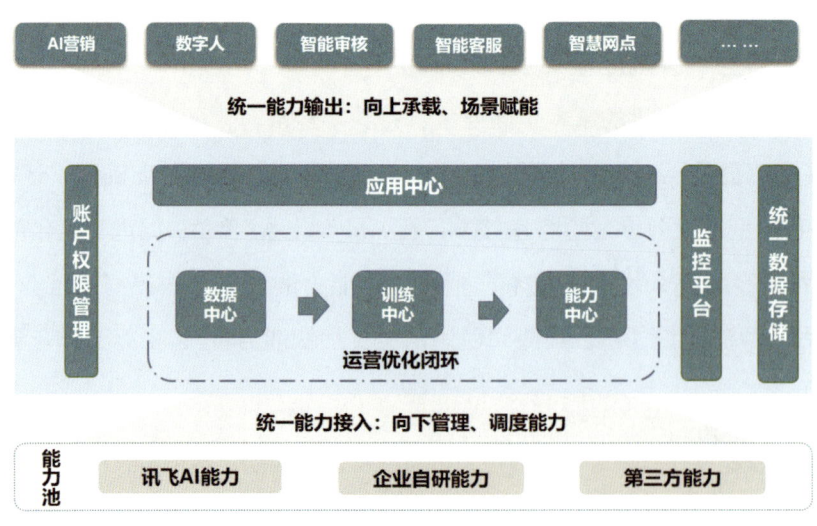

图1-1 AI中台解决方案

2.1 利旧创新：复用已有建设能力，推动业务创新

科大讯飞充分考虑到金融机构智能化建设的现状，中台的建立并不意味着推倒重来，而是对上一阶段建设的总结归纳。AI中台可实现能力和服务与业务解耦，统一化快速输出，支持前台各业务专注创新、敏捷创新，打造高度适配业务场景的能力及解决方案。

AI中台的目标是通过能力管理和服务模式的创新，助力金融业务创新，帮助金融客户降本增效。具体体现在以下两个方面。

（1）能力管理创新方面：多厂商能力统一纳管调度，应用无感知切换，实现机构自主掌控，减少管理成本；具备全面丰富的监控运营维度，可定制数据大屏，实时查看AI中台运行状况；利用中台发现、沉淀、复用底层历史建设的能力和服务，避免内部资源浪费。

（2）能力服务创新方面：AI中台可将金融机构已有能力进行统一的纳管，同时进行能力扩充，更好支撑业务应用的同时提高能力的复用率；实现能力的统一纳管后，通过能力组合编排功能，实现不同业务应用之间能力的融合，快速有效支撑复杂场景，实现能力沉淀再创新。

2.2 先立后破：规划能力、数据能力、建模能力全面突围

AI中台是科大讯飞基于金融行业的理解和人工智能技术逐渐成熟而形成的产物，具体可分为以下三个方向。

（1）规划能力：科大讯飞AI中台从全局视角出发进行"数智化"规划，在接入及服务层提供统一标准的输入输出规范，具备统一的用户管理、能力管理、数据管理、审计等管理监控功能，支持开放上架并兼容管理所有来源的AI能力，助力金融机构降低多种类能力融合纳管成本，同时助力金融机构根据自身需求完成创新应用的敏捷开发。

（2）数据能力：AI技术应用的源头是数据的驱动，数据驱动的核心是对特征工程的应用。各个行业都有自己的业务属性及业务场景。因此，在提供基础的AI原子能力的同时，AI中台提供的标注训练一体化功能模块兼顾易用性与开放性，以金融

行业实际业务需求作为衡量标准，支持语音、文本、图像多场景标注，支持 AI 辅助标注，提高效率，成本降低 30% 以上。

（3）建模能力：科大讯飞 AI 中台提供数据管理、模型建模、模型发布等一整套 AI 建模能力，实现客户自主运营、高效运营；提供的训练平台支持通用 AI 能力和业务场景建模的全生命周期流程，通过标准化接入方式支持多厂商 AI 原子能力拆解，实现全域全场景模型研发能力支撑。平台支持私有化部署，全路程内网，支持脱敏标注，守护数据安全红线。

2.3 全栈底座：全经营场景部署

科大讯飞 AI 中台作为全栈底座，可持续扩充底层能力，既可以无缝接入自有的 400 余项 AI 能力、130 多项金融领域场景能力，也可以接入生态厂商提供的成熟能力，解决智能化服务能力的转型升级。智能化服务能力主要包含以下三个方面。

（1）在智能语音方面：具备金融领域 7 个细分场景共 50 余项语音预处理、语音识别、声纹识别、语音合成、多语种翻译等能力。

（2）在智能图像方面：票据 OCR 支持对 40 多种类型票据的识别、通用 OCR 支持表格识别与勾选框识别等功能，人脸识别支持人脸检测、活体检测、目标库管理等能力。

（3）在智能文本方面：除具备基础的面向字、词的基础 NLP 能力，中台还支持面向金融审核业务的要素抽取、文档比对等能力，支持面向客服场景的对话分类、对话摘要等功能。

以 AI 中台作为底座，丰富的原子能力作为资源，支撑金融机构构建全场景智能化应用，根据金融行业常见场景可分为以下几类。

（1）智能营销：智能推荐、客户管理、智能客户经理等。

（2）业务运营：智能风控（智能核身、声纹反欺诈、反洗钱、舆情风险管理等）、智能语音客服、双录质检等。

（3）服务体验：语音导航助手、3D 数字人、智慧网点、智能投顾等。

（4）经营管理：财报分析、智能报销、消保审核等。

3. 项目运作节奏

为更好满足金融机构不同业务场景需求，适应市场变化，科大讯飞不断进行技术更新和迭代完善优化 AI 能力。科大讯飞 AI 中台产品分成三步走：

第一步，进行 AI 能力输出，赋能业务智能化；

第二步，打造运营闭环，实现 AI 能力自我进化；

第三步，构建企业的 AI 中台，为场景应用赋能。

3.1　能力输出

科大讯飞 AI 中台预搭载了 400 余项基础 AI 模型能力，这些能力可快速部署，为业务创造价值。

某中部省份农商行因业务需要，通过 AI 中台在一个月内便完成了 20 余项语音能力（包括识别、合成等）、OCR 能力（包括身份证、银行卡、各类票据等）、1∶1 人脸识别能力以及多项成熟图像识别能力的上线运营。

3.2　运营闭环

除了成熟能力的快速引入外，基于 AI 中台的标注训练一体化模块可实现企业专属场景化能力训练。科大讯飞目前在多家金融机构完成了业务需求的运营闭环。

某城商行在科大讯飞算法专家的指导下，利用 AI 中台小样本训练平台在样本数量不足、AI 团队初建的情况下，仅仅使用百余份数据便完成了业务凭证模型的训练，取得了实用效果，并在行内推广使用。

3.3　场景赋能

AI 中台建设秉承"从业务中来到业务中去"的原则，按照优化一批、新建一批、创新一批的节奏快步持续迭代，支撑更多业务场景，实现对客户、业务、员工、生态的"数智化"支撑。

某股份制银行系统规划以需求为主导，以往采购的科技能力难以实现能力复用、知识沉淀和业务知识共享。上线科大讯飞 AI 中台后，该银行解决了资源分散、管理缺失和复杂业务支撑难的问题，实现了自有和三方 AI 能力的统一输入输出及管控，行内能力得以共享和集约化管理，并依托中台对客服系统、人脸识别、OCR 识别等多个 AI 版块进行了升级改造及创新，落地了 App 语音导航、数字人、智能外呼、合同审核、AI 营销等数个场景应用。

4. 市场应用及未来展望

4.1 市场应用

科大讯飞依托业界领先的大数据技术和 AI 技术进行双向叠加、双向促进、持续迭代和不断优化，进行 AI 中台落地，助力金融客户的数字化、智能化转型。

4.1.1 打造智能化基础底座，实现能力敏捷输出

科大讯飞 AI 中台搭载科大讯飞前沿、丰富的 AI 原子能力，并作为 AI 能力的生产和集中化管理平台，能够快速沉淀企业自身 AI 资产，实现数据、算法、模型等要素的复用和流程化管理，结合自动化建模，解决企业在智能应用开发过程中的数据管控、敏捷交付、运营迭代等问题，支撑智能应用快速研发和高效部署。

4.1.2 "平台+场景"创新解决方案，赋能应用场景落地

科大讯飞 AI 中台集算力、数据、开发、智能算法、智能服务、智能应用于一体，并且具备丰富的智能化应用及场景建设经验，创新推出"平台+场景"的解决方案，通过 AI 中台赋能场景，助力企业增强智能化运营力及业务响应力，目前已广泛应用于智能运营、智能营销、智能客服、智能风控、数字人等业务领域。

4.2 未来发展

随着数智时代的到来，金融机构数字化转型已成为不可逆的发展主流。一方面，科大讯飞将立足金融场景，借助 AI 中台打造 AI 数字人解决方案，为金融行业客户

提供契合客服、营销、培训等业务场景需求的数字人应用,满足金融服务多元化、互动式需求,助推金融行业流程及科技创新,促进金融数字化升级转型;另一方面,科大讯飞将携手金融机构和生态伙伴,推动 AI 中台在医疗保险、教育、养老等行业中应用落地,赋能实体经济,共同营造金融智能生态。

未来,科大讯飞将致力于用人工智能打造数字经济新优势,支撑企业在数字化经营与数字化管理方面的智能化升级,助力金融机构用 AI 技术开启第二增长曲线,让企业运营更智能,更具价值创造能力、战略支撑能力和风险防控能力。

创新观点:科大讯飞《人工智能系统化创新助推产业升级》
扫码观看视频解读

编委会点评

社会价值

人工智能作为新信息基础设施之一，在新一代信息技术产业应用中居于核心关键地位，是智能世界的新生产工具，为数据资产的更佳利用提供了分析运用的能力，与5G、云计算等组成了数字经济加速发展的源动力，综合应用价值赋能各类社会组织并覆盖农业、制造、金融、交通、政务、医疗等广泛场景，基于生产力在不同层面的提升，持续推动产业变革，激发消费需求。

金融业作为信息化程度发展最高、信息技术应用最密集的行业之一，对数字化转型、智能化升级的要求更加迫切，以AI为核心的智能应用将有利于提升整体行业的服务效率、拓展服务广度深度，进一步促进金融助力实体、服务社会；实现"数字驱动、智慧为民、绿色低碳、公平普惠"全面发展。

创新价值

科大讯飞AI中台以全栈式解决方案助力金融机构智能化升级，在金融机构既有数字化能力体系基础上进一步深化AI原子能力，不只"授人以鱼"，更是"授人以渔"。在智能语音、智能图像、智能文本等应用方面运用AI中台底层创新力，帮助金融机构在声纹反欺诈、AI数字人、智能审核、智能经营管理等关键点上实现效能突破。在深度支撑全业务场景的基础上，更兼容能力复用、扩展生态建设，可满足金融机构多元化需求，并对大中小金融机构均具备可用性。科大讯飞AI中台帮助金融机构"数智化"升级更具前瞻规划性、数据驱动性、业务普适性，将AI中台打造为助推数字要素融入金融机构全经营流程的加速器。

中再巨灾管理公司：
巨灾科技支持实体企业气候风险管理

摘要： 中再巨灾风险管理股份有限公司（以下简称"中再巨灾管理公司"）为中国再保险集团旗下、国内首个聚焦巨灾风险科技研发的实体机构，专注于巨灾风险管理技术与服务，自主研发中再巨灾模型平台，服务直保公司、再保公司、保险经纪机构等，制定精细化巨灾风险区划和限额管理，快速评估承保业务的保险损失，优化设计再保方案，并为政府、产业方提供"风险识别、风险量化、风险管理"等定制化服务，将灾害风险管理融入智慧城市建设和产业数字化转型。

关键词： 巨灾模型　保险科技　风险管理

1. 宏观背景

1.1 宏观背景：助力"双碳"战略，积极应对气候风险变化

保险作为气候风险管理的主要市场化手段，在践行国家"双碳"战略大背景下，积极开发绿色保险产品和服务，助力"双碳"目标推进和气候风险变化应对。

根据中金公司预测，到2060年我国绿色投资需求总额是139万亿人民币（以2020年人民币价值计算）。[1] 如此巨额的资金投入和建设成本，为保险业助力实体企业风险管理和风险分散提出了时代课题。

从宏观环境来看，气候变化下我国灾害形势严峻异常，巨灾风险敞口增长较快。党中央、国务院高度重视自然灾害防治，提出"两个坚持、三个转变"防灾减灾救灾

---

[1] 参见中金公司研究部、中金研究院著：《碳中和经济学》，中信出版社，2021年8月第1版。

理念，灾害风险综合管理新发展格局正加速形成。监管部门高度重视巨灾风险管理，全力推进巨灾保险发展。

1.2 行业痛点：台风灾害严重，电网资产保险保障亟待解决

我国是全世界少数几个受台风影响最严重的国家之一，从辽宁到广西漫长的沿海地区都可能有台风登陆，台风带来的强风、暴雨和风暴潮严重威胁人民生命财产安全。目前全球发达国家自然灾害保险补偿率为50%左右，而我国不足10%，[1] 保险业迫切需要在巨灾风险防范、损失补偿、恢复重建等方面发挥更加积极的作用。由于巨灾具有发生频率低、造成损失大、难以预测等特点，保险业所依赖的传统精算统计手段无法准确评估巨灾风险状况，造成保险公司对巨灾风险"不敢保、不愿保、不能保"。可见巨灾风险量化技术能力不足是制约我国巨灾保险发展的重要因素之一，研发"中国台风巨灾模型"意义重大。

目前，国内外针对台风路径预测、台风风场计算方法、电网安全评估方法、输电网故障预警、微地形风速修正、最优潮流等已有相关研究，为进一步研究极端灾害台风造成电网发生结构失效的安全评估及应急调控问题提供了理论依据，但当下对电网资产在台风作用下从灾前损失预测到灾中减损再到灾后快速理赔尚无一套成熟的保险流程体系。

电网工程是人民的生命线，在强风状态下能否快速预估受损程度、受影响范围等，对灾前预警、灾中抢修、灾后恢复等具有重要意义。研究台风对电网资产的影响是对影响区域内风灾动态形成、影响区域、强度和电网损失水平的分析研判和模拟测算，从而为相关供电单位明确防灾备灾重点工作提供科学依据，并辅助判断可能影响区域内的承保区间、抢修能力、快速估损能力、快速理赔能力，进一步提升以提高员工效率、减少保险损失。

---

[1] 本案例中行业数据及项目数据解释权归中再巨灾管理公司所有。

2. 创新描述

再·型平台全称为"中再巨灾模型平台",是我国首个拥有自主知识产权的巨灾模型,[1] 旨在整合地震、气象、水文、灾害学、工程学、金融学、精算科学等方面的专业技术知识,为政府部门、企事业单位、金融保险行业提供一套完整的灾害风险管理工具和量化评估工具。平台通过批量地址解析、GIS可视化、大数据处理等科技手段优化交互方式,提升用户体验,支撑政府、产业的灾害风险识别、风险量化、风险管理,保险行业巨灾保险定价、风险识别、理赔及时响应、业务组合优化和风险累积管理。

其中"中国台风巨灾模型"可模拟15万场台风随机事件引起的风场、降水场、风暴潮、洪涝,以及由多灾因耦合作用造成的经济损失与保险损失,并提供风险转移方案。本案例中中国台风巨灾模型本地化部署于鼎和保险"风险云"平台,并针对客户需求提供定制服务,制定对应输电线路的易损性模型与风险暴露模型、针对电网资产的金融模型,将中国台风巨灾模型与主体业务相结合,提供个性化防灾减损及保险方案建议。

2.1 模型自主创新,填补国内空白

风险量化是风险管理和风险控制的核心基础。中国台风巨灾模型建立了海量自然灾害、基础地理信息、工程标的信息、损失率等数据库,其在绿色能源产业的服务,既可总体预测符合物理机制的特重大灾害对绿色能源行业造成的损失风险,又可精细量化具体能源工程的灾情损失。目前该项"技术+服务"在国内仅中再巨灾管理公司有能力面向行业提供,填补了行业空白,打破了国外模型公司的技术垄断。模型创新点包括以下几点。

(1)首次研发了包含台风事件集、风场、降雨、风暴潮、洪涝等多灾因耦合作

---

[1] 载银保监会网站,第266场银行业保险业例行新闻发布会,2020年12月24日,http://www.scio.gov.cn/xwfbh/gbwxwfbh/xwfbh/38176/Document/1695747/1695747.htm。

用的"中国台风巨灾模型",具有基础数据资料完整、方法先进、全过程动态模拟等显著优势。

（2）构建了符合中国国情的台风巨灾保险易损性分类体系，建立了面向台风巨灾保险的建筑结构、室内财产、营业中断、在建工程、区域保险损失评估的台风、洪水及其联合易损性模型。

（3）融合多源异构大数据，构建了覆盖中国全境的高精度公里网格住宅、商业、工业风险暴露数据库，可实现省、市、县三级累积总保额的合理空间拆分，有效提高了台风保险风险损失评估的可靠性。

（4）构建了基于超性能计算的台风巨灾模型，突破台风巨灾模型计算范围广、计算数据庞大、数据结构复杂等因素造成耗时长的瓶颈问题，能够满足保险业对海量、广域、实时巨灾事件的模拟需求。

（5）构建了体系先进、可供商业应用的中国台风巨灾模型云平台，运用云计算、高性能计算、弹性计算等最新技术，可实现百万级标的损失快速计算。用户可根据自身需求定制不同场景的模型应用，灵活选择云端在线应用或部署本地，实现与本地系统的在线融合。

2.2 产业发展融合，突破行业壁垒

因台风巨灾模型的整体架构呈低耦合模块化的特点，使得模型可以服务于更多不同的行业与产业。

台风巨灾模型源于保险行业。在保险行业中，易损性模块和风险暴露数据多为住宅、商业、工业等建筑物，同时金融模块涵盖了不同的保险方案，聚合直保公司的保单信息按照对应条款进行损失分析，向行业输出年平均损失、损失超越概率曲线、事件损失等结果。保险公司可从保险定价、风险累积、风险控制与管理等多个角度使用台风巨灾模型，了解企业自身所处自然灾害的风险分布与趋势，从而将风险融入全球巨灾保险行业和国际风险管理体系之中，以便掌握市场状况并与国际行业接轨。

易损性模块可针对不同行业和产业的相关自然灾害暴露物进行研发，实现产业发展融合，如鼎和保险"风险云"平台，通过搭建不同电网资产的有限元模型，模拟不同台风条件下的灾害扰动对电网资产的影响，对台风巨灾模型的原有易损性模块进行针对性开发改造，得到电网资产易损性模块，同时输出结果为电网资产在台风影响下的损失分布。

同理，台风巨灾模型也可在光伏电站、核电能源等新能源产业实现落地应用。

2.3 管理模式创新，气候风险双向闭环

"双碳"目标是气候变化战略的减缓内容，着重减排降碳；极端灾害风险管理属于气候变化战略的适应内容，着重风险管理。中国台风巨灾模型在支持气候变化战略中，既服务于"双碳"目标的气候变化减缓战略内容，又服务于风险治理的气候变化适应战略内容，是气候变化风险综合管理的模式案例。

中国台风巨灾模型服务鼎和财险，支持量化分析电网资产风险，快速预评估台风灾害造成的财产损失，提供针对性防灾减损服务。

3. 项目运行成果

3.1 项目介绍

鼎和保险"风险云"平台是鼎和财险从保险为产业服务的角度量化分析电网资产风险，快速预评估台风灾害造成财产损失所开展的针对性防灾减损服务。中再巨灾管理公司在本项目中为鼎和财险提供科技服务支撑，助力鼎和财险台风巨灾风险模型落地应用（见图1-2）。

项目将"中国台风巨灾模型"进行客户本地部署，并进行个性化定制，开发针对电网输电线路的易损性模型与风险暴露模型、针对电网资产的金融模型，实现台风实时展示、输电塔易损性计算、电网资产损失实时预测、保险损失计算等功能。

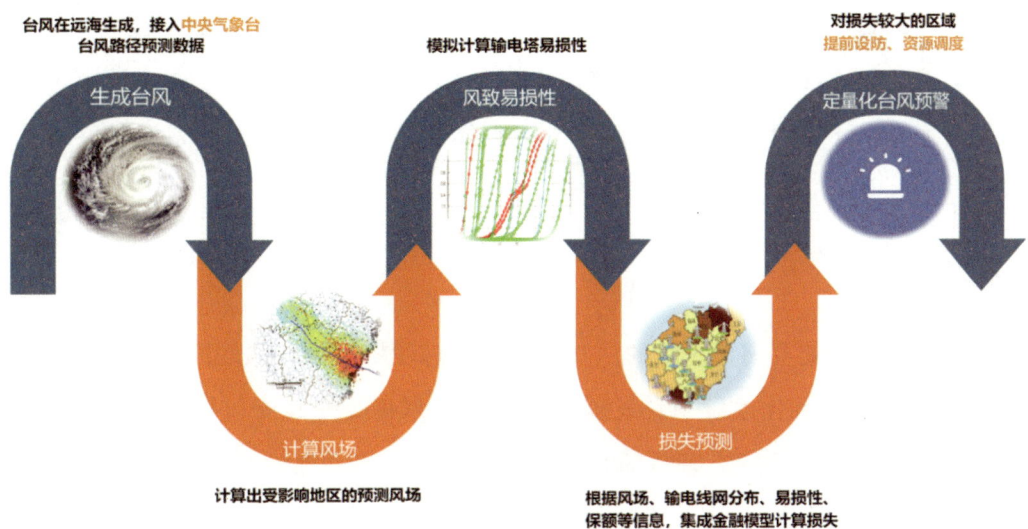

图1-2 鼎和保险"风险云"平台案例技术方案图

3.2 成果展示

中再巨灾管理公司的"中国台风巨灾模型"帮助鼎和财险建立了业内首个电网资产台风巨灾模型，[1]通过对电网资产、地理、灾害、气象、保险等大数据的精准分析，提供电网资产台风防灾减灾的综合解决方案，保障了新型电力系统的稳健运行。

本案例引入了台风巨灾风场模型，建立了考虑复杂地形效应与地貌变化特点的参数化台风风场模型，能够根据气象预报的台风路径、强度等信息，动态计算台风风速随时间、空间的变化情况，实现了灾害强度由点及面的快速评估。同时，与电网资产中的输电杆塔结合，建立输电资产的台风损失模型，并以海南某地区的电网资产为试点，打造集合灾害预警、查勘定价、数据分析的统一风险管理平台，为客户核心资产提供风险保障，在"狮子山""圆规"台风中发挥了重要作用，累计为客户提供5.2万次风险查询服务，发送预警19.6万人次。

中国台风巨灾模型自发布以来，荣获中国人民银行2020年度金融科技发展二

---

[1] 载中国新闻网，《鼎和保险公司"风险云"二期系统正式上线 创新建立业内首个电网资产台风巨灾模型》，2021年4月2日。

等奖，[1]"2021 年度数字化风控卓越案例"入选 2021 中国保险业数字化转型优秀案例名单。[2]"台风洪涝全链路遥感与快速评估模型研究"和"采用统一计算架构巨灾风险评估引擎性能研究"分别荣获了中再集团 2021 年度星火计划课题特等奖与一等奖。

4. 未来展望

数字化发展改变着灾害风险的认知基础和管理逻辑基础。从发展环境上来讲，政府灾害风险治理数字化建设孕育发展新市场，未来将改变政府包揽的灾害管理与救助模式，将保险纳入国家灾害救助和应急管理体系，推动保险业深入参与灾前预防、资金筹集、灾后补偿、恢复重建的各个链条。随着保险业参与国家灾害救助和应急体系的逐步深入，保险业对巨灾风险管理的需求更加旺盛，保险行业量化风险管理、减量风险管理和灾害预防服务将创造发展新机遇。

巨灾风险管理与产业融合发展提出巨灾模型新需求，未来中再巨灾管理公司将持续拓展模型应用场景和应用对象，在国家能源安全战略和"双碳"战略背景下，扩展模型对海上风电、海上油田、新能源电厂、新能源汽车等场景的支持，服务保险行业和相关企业。未来，商业化聚合资源和服务政府、产业、保险行业的生态发展将持续注入发展新动能。

---

[1] 参见中国人民银行《关于 2020 年度金融科技发展奖获奖项目的公示》附件《2020 年度金融科技发展奖项获奖项目》，2021 年 12 月 15 日。

[2] "2021 中国保险业数字化转型优秀案例"名单于 2021 年 12 月 24 日在《中国银行保险报》主办的"2021 中国保险业数字化转型峰会"上发布。

第一章

中再巨灾管理公司：巨灾科技支持实体企业气候风险管理

编委会点评

社会价值

在产业数字化发展背景下，科技与场景的深度融合也在不断提速。如今科技创新驱动力的实现，无论是在企业"数智化"经营、运营、生产等核心链条的关键创新，在数据安全、价值发掘等方面的应用实践，还是在科技成果转化孵化与机制创新等创新前端，都需要提升对顶层框架、发展目标、重点任务和实施保障的深度理解。

其中，金融机构的科技能力及技术平台建设将加速产业服务转型的步伐，并将发挥"高效服务实体经济""助推服务智能创新""全面把握风险管理"等关键作用，在市场化环境中进一步促进相关领域科技化成长，在当前阶段有助于通过市场机制增强金融机构科技实力并转化为服务实体经济的新动能，是金融行业勇于突破并守正创新的代表之一。

创新价值

中再巨灾管理公司深入巨灾管理模型研发与服务方案创新，在多学科交叉融合、多技术优化应用、多元化数据分析的基础上，推出行业引领性"中国台风巨灾模型"并落地应用。该模型在电力产业中的实践帮助相关企业防灾减灾、稳定经营，保险保障能力大为提升，创新了我国科技应用与服务范本，为我国重要领域核心资产的"预测—减损—理赔"保险链条建立了科学依据，有备而来、有的放矢，并具备较高的推广复制价值，是我国气候风险数字化的创新标杆。

锗崴科技：
隐私计算守护数据要素可信流转

摘要： 杭州锗崴信息科技有限公司（以下简称"锗崴科技"）专注于隐私计算服务领域，以采用安全联邦学习、多方安全计算、可信执行环境、密码学、区块链等技术打造的锗崴信®隐私保护计算平台为核心，实现"数据可用不可见""数据不动价值动"及"用途可控可计量"，应用于医疗、保险、政务、金融等多个行业，促进多方数据协作和计算。

关键词： 数据安全　隐私计算　隐私保护计算平台

1. 背景说明

1.1 政策背景

1.1.1 顶层设计推动数据要素市场化配置改革

国务院印发《要素市场化配置综合改革试点总体方案》[1]提到，探索"原始数据不出域、数据可用不可见"的交易范式，在保护个人隐私和确保数据安全的前提下，分级分类、分步有序推动部分领域数据流通应用。

《"十四五"数字经济发展规划》[2]强调充分发挥数据要素作用，强化高质量数据

---

[1] 参见国务院办公厅印发的《关于印发要素市场化配置综合改革试点总体方案的通知》（国办发）〔2021〕51号。
[2] 参见国务院2021年12月12日印发《"十四五"数字经济发展规划》（国发〔2021〕29号）。

要素供给，加快数据要素市场化流通，创新数据要素开发利用机制；加快构建数据要素市场规则，培育市场主体，完善治理体系，到2025年初步建立数据要素市场体系。

《中共中央 国务院关于加快建设全国统一大市场的意见》[1]明确提出"加快培育统一的技术和数据市场"的要求。

2022年6月召开的中央全面深化改革委员会第二十六次会议强调，数据基础制度建设事关国家发展和安全大局，要维护国家数据安全，保护个人信息和商业秘密，促进数据高效流通使用、赋能实体经济，统筹推进数据产权、流通交易、收益分配、安全治理，加快构建数据基础制度体系。

1.1.2 法律政策开启数据安全新纪元

2021年发布的《中华人民共和国数据安全法》[2]是数据领域的基础性法律，也是国家安全领域的一部重要法律，聚焦数据安全领域的突出问题，确立了数据分类分级管理，建立了数据安全风险评估、监测预警、应急处置、数据安全审查等基本制度，并明确了相关主体的数据安全保护义务，是我国首部数据安全领域的基础性立法。

《中华人民共和国个人信息保护法》[3]是国内首部个人信息保护方面的法律，明确不得过度收集个人信息，对人脸信息等敏感个人信息的处理做出了规制，同时也完善了个人信息保护投诉、举报工作机制等。

随着《数据安全法》和《个人信息保护法》的落地，更加重视数据隐私和安全保护，进一步推进了数据隐私安全保护的需求。

---

[1] 参见中共中央、国务院2022年3月25日发布的《关于加快建设全国统一大市场的意见》。

[2] 参见新华社北京6月10日电，中华人民共和国主席令第八十四号：《中华人民共和国数据安全法》，已由中华人民共和国第十三届全国人民代表大会常务委员会第二十九次会议于2021年6月10日通过，自2021年9月1日起施行。

[3] 参见新华社北京8月20日电，中华人民共和国主席令第九十一号：《中华人民共和国个人信息保护法》已由中华人民共和国第十三届全国人民代表大会常务委员会第三十次会议于2021年8月20日通过，现予公布，自2021年11月1日起施行。

1.2 行业痛点

除了法律层面上的强监管和数据保护以外，数据的开放和共享也逐渐成为刚需。这就形成了一个矛盾——既要数据开放，又要使数据开放和共享过程当中的数据隐私安全得到保障。以医疗领域的基因数据为例，如何在保护个人隐私并符合监管要求的基础上有效安全共享数据，如何突围"数据孤岛"，如何基于云甚至跨云进行数据管理，如何避免数据泄露等都成为行业面临的难点，都需要在合法合规的基础上逐步解决。

1.3 行业现状

目前隐私计算技术正在逐步走向成熟。在隐私计算相关技术中，可信执行环境 (TEE)、联邦学习 (FL)、同态加密 (HE)、多方安全计算 (MPC)、零知识证明 (ZKP)、差分隐私 (DP) 等技术正处于快速增长的技术创新阶段，而区块链 (BC) 已经逐渐接近技术成熟的预期峰值。

自 2018 年开始，我国隐私计算行业进入快速发展期，国内众多企业开始布局相关赛道，同时也涌现出了大批的初创企业。2020 年我国隐私计算行业新成立企业数量为 71 家，同比增长 33.96%。截至 2021 年，市面上涉及隐私计算的厂商有 260 多家，[1] 主要涵盖四种类型：大厂生态型、隐私计算专攻型、行业赋能型、人工智能及区块链技术型。

同时，隐私计算项目也开始加速落地。中国信息通信研究院的调研数据显示，截至 2021 年上半年，大约 44% 的隐私计算产品已经进入实施阶段，占比进一步提升；处于研发阶段的隐私计算产品占比 19%，占比有所下降。[2]

根据相关机构预测，全球隐私计算市场规模到 2024 年将达到 150 亿美元，中国隐

---

[1] 载华经产业研究院《2021—2026 年中国隐私计算行业发展监测及投资战略规划研究报告》，2021 年 8 月 22 日。

[2] 参见隐私计算联盟 & 中国信息通信研究院云计算与大数据研究所《隐私计算白皮书（2021 年）》，2021 年 7 月。

私计算市场规模将在 15 亿美元至 30 亿美元，折合人民币将达到百亿市场规模。[1]

隐私计算下游应用场景主要包括联合营销、联合风控、智慧医疗和电子政务等。随着我国隐私计算行业的发展，该行业出现了许多成功的创新应用案例。

2. 创新描述

锘崴科技隐私计算可分离数据的所有权、管理权和使用权，实现数据安全共享和价值流转。

2.1 支持多源数据参与的大尺度分析

锘崴科技可支持十几个节点甚至几百个节点同时参与同一个隐私计算，在规模层面上具有底层系统优势。

以金融场景中防赌反诈产品为例，锘崴科技可以联合运营商、公安、银行等多维度数据，实现基于较大规模的多中心联合的防赌反诈模型构建，输出更精准的计算模型。

在医疗场景，锘崴科技通过隐私计算技术已帮助多个病种，连接更多数据源以提高样本量，帮助医院进行临床辅助诊断以及早期预警工作。

2.2 支持有损和无损建模

目前很多开源框架采用有损的隐私计算技术，其在数值层面上模型的参数不完全等价于在明文下获得的模型参数，对一些关键性的决策场景，如果产生误差，可能会造成比较严重的后果。比如在医疗场景下，如果由于引入隐私计算而产生结果上的误差，同时造成了医疗事故，相关的责任可能没办法划分。因此锘崴科技的隐私计算产品提供对无损隐私计算的支持，实现在基于隐私计算的多中心虚拟融合情况下得到的计算结果与在数据明文汇总后的结果在数值层面上一致（即无损隐私计算，见图 1–3）。该解决方案已被应用到多个医疗健康网络数据共享的隐私保护实践中。

---

[1] 参见 Gartner 2021 版隐私计算的技术成熟度曲线，2021 年 9 月。

图 1-3 基于隐私计算的跨省多中心基因分析系统

2.3 安全保护信息不泄露、不被篡改

目前多数金融场景下,开源框架所使用的是半诚实模型,只保护计算过程中信息在交换时不被第三方获取,但并不保证一些敏感应用在计算过程中产生的恶意行为。锘崴科技的隐私计算系统通过融合多种隐私计算技术,通过引入环境远程证明、计算过程校验等方法,可支持在多中心数据隐私计算的同时,防止数据源方的串谋,也可保护计算过程不被篡改(见图1-4)。

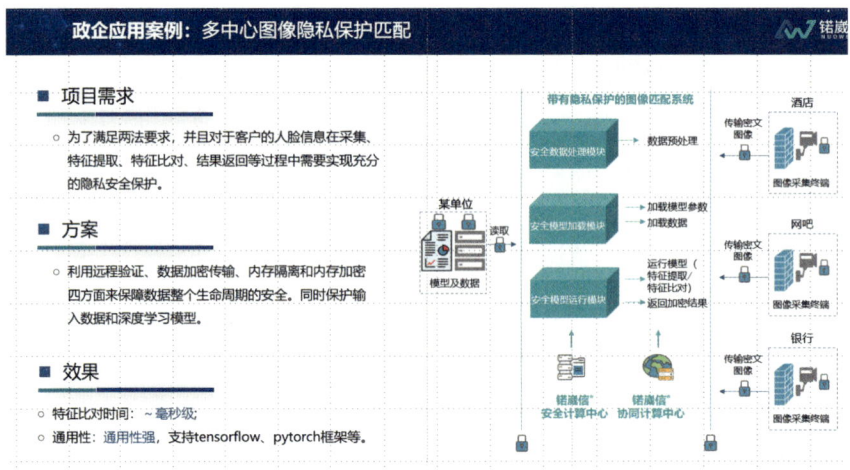

图 1-4 多中心图像隐私保护匹配

2.4 平台通用性支持更多分析方法

锘崴科技底层系统支持结构化数据及非结构化数据、基因组学数据、医学影像数据等分析，例如，在医疗领域不限于基础的逻辑回归、XGBoost 等分析，可支持较为复杂的统计假设检验、生存率分析、全基因组分析、医学影像学勾画等上百种分析方法，在平台通用性上具有一定优势。在精度方面，它同时支持无损和有损隐私计算，可根据用户的需求设置性能和精度上的权重比例。

3. 项目运作节奏

3.1 问卷收集客户对隐私计算的需求

首先，锘崴科技隐私计算解决方案实施前以问卷形式帮助用户梳理业务过程当中的需求。

（1）确定安全需求：数据保护到什么范围，保护哪些业务信息等。

（2）确定安全级别：如确定数据参与方是否有串谋的可能，能否用可信硬件，采用半诚实模型还是恶意模型等。

（3）确定性能要求：如确定计算精度，需要无损还是有损的隐私计算，实时性需要达到什么级别等。

3.2 提供解决方案

3.2.1 基于需求规划建设模式

在明确客户需求后，给客户提出不同阶段的解决方案规划建议（见图1-5）。在隐私计算前期，由于许多数据源没有隐私计算能力，建设模式的比重相对较大，客户可选择在不同的时间点安排不同的建设周期和建设计划，比如数据节点的扩展、应用程序的扩充、算力的扩容等。

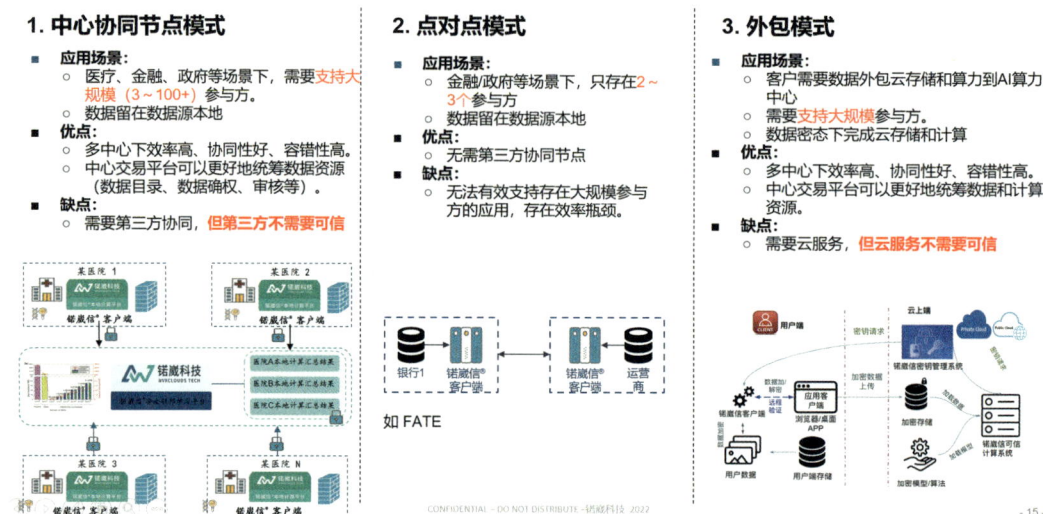

图 1-5 隐私计算服务的三种模式

3.2.2 开放生态订阅制模式

在隐私计算解决方案之外还提供 SaaS 式的开放生态订阅制模式，用户可选择不同隐私计算模块及节点数，在搭建标准化产品之后，采用订阅制方式去更新迭代，减少前期决策及投入成本，并支持后期功能的弹性扩容。

例如，在公文纠错领域，可在政务云的基础上结合隐私计算共享算力，既节约成本，实现最新模型的实时使用，也可保护客户输入到隐私计算系统里的公文及模型的安全，在加密的状态下完成基于政务云的公文纠错比对或者分析，然后返回加密结果。

在医疗领域，可提供基于 SaaS 的隐私计算，服务 AI 诊断技术在医院场景的应用，既能保护患者输入的影像信息，又能保护模型的算法和相关结果。

3.2.3 数据运营模式

在标准化模块建设及开放生态订阅制模式之外，解决方案创新还支持与客户共建数据运营模式，通过该模式减少客户前期投入，共享数据增值。

预先从业务角度出发制定相应指标，基于数据使用方的需要提供底层的数据生态网络和相关隐私计算工具，与数据提供方共同完成数据价值的转化，最终按数据使用量和使用效果进行收费。比如,要完成防赌反诈,只需要定好风控的相关指标;或者在跟药厂合作新药研发的时候,药厂定义好入组的样本条件和样本量以及需要分析的方法。锘崴科技的数据网络和隐私计算平台可以帮助客户解决数据撮合和分析使用的其他环节,最终数据使用方可以根据数据的用量或者使用效果进行付费。

3.3 案例展示

3.3.1 医疗领域案例

案例简介:在锘崴信®隐私保护计算平台的支持下,由上海某三甲医院牵头,全国多家医院联合完成了一项有关强直性脊柱炎的全基因组关联分析(GWAS)。

解决方案:该研究团队依托锘崴科技的基因组数据联合共享和分析平台(NovaVita),设计并开发了一个新的框架:iPRIVATES。这一框架使用了具有隐私保护功能的联邦学习(Privacy-preserving Federated Learning)方法,是兼具隐私保护和跨机构数据共享的技术解决方案。iPRIVATES 能连接多个数据源,但不会泄露患者级别的基因分型数据,在整个数据共享的过程中对患者信息进行保护,从而同时达到数据共享和隐私保护的双重目标。

该案例是全国范围内首次实现带有隐私保护计算、不分享明文数据(个体基因数据)的 GWAS 分析,数据分析研究成果发表在生物信息学顶级期刊 *Briefing in Bioinformatics* 上,同时获得上海市科技进步一等奖。[1]

3.3.2 金融领域案例

案例简介:某数据交易中心希望能打造数据维度丰富、数据量充足的平台,为客户提供多层次、多方面的数据服务。而单一机构数据量不足,需要结合多中心、多

---

[1] 澎湃新闻:《重磅 | 长征医院 2 项科研成果荣获 2019 年上海市科技进步一等奖》,2020 年 5 月 21 日。

机构的多元数据，但是出于隐私安全考虑，跨中心、跨机构数据流动受到法律法规限制，给数据共享带来挑战。

解决方案：锗崴信®隐私保护计算平台帮助该数据交易中心构建开发了数据共享服务平台，在隐私保护并合规的情况下，实现数据的虚拟融合，打通包括政务、金融、电信等多方数据源，提供包括企业画像、风险预测等服务，帮助其进一步为中小微企业提供普惠金融服务。

3.3.3 政务领域案例

案例简介：某安全部门需要联合跨行业的多机构数据源进行人脸图像比对，然而由于法律法规限制，人脸图像敏感度高，容易导致隐私泄露，数据无法直接跨机构共享，同时图像比对的计算模型属于客户机密，也需要纳入保护。

解决方案：锗崴信®隐私保护计算平台为该安全部门开发了图像比对隐私保护计算系统。在系统构建的安全执行环境内运行客户的模型，基于对安全部门的信任，图像的关键比对特征值（非原始图像数据）加密后传入安全环境内，计算完成后返回加密计算结果。平台保持中立，不实际接触任何原始数据，保证数据和模型的安全。

4. 市场应用及未来展望

4.1 市场应用

锗崴科技已在医疗、金融、政务领域广泛应用，完成超过100个项目的概念验证（PoC），50多个项目落地。

4.1.1 医疗领域主要应用

（1）临床应用。在临床的辅助诊断及科研层面上，通过隐私计算打通不同医院的数据，提供更多样本服务于多中心的临床诊断系统的开发，能够提供更早的疾病早筛，也可给医生提供临床辅助诊断建议。

（2）新药研发。临床研究里面需要多中心数据，包括临床前、药物上市后的真实证据研究或药物适应证扩展，隐私计算技术可触达范围内多中心数据，以此来降低新药研发的成本，或者提高新药研发的成功率。

4.1.2 金融保险领域主要应用

帮助增长：核保过程中运用隐私计算技术，在保护个人隐私的基础上触达客户信息，通过客户健康数据和资产财富数据的隐私计算去构建精准营销，获客率可提高50%～80%。

降本增效：结合多源数据分析诊疗路径的效果，医保可按照效果去付费，减少产品医保的负担，也会降低患者的负担，避免过度诊疗。

在健康险场景中，健康险主要关注用户的健康状况和经济状况，产品类型和定价需要考虑用户的收入水平，理赔和风控需要考虑用户的健康状况。要了解到用户的这些信息，就需要保险公司综合相关的医疗数据和移动运营商数据。锘崴科技的隐私计算平台能够连接这些数据源，帮助保险公司基于这些医疗、金融数据了解用户的疾病信息，进行更加合理的定价。

4.2 发展方向

隐私计算正在向数字基础设施方向发展，锘崴科技未来会通过融合不同底层隐私计算技术去适应更多场景需求，例如联合营销、联合风控、信贷评估、电子政务、跨域共享等。

编委会点评

社会价值

数据要素是数字经济时代的核心资源,如何实现"数据安全"与"数据价值"兼顾,在安全可信、隐私保护的基础上,将价值最大限度地提取、提纯,是数字经济领域的关键技术探索之一。数智技术和经济、社会发展融合得愈深,所面临的安全挑战也愈大。近年来,隐私计算成为解决数据安全和个人信息保护的关注焦点,开始进入快速导入期,技术可用性、应用普及性还有更大的发展空间,亟须更广泛地与金融、政务、医疗等应用场景相结合,探索更安全、更合规的解决方案,赋能数据价值,支撑数字经济时代底层基础设施安全可靠并加速发展。

创新价值

锘崴科技隐私保护计算平台的创新点,在于对隐私计算所涉及的安全联邦学习、多方安全计算、可信执行环境、密码学、区块链等相关技术的深度应用。结合多源数据进行大规模模型构建及大尺度分析,同时兼容有损及无损解决方案,适应不同领域、不同发展阶段的市场需求。平台安全性、通用性较强,针对隐私计算要求较高的医疗领域、公安领域等具备较好的应用性。隐私计算的深度创新与持续研发,以及对医疗、金融、政务等多领域的深刻理解,将会是这一方向的通用技术公司领先于行业的关键。

腾讯云：
金融云平台领航金融行业数字化新生态

摘要： 腾讯云计算（北京）有限责任公司（以下简称"腾讯云"）旗下腾讯金融云面向金融行业提供数字化解决方案，致力于建设自主可控、稳定安全的金融云平台，打造金融新基建、数字新连接以及场景新服务。服务已涵盖银行、证券、保险、泛金融等细分领域的金融全行业客户，帮助传统行业向数字化转型升级。

关键词： 金融科技　　数字化转型　　金融云服务

1. 背景说明

1.1 政策背景：多项政策推进金融数字化建设

中国人民银行发布的《金融科技发展规划（2022—2025年）》[1]提出数字化建设的相关重点任务，包含以下相关内容。

强化数据能力建设，在保障安全和隐私前提下推动数据有序共享与综合应用，充分激活数据要素潜能，有力提升金融服务质效。

建设绿色高可用数据中心，架设安全泛在的金融网络，布局先进高效的算力体系，进一步夯实金融创新发展的"数字底座"。

深化关键核心技术应用，健全安全与效率并重的科技成果应用体制机制，不断壮大开放创新、合作共赢的产业生态，打通创新成果转化"最后一公里"。

加快金融服务智慧再造，搭建多元融通的服务渠道，着力打造无障碍服务体系，

---

[1] 载中国人民银行：《金融科技发展规划（2022—2025年）》，2022年1月4日。

为人民群众提供更加普惠、绿色、人性化的数字金融服务。

中国银保监会发布的《关于银行业保险业数字化转型的指导意见》[1]要求，银行保险机构加强顶层设计和统筹规划，改善组织架构和机制流程，积极发展产业数字金融，大力推进个人金融服务数字化转型，提升金融市场交易业务数字化水平，建设数字化运营服务体系，构建安全高效、合作共赢的金融服务生态，着力加强数字化风控能力建设、科技能力建设和数据能力建设。

中国证监会发布《证券期货业科技发展"十四五"规划》[2]围绕"推进行业数字化转型发展"与"数据让监管更加智慧"两大主题，重点布局六大方面，其中与数字化转型直接相关的包括持续打造一体化行业基础设施，推进行业云基础建设、数据仓库建设等；推进科技赋能与金融科技创新，构建资本市场金融科技创新试点机制等。

1.2 行业背景

赛迪顾问 2022 年 6 月发布的《2022 中国金融（私有）云基础设施平台市场研究报告》显示，2021 年金融行业数字化转型进程加快，特别是 IT 架构向应用创新架构的升级脚步加快。2021 年，中国金融（私有）云基础设施平台市场规模为 34.2 亿元，同比增长 31.8%。

银行在金融行业中数量多、体量大，是金融行业中上云的主力军，2021 年在中国金融（私有）云基础设施平台中的占比达 68.9%，市场规模为 23.6 亿元；保险行业市场占比为 16.4%，证券行业市场占比为 14.7%（见图 1-6）。[3]

---

[1] 参见中国银保监会办公厅《关于银行业保险业数字化转型的指导意见》（银保监办发〔2022〕2号），2022 年 1 月 17 日。

[2]《上海证券报》:《证券期货业科技发展"十四五"规划 10 月 21 日发布》,2021 年 10 月 22 日。

[3] 参见赛迪顾问，张凡:《2022 中国金融（私有）云基础设施平台报告，五重利好推动金融行业数字化转型再提速》，2022 年 6 月 6 日。

图1-6　2021中国金融（私有）云基础设施平台市场行业结构

资料来源：赛迪顾问，2022年5月。

2. 创新描述

腾讯金融云面向金融行业提供数字化解决方案，包含新基建、新连接、新服务三个创新方面。

2.1 新基建：分布式基础架构的金融云

在金融新基建方面，基础设施建设呈现三个演进态势：一是应用创新的架构模式持续演进；二是云成为金融机构搭建数字化底座的首选，并逐步向混合云以及分布式架构演进，在演进过程中支持自动化的跨云管理，获得最高的云使用效率；三是从局部智能逐步向全局智能演进，构建联邦数据生态，打通过去难以相通的GBC三端（政府、企业和消费者）。

腾讯专有云TCE是和腾讯公有云同源的企业级IaaS & PaaS云平台，云产品历经腾讯"消费互联网"亿万用户和公有云百万客户，腾讯云金融解决方案基于腾讯专有云为金融机构提升上云效率与效能。

2.2 新连接：实现高效触达与营销

腾讯金融云利用数字化技术，打造了包括企业微信、小程序矩阵、私域客户运营在内的"数字新连接"的解决方案,帮助金融机构建立客户数字化连接、客户促活和数据积累、客户转化等目标,以及高效低成本的客户触达与运营,提升金融机构获客、活客与留客能力。

2.3 新服务:新技术开创新模式

在场景新服务方面,随着新技术对金融机构价值链的解构,金融机构将自身融入到客户的全场景之中,腾讯云服务将AI能力、微服务体系以及低代码平台等不断引入,开创新的业务模式(见图1-7)。

(1)开放金融:腾讯云依托自身"产业互联网"能力,为金融机构提供深入医疗、教育等场景的开放平台,为金融机构能力的对外输出和非金融能力的引入提供基础平台。

(2)产业金融:产业金融的核心是产业风控,腾讯云依靠自身在产业的丰富积累,为产业提供一套贯穿核心企业和上下游的风控方案,助力环节上下游企业实现融资。

(3)智能金融:以数字人、智能大脑等为代表的AI技术应用,改变金融机构与客户的交互模式及业务处理模式,并推动数据驱动的业务经营走向成熟和完善。

(4)加速创新:过去业务创新速度受限于科技团队的项目排期,但在引入微服务业务中台和低代码平台能力后,部分原先只能由科技团队承担的工作,如今可以部分转移给业务团队承担,加快了业务创新速度。

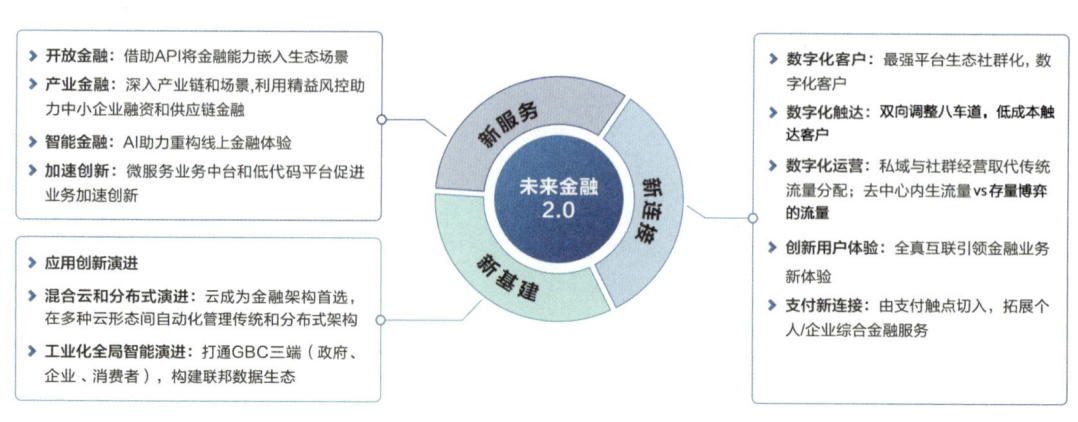

图1-7 "未来金融"2.0总览图

3. 项目运作节奏

腾讯金融云根据金融行业数字化转型发展各阶段的需求，打造有针对性的解决方案，加速实现转型升级、降本增效的目标。

3.1 第一阶段：打造先进可靠的金融新基建

在本阶段，金融机构由于互联网业务发展的需要，技术上逐渐向云计算方向转型，以获得安全合规、弹性灵活的计算资源。腾讯金融云基于腾讯专有云 TCE 为金融机构打造云基础设施。

3.1.1 案例介绍：某国有大行超大规模金融云和生态云

1. 项目简介

该行布局金融科技、普惠金融、住房租赁三大方向，目标是建立弹性、敏捷、共享、开放的互联网技术栈云平台，支持超大规模金融云和生态云，满足应用全面上云，同时具备金融级高可靠和高安全特性，满足从 IaaS、PaaS 到 SaaS 的全生态构建。

腾讯云提供以下解决方案，采用 TCE 计算、存储、网络、运营、运维等全量 IaaS 组件，采用两地三中心方案部署，满足 IaaS 层金融级容灾要求；基于腾讯云 TCE 云管能力，实现全局统一运营和运维的管理平台；采用腾讯天幕、御界、WAF、云镜等安全产品组建金融级安全体系。

2. 创新效果

通过构建超大规模金融云（私有云）和生态云（公有云），该行上云总规模处于国内银行前列；私有云部署从边缘到核心的各类业务系统，实现核心应用上云；公有云提供多类产品服务，构建了丰富的生态服务，涵盖普惠金融等众多解决方案和应用。

3.1.2 案例介绍：广州农商行全栈金融云平台

1. 项目简介

广州农村商业银行于 2020 年 8 月启动建设新一代分布式全栈金融云平台项目（以

下简称"金融云平台"），并于 2021 年 2 月 7 日完成项目整体投产上线。

金融云平台涵盖了由两朵私有云构成的分布式基础云平台、八大全行级共享能力平台（五大业务平台、三大技术平台）和三套技术体系，包含：①建设基于 x86 架构的分布式基础云平台，作为数字化转型基础底座；②在基础云平台的技术底座之上，构建全行级共享能力中心，提供企业级可复用的平台化能力支持数字化业务快速落地；③建立了包括分布式开发体系、移动开发体系和 DevOps 体系三套技术体系。技术体系覆盖金融业务应用的前后端研发和持续集成交付各环节。

2. 创新效果

建立了基于金融级分布式架构的云基础设施以及全行级共享业务能力与技术能力平台，实现了应用建设规范化与开发标准化，并且发布了分布式技术体系规范，指导云上应用进行持续自主创新。

3.2 第二阶段：为金融行业构建全面泛在的数字新连接

在本阶段，互联网红利已逐渐见顶，利率市场化导致利差收窄，受疫情常态化的影响叠加，金融行业的盈利能力下降，获客成本居高不下，活客、留客也面临诸多挑战，金融机构需要寻找数字化的工具来和客户建立"连接"。

3.2.1 案例介绍：广发证券财富管理业务升级

1. 项目简介

广发证券拥有投资银行、财富管理、交易及机构和投资管理等全业务牌照，在证券行业积极拥抱数字化转型的背景下，证券公司迫切需要一种能够以更低成本、更高效触达客户的连接方式，从而增强客户信任与服务黏性，提升客户价值转化。

腾讯金融云提供如下解决方案：①通过企业微信承接构建私域流量池，提高后续服务触达效率，降低营销转化成本；②打造内部员工高效展业平台，提供各类营销素材及展业工具，扩大触达服务客户的营销半径，提升员工展业效率；通过私域运营提高转化能力，借助内容营销实现业务价值转化，实现线上线下融合式的营销和服务。

2. 创新效果

通过构建企业微信私域使客户规模持续增长，新增客户数量与资产规模均大幅增长，代销金融产品业务保持快速发展，私域流量经营及服务展业合规高效，公司级平台效应初步显现。

3.2.2 案例介绍：长沙银行大零售数字化转型

1. 项目简介

长沙银行在银行网点与客户经理有限的情况下，需要通过数字化转型提升线上运营与服务的体系化能力，激活客户经理服务效能，扩大服务范围以及规模，通过将数字用于展业与服务链条来提升经营的智慧和精细化程度。

腾讯金融云提供如下解决方案：①借助微信生态融合线上、线下渠道，通过微信零距离触达目标客户，提升微信生态能力；②通过微信生态升级运营工具，打通 toB+toC，打通权益互换，承接从微信生态中引入的社交流量并转化为私域流量；③底层平台加入企业微信、营销工具、会议、直播、权益、标签、TMF 开发基座、生物识别、反欺诈、安全防护等生态能力。

2. 创新效果

帮助长沙银行构建私域流量客户超过 200 万；单日新增客户最多超过 6 万人；营销方案覆盖全行近 8000 名客户经理；营销效率得到提升，如信用卡活动进件率最高达过去的 20 倍。

3.3 第三阶段：为金融行业营造贴近客户的场景新服务

随着新技术对金融机构价值链的解构，金融机构需要将自身融入客户的全场景之中，开创新的业务模式，产业金融、虚拟营业厅、金融数字人等能够实现金融机构对场景服务的需求。

3.3.1 案例介绍：泰康集团智能核保

1. 项目简介

泰康集团需要通过 OCR（字符识别）、NLP（自然语言处理）等 AI 技术实现核保场景中对医疗报告的智能化识别,形成结构化数据,结合医学知识图谱及核保规则,训练核保模型,辅助核保人员进行核保决策,提升健康险产品的核保效率。

腾讯云基于 OCR、NLP、机器学习等技术上的积累,推出智能化核保方案:通过 OCR 技术,将核保中涉及的体检报告、化验单、出院小结等单据进行数据化,然后通过 NLP 技术将数据化内容进行提取、归类、纠错及结构化处理;将历史核保数据作结构化处理,结合通用的核保规则以及医学知识库等数据,训练出具有核保决策和健康预测的模型,帮助保险公司进一步挖掘数据价值,形成多维度的客户健康画像。

2. 创新效果

泰康集团智能核保经过一期建设和二期改进提升,建设完成了体检报告自适应 OCR、体检数据复核系统、体检知识库、体检数据 NLP 抽取模型、体检健康预测模型以及核保预测模型等核心能力,可支持全国 3.6 万多家医疗机构各类版式体检报告影像的全量自动结构化,可解释性核保结论预测准确率接近 90%。

3.3.2 案例介绍:张家港保税区综合金融服务平台

1. 项目简介

张家港市是全国 55 家供应链试点城市之一,目标是通过合作供应链企业和金融机构,以代采和代销的形式服务大宗商品贸易领域的小微企业,打通银行、供应链企业、仓储,解决区内大宗商品交易中的结算融资问题,解决区内仓储产业的利用低效和信息孤岛问题,提高物流贸易产业的运营效率,促进区域经济发展。

腾讯云提供如下解决方案:①搭建一站式金融服务平台,支持接入多角色、多主体模式;②搭建电子仓单系统,统一区内非标准仓单的签发规则和适用范围,实现无纸化;③搭建区块链基础设施,实现区内业务主体上链,建设联盟链体系。

2. 创新效果

平台实现银行和小微企业的"变压"与连通,以"投行化代采"模式实现融资,小微企业从授信到放款一天内完成。利用大数据分析、区块链、云计算、物联网等技术手段,在贸易融资、大宗商品溯源、大数据风控、精准画像、电子仓单等细分场景加以应用,服务区内 8000 家大宗贸易领域的小微企业。

4. 市场应用及未来方向

4.1 市场应用

4.1.1 隐私计算保障金融数据安全融合

隐私计算不断与联邦学习、多方安全计算以及可信计算等技术结合，实现数据的安全保障，从而提高服务效益与用户价值。目前腾讯云已在隐私计算领域进行了布局，在银行、保险、政务、教育、电商等众多行业的业务场景中，都会涉及跨机构、跨部门的数据合作，数据隐私泄露问题成为障碍。利用隐私计算平台在合作方之间传递加密中间参数可完成联合建模，保障数据安全。

4.1.2 分布式云重塑金融大数据架构

基于腾讯云遨驰（Tencent Cloud Orca）云原生操作系统，腾讯云分布式云将中心云的产品和服务延伸到本地、边缘、终端，用户需要的任意地方。分布式云提高了金融机构计算资源的弹性，使得云服务随时随地可得，提高金融服务的普惠性和可得性。

4.1.3 低代码开发提升金融业敏捷服务能力

低代码开发平台（LCDP）是通过少量代码就可以快速生成应用程序的开发平台。通过应用程序开发可视化的方法，使具有不同经验水平的开发人员都可以通过图形化的用户界面，使用拖拽组件和模型驱动的逻辑来创建网页和移动应用程序，促进金融领域各项目的落实。腾讯云低代码解决方案在政务、工业、教育、金融等垂直行业均有广泛运用。[1]

---

[1] 腾讯网：趋势丨腾讯发布《2022金融科技十大趋势展望》，2022年4月16日。

4.2 未来展望

4.2.1 全真互联

全真互联[1]是基于现实虚拟化、虚拟真实化、全息互联网、智能执行体四个技术点打造的虚实集成世界（Integrated Physical-Digital World，IPhD）。在金融领域，"全真互联+金融"将成为新的业态趋势，逐步催生新的服务模式，包括全真互联营业厅、金融数字人等，其优势包括：第一，运用高质量、低延时的体验，实现众多线上讲解、销售等工作；第二，打破线下网点的地域限制，实现业务线上流程化，更广泛便捷地覆盖用户类别和用户需求。

4.2.2 金融团体云

按照《云计算技术金融应用规范》[2]的定义，金融团体云为仅供金融机构共享使用、承载金融业务系统的团体云。对中小金融机构，出于投入产出的衡量，采用金融团体云将具有明显的成本优势，预期后续金融团体云的政策正式发布后，金融团体云将获得中小金融机构的关注。

---

[1]《腾讯首席科学家谈"元宇宙"：我们正迈入全真互联网时代》，2022年3月30日，腾讯云开发者社区网站，https://cloud.tencent.com/developer/article/1967903。

[2] 中国人民银行：《云计算技术金融应用规范》，2020年10月16日。

第一章
腾讯云：金融云平台领航金融行业数字化新生态

编委会点评

社会价值

深化数智技术金融应用，全面构建创新生态，是助力金融机构开拓市场、向智能绿色持续建设的重要路径。金融机构上云、用云是数字化转型中的必选项，是提升运营效率、激活资产效能的重要一环。这其中，大型金融机构具备较好的技术基础及投入实力，中小金融机构更急需解决目前存在的痛点及难点。上云、用云将帮助金融机构实现数字思维的贯穿、科技能力的提升，同时关系到金融业整体的可持续发展，是实现金融服务智慧再造、打通多元融通服务渠道、焕发金融创新活力，为大中小微企业和广大人民提供更佳数字金融服务的"基础底座"。

创新价值

腾讯金融云基于企业级 IaaS & PaaS 云平台，针对金融机构业务系统对敏捷性、灵活性的超高要求，推出具有弹性、扩展性、可靠性等特点的分布式基础架构专有云；并为金融机构提升实际运营能力，打通微信、小程序、私域等客户"资产"池，提升数字化连接效能；同时可引入人工智能、微服务、低代码等创新能力工具，为金融机构开拓新场景新业务，向自动化、虚拟化、无人化等创新趋势发展；在助力产业发展方向上实现银企合作模式创新，"投行化代采"加速大宗贸易领域小微企业融资，深入服务实体经济。

冰鉴科技：
智能风险管理提升普惠金融服务效能

摘要： 随着个人及小微企业融资需求不断增加，商贸往来愈加频繁，政府招商扶贫需求增加，企业风险预测难度愈加凸显，传统的风控手段效率低、服务边界有限，难以满足金融机构日益上升的风险控制要求。上海冰鉴信息科技有限公司（以下简称"冰鉴科技"）利用机器学习、自然语言处理、云计算、隐私计算等人工智能技术，推出智能风险管理解决方案，帮助金融机构打造自身风控能力，降低对互联网流量巨头的依赖，促进供应链核心企业优化管理上下游企业，为政企事业单位提供风险预测服务，践行普惠金融，助力诚信社会建设。

关键词： 智能风险管理　金融科技　风险预测

1. 背景说明

1.1 政策背景：金融科技助力拓宽普惠金融边界

2013 年 11 月，党的十八届三中全会将"发展普惠金融"确立为国家战略。2015 年末，国务院出台《推进普惠金融发展规划（2016—2020 年）》（国发〔2015〕74 号）。

2021 年 4 月 9 日，中国银保监会办公厅发布《关于 2021 年进一步推动小微企业金融服务高质量发展的通知》（银保监办发〔2021〕49 号），要求在依法合规、风险可控的基础上，充分运用大数据、区块链、人工智能等金融科技，搭建供应链产业链金融平台，提供方便快捷的线上融资服务，做优机制体制和专业能力，实现"敢贷愿贷、能贷会贷"。

2022 年 1 月，中国人民银行印发《金融科技发展规划（2022—2025 年）》，提出健全安全高效的金融科技创新体系，搭建业务、技术、数据融合联动的一体化运营中台，建立智能化风控机制，全面激活数字化经营新动能；深化金融服务智慧再造，搭建多元融通的服务渠道，着力打造无障碍服务体系，为人民群众提供更加普惠、绿色、人性化的数字金融服务。

1.2 行业现状：金融风控市场需求剧增

具体到智能风控市场，目前出现从业门槛增加、参与机构不断减少、市场规模不断增加的变化。

参与机构为何不断减少？2015年前后，智能风控行业参与者开始增加，到2018年左右这一行业达到顶峰状态，有三四百家相关企业从事这一领域。2019—2020年，由于国家政策监管趋严，以及整个市场趋于成熟，在市场技术的选择上，客户有了更多的甄别力，市场开始逐渐趋于向头部集中，集中在国内的十多家智能风控企业，冰鉴科技也从众多的行业参与者中脱颖而出。

截至目前，冰鉴科技服务于包括大型商业银行、消费金融公司、互联网小贷在内的近千家持牌金融机构，产品日调用量超过1000万次，帮助数百万家小微企业、数亿人次长尾人群获得金融服务。

在从业机构不断减少的同时，智能风控行业的市场需求却在不断增加。据智研咨询2022年5月15日发布的《2021—2027年中国智能风控行业发展战略规划及投资方向研究报告》，2015年我国智能风控行业市场规模不到20亿元，2020年这一规模已经超过70亿元，2021年超过110亿元，预计2027年超过300亿元，行业发展潜力和市场规模空间巨大。

1.3 行业痛点：传统风控弊端与中小金融机构研发落地难

1.3.1 审批效率低

传统的银行信贷审批在线下进行，无论个人消费贷还是企业贷款，都需要申请人线下提交材料并填写各种纸质材料，流程烦琐、审批时间长。如果遇到疫情等不可抗力情况，线下尽职调查、面签将变为不可能，因此，传统审批手段已难以满足银行、消费金融公司、互联网小贷等金融机构对风险控制的要求。

1.3.2 信息透明度低

此外，传统风控收集的资料主要由申请人提供，信息透明度低，对小微企业的风险状况很难做出准确评估，这也是导致小微企业融资难、融资贵的主要原因。

1.3.3 中小金融机构智能风控落地难

中小银行等金融机构普遍存在研发投入有限、智能风控人才缺失、智能风控模型需求差异化等问题。此外，第三方来源数据参差不齐导致开展智能风控进展缓慢甚至停滞不前。

如何更有效、更全面、更智能地利用大数据思路分析信贷风险也成为金融机构，特别是中小银行智能风控的新痛点。

2. 创新描述

冰鉴科技智能风险管理产品主要应用于个人、小微企业等普惠金融业务风险管理，以及供应链上下游客户风险评估，具有如下创新特点。

2.1 一站式风控：全链路决策与优化

冰鉴科技智能风控平台具有强大的智能决策和分析建模能力，实现从数据汇聚、指标整合、决策配置、模型部署、分析监控到决策调优的全链路决策与优化，可以为金融机构、核心供应链企业和政府事业单位提供整体解决方案（见图1-8）。此外，该方案还具有轻量级快速部署、低耦合、高兼容、易用性和可扩展性强等优点。

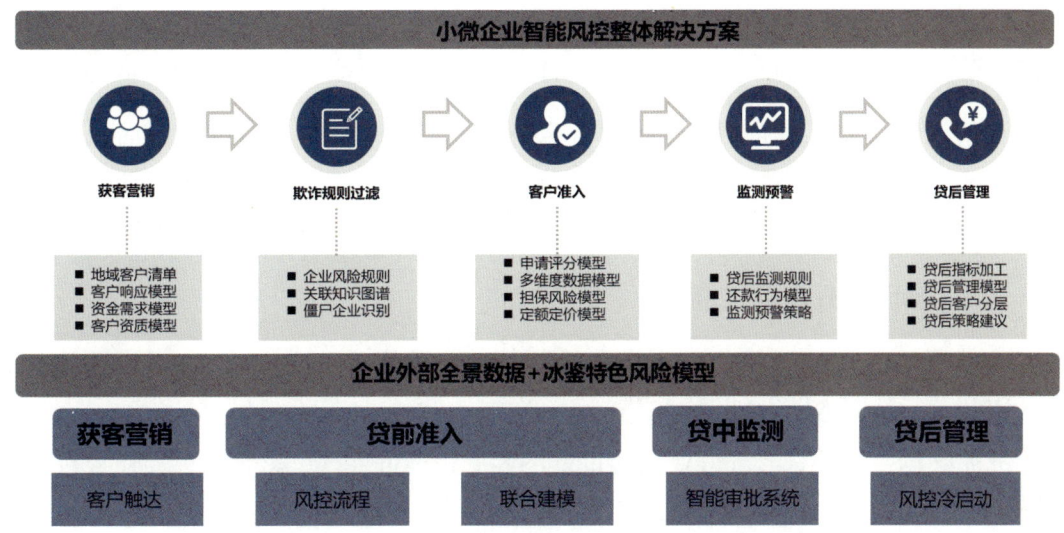

图 1-8　小微企业智能风险整体解决方案

2.2　多元化模型：迅速便捷降本增效

2.2.1　迅速运用与设置

基于长期在风控领域的深耕细作，冰鉴科技智能风控平台积累了超过十万个标准指标、规则和 AI 模型经验沉淀，有利于业务快速部署及应用。

冰鉴科技智能风控平台实时监控线上决策流，及时发现问题、分析问题，人工智能赋能辅助决策参数优化、特征变量及模型重构，完成测试后可一键上线发布。

2.2.2　降本增效

此外，金融机构若对信贷业务进行风险控制，必须接入诸多数据源，而一家一家对接不仅耗时费力，付出巨大成本后，还可能效果不佳。利用冰鉴科技的成熟经验，金融机构可以在短时间内精准识别数据源，数据源开发、测试、上线仅需两周，避免频繁更改生产环境的代码，有效降低操作性风险，节省对接成本。

2.2.3 风险分布可视化

冰鉴科技风险大盘可直观查看全国各区域的风险情况，可进行不同区域的横向比较，通过调用排名、分布图来了解目标人群的地域性差异，比较区域内的风险分布情况。

2.3 全面提升风控性能

2.3.1 从"人防"到"智控"

商业银行传统的普惠金融业务通过线下客户经理进件，一家全国性商业银行的客户经理少则几万人，多则几十万人，通过冰鉴科技智能风控产品，客户就可以自行线上申请，不需要人工审核，全流程智能风控审批，秒批秒放，效率极大提高，运营成本也因此大幅度下降。

2.3.2 有效降低贷款逾期率，控制贷中贷后风险

传统的线下风控模型考察维度较少，且仅关注客户贷前风险评估，贷中和贷后风险控制手段有限。冰鉴科技智能风控产品利用人工智能技术，搭建了数百个风控策略流程、数千个风控模型，可以很好地对不同类型客户进行风险评估，包括但不限于供应链上下游中小微企业、个人消费贷客户等。

此外，冰鉴科技智能风控平台也在不断升级，风控策略每季度更新，更快速满足市场变化，并可以帮助金融机构随时监控客户的风险变化情况，及时评估贷款还款情况，做到实时监控，从而可以更好地控制风险，降低逾期率。

2.3.3 提高审批效率，拓宽服务边界

由于人力等运营成本较高，导致传统线下风控模型很难对一些小额借贷客户进行服务，但是，线上智能风控模型适用于各种类型借款客户，可以有效拓宽银行等金融机构的服务边界。此外，冰鉴科技的智能风控模型可以帮助银行等金融机构对长尾客户进行风险管理、风险预测，从而提高客户审批通过率。

以冰鉴科技与某城商行合作为例，银行原先通过线下审批放款，需要客户提供各种纸质材料，流程长，且需要客户去银行面签，这导致大量客户流失。在不良率保持较低水平的同时，冰鉴科技帮助银行赋能，通过率提升了20%，部分产品的审批时间比原先缩短了三分之一，综合获客成本同比下降15%，有效提升了银行普惠金融业务的服务效率。

3. 项目运作节奏

冰鉴科技智能风险管理解决方案的落地实施过程主要包含三个阶段。

3.1 第一阶段：构建战略级别风控架构

智能风险管理解决方案需要按照金融机构现有业务形态和业务逻辑及未来战略目标搭建风险管理思路，需实现金融机构所有风险观测点的全覆盖，且支持未来业务的数字化、智能化发展，为此，必须首先实现数据治理及标准化。

项目示例：以某银行风险体系筹建项目为例，筹建初衷是为解决银行烟草金融信贷领域产品混乱、规则标准不统一的问题。在筹建之初，经常会遇到内部数据混乱、外部数据缺乏等问题。冰鉴科技与行方一起花费了大量时间和技术手段处理内部数据和核心数据，同时引入外部三方数据，实现了数据采集、接入、开发一套完整的标准化管理体系，为后续的模型开发奠定了基础，解决了"传统人工信审效率低、成本高""风控信息接入难、管理难"等问题，实现了自动智能化审批，从以前一个进件需一到两个工作日得出审批结果，到实现秒批，审批效率得到了极大的提升。

3.2 第二阶段：构建业务模型

完成智能风险管理解决方案各项数据的标准化准备后，基于营销、贷前、贷中、贷后等不同业务场景需求，冰鉴科技开发设计出科学、合理、有效，且适用于不同场景的业务模型，实现对应场景上对客户智能化、自动化的判断、评估，达到业务决策全链条的智能化运行、管理。

在模型开发中，时常会遇到样本不足、大量客群场景模型冷启动、灰度发布的问题，以及因为采用新技术、新方法，工作推动面临巨大的内部阻力。技术人员通过不断细化场景、模拟经验场景迁移等不同类型的方案，进一步实现风控精准化并提升效能。

项目示例：以某城商行为例，该行为了拓展市场，开辟了普惠金融等场景的信贷产品，新产品没有成熟的数据进行模型构建，面临着通过率低、风险无法量化控制等问题。冰鉴科技利用知识转移、特征转移、机器学习等方式方法，帮助其构建智能风控模型体系，完善风控流程策略及模型，最终使审批通过率提升8%，逾期率下降4.7%，整个产品的盈利性得到提升。通过全流程业务模型构建，冰鉴科技极大提升了银行数据梳理、大数据风控模型构建能力，为后续的业务发展奠定了坚实的基础。

3.3 第三阶段：赋能应用工具

在整个智能风险管理解决方案中，自动化工具的支撑是业务得以智能化开展的基石，例如，决策引擎可以支撑整个决策流程自动化运行、自动化调参；数据指标平台可以实现外部数据快速自动化接入、整理，标准化输出；冰鉴科技自主研发的巨子分析平台可以完成模型的自动化训练等，可见应用工具的支撑是完成全链条智能化风险管理的重要一环。

由于金融机构内部各种系统、工具产品标准不一，对接难度较大，冰鉴科技技术人员通过在产品功能层面进行增量开发，为金融机构建立数据区域闭环，满足自动化工具运行条件。从而，银行就可以打造自身风控能力，减少对互联网流量巨头的依赖，实现自主智能获客，自主提升风控能力，将联邦学习、知识图谱、区块链等一些前沿技术纳入现有业务平台。

项目案例：某信托公司为达到普惠金融业务重点产品的线上化、智能化决策需求，需要贯穿整个普惠金融业务场景，同时搭建智能风控决策系统，以提高信托公司自主网贷产品盈利水平，提高生产效率，降低贷款风险。通过四个月开发部署，智能风控决策系统（见图1-9）正式投产。系统依据信托内部业务特点，结合整体需求，提供了数据接入、标准化流程、支撑多场景多产品智能决策，并对风控各节点进行监控和分析等，完成了信托公司普惠金融数字化转型的需求。整体项目上线后，支持数十款信贷产品全生命周期决策流，支持自动化差异定价，日均审核进件量十几万笔。

图1-9 智能风控决策系统

4. 市场应用及未来展望

截至 2021 年底，冰鉴科技已经与近千家金融机构达成合作，通过服务各类金融机构进而服务中国长尾人群及小微企业：累计帮助 5 亿人次获得各类贷款，累计帮助数百万家小微机构获得融资。

此外，冰鉴科技正在将成功经验复制到境外，业务已经覆盖东南亚、北美、非洲、欧洲、大洋洲、西非、拉美等地。截至 2022 年 4 月末，冰鉴科技累计服务 500 余家境外客户，包括美国 Equifax、新加坡华侨永亨银行、泰国汇商银行、澳门国际银行、澳洲跨境支付公司 RoyalPay、澳洲财富管理公司 IJ Capital、印尼金融财务公司 ITC Finance、印尼 BNC 银行等。

4.1 市场应用

目前冰鉴科技的人工智能技术正从传统金融领域不断向外拓展，由普惠金融服务扩展到企业风险预测、政府风险预警及精准扶持服务、保险反欺诈服务、安防公安反洗钱服务等。

4.1.1 政府平台

在政府建造的各种产业园区里，管理人员缺少一站式全面了解、监控企业运营情况的工具，招商引资、项目审核、政策支持等缺少凭证依据，中小微企业信息不透明，导致融资难、融资贵、融资效率低，而金融机构缺乏辨别企业信息真实性的手段，不敢贷。冰鉴科技通过帮助政府搭建各类服务平台，扶持企业获得融资，响应国家扶持小微企业发展的政策，并进一步提升政府金融监管职能和推进政府政务数据的应用。

比如，冰鉴科技与某省会城市地方金融监督管理局合作，按照局方要求，搭建园区融资服务平台，帮助整合辖区内银行、担保公司等优势资源扶持辖区内企业获得便捷融资。平台功能支持融资企业、担保公司、金融机构、投资机构、金融局等多方主体进行平台登录及操作，可便捷化辅助平台用户进行融资申请、企业初核、担保公司审核、金融机构领取资产包、金融局可视化监管等。同时，冰鉴科技与某省会城市某区管委会合作，为后者输出企业风险评估报告及建议，在进行招商引资、补贴发放、监督管理时进行参考，进一步提升了后者金融监管职能的效率并推进政府政务数据的应用。

4.1.2 供应链金融

传统的风险控制主要集中在信贷领域，但是随着我国的经济不断增长，企业规模也随之增加，与之合作的供应链上下游客户等也越来越多，企业采购原材料支付的订金被骗，加盟商、赊销企业等卷款跑路的现象也时常发生。

依托于小微企业风险评估的多年技术积累，冰鉴科技近年来加大对供应链金融的研发投入，并与多家国有银行、城商行及民营银行达成供应链金融风控合作，利用人工智能技术赋能金融机构，为中小企业提供融资服务（见图1-10）。

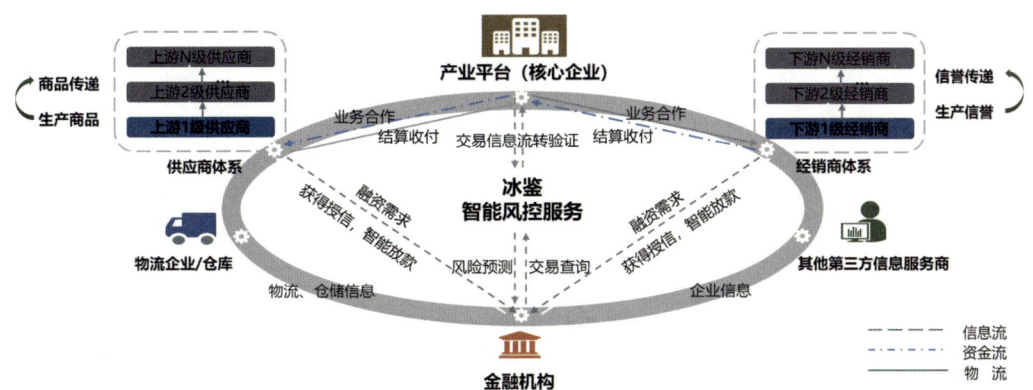

图 1-10　供应链金融业务架构图

除此之外，冰鉴科技还对汇融数科数千万元的战略控股投资，完成了进一步深化供应链金融的战略布局。汇融数科将在冰鉴科技助力下，通过"供应链金融科技＋供应链场景"，实现核心企业一体化的信息体系、风控体系、运营体系，高效评估企业商业价值。典型客户包括红星美凯龙、鲁信金控、顺丰、普洛斯、中远海运等。

4.1.3　绿色金融

目前，冰鉴科技积极响应"双碳"目标、绿色金融等政策号召，加大研发投入，正与部分城商行一同探索，希望通过智能风控技术，为节能环保、绿色交通等领域的企业提供更多融资服务。金融机构可以运用冰鉴科技的人工智能技术，来判断企业是否属于绿色环保行业，还可以通过水电等能源历史消耗量以及舆情、环保处罚等信息判断其是否属于高耗能、高污染企业。

4.2　未来展望

随着智能风控领域产品和技术不断成熟，冰鉴科技正在将人工智能技术应用到更多领域。在乡村振兴领域，冰鉴科技希望通过利用自己对数据价值挖掘的优势，助力银行精准帮扶农业企业。在智慧医疗领域，冰鉴科技正在与华东某 985 高校、上海市三甲医院等开展 AI 制药、智慧诊断研究，相关研究成果也正在报请国际顶级期刊收录。此外，冰鉴科技智慧医疗团队还斩获 Kaggle 新冠肺炎诊断模型竞赛银牌。未来，冰鉴科技还将积极尝试与保险公司、医院、高校、制药企业及健康医疗机构深度合作，利用大数据人工智能技术，开展智慧诊断、AI 制药、健康管理等研究。

第一章
冰鉴科技：智能风险管理提升普惠金融服务效能

编委会点评

社会价值

"风险控制"是金融机构安全经营的核心关键。在数智时代，风控管理从"人防"向"技防""智控"发展转变，是金融业科技创新激活经营数字化新动能的要素之一。近年来，小微金融领域不断迎接市场新挑战，如何充分发挥大数据、人工智能等技术的"雷达作用"，获取深层次融资需求的同时，确保资金有的放矢进入实体经济的核心关键，是金融机构服务能力提升、助推经济发展的创新突破点。金融需融入实体"核心动脉"，更要惠及"毛细血管"，数字化智能化科技应用将深度帮助金融业提质增效。

创新价值

冰鉴科技智能风险管理提供全链路、全周期风险管理，具备较好的人工智能解决方案能力，适配于各类金融机构普惠金融服务及相关机构平台，解决了传统线下风控流程冗余、效率低下等问题，使金融机构运营成本下降，同时也有助于广大中小企业及个人解决融资难、融资贵问题，有效风控双向提升。冰鉴科技在产品技术上注重轻量部署、弹性易用、快速便捷等性能，针对普惠金融特点深耕细作，有效降低操作风险、节省开发成本，帮助金融机构尤其是中小机构降低技术投入，实现加速应用。

火山引擎：
智能内容科技释放用户价值创新力

摘要： 北京火山引擎科技有限公司（以下简称"火山引擎"）推出火山内容云，围绕字节跳动技术与用户运营经验，提供从内容获取、内容加工、内容管理、内容消费到运营分析的全链路解决方案，帮助企业开展内容体系与运营能力建设，实现私域用户的价值增长。

关键词： 内容科技　推荐算法　AI 质检

1. 背景说明

1.1 政策背景：双重驱动加大金融机构数字化转型需求

中国人民银行 2022 年 1 月印发《金融科技发展规划（2022—2025 年）》（以下简称《规划》）指出，以加快金融机构数字化转型、强化金融科技审慎监管为主线，将数字元素注入金融服务全流程，将数字思维贯穿业务运营全链条，注重金融创新的科技驱动和数据赋能。

在全球数字经济的大时代背景下，金融机构受到宏观环境与内外部需求变化的双重驱动，迫切需要通过数字化转型提质增效。[1]首先全球经济还将持续受到冲击，疫情影响将具有长期性和延续性。其次国家正在实施大数据战略，建设数字中国，发展数字经济。同时，监管部门推进银行业数字化转型工作力度提升，数据安全和隐

---

[1]刘慧：《金融机构迫切需要通过数字化转型提质增效》，《中国经济日报》，2021 年 7 月 15 日。

私保护相关法律法规得到加强,都对金融业数字化转型产生了积极影响。[1]

1.2 行业现状:金融机构寻求第二增长曲线

1.2.1 业务增长痛点

当前,部分金融服务处于高度同质化竞争格局,该类服务由于缺乏对用户的深入洞察,阻碍了业务的发展与创新。

与原生互联网企业不同,过去金融机构主要依靠线下运营,App仅是线下渠道的延伸,实现功能完备、安全、稳定即可。而当下,线下拓客渠道遇到增长瓶颈,金融机构迫切希望通过线上服务,增加原业务体系不具备的线上规模化获客、精细化活客,通过数字化转型实现业务模式、组织架构、基础设施的转型,挖掘业务的增长点。

过去,金融机构的业务体系错综复杂,竖井式的系统建设导致了用户体验割裂、数据孤岛等问题。只有将数据从单一系统中释放出来,形成跨渠道、跨业务的数据协同,才能真正驱动前端业务为用户提供一致性体验。"以用户为中心"才是金融行业数字化转型的关键。[2]

1.2.2 内容优化需求

金融机构在做内容运营时同样会遇到内容行业普遍面临的核心问题:一是如何源源不断地产出内容,二是如何将内容精准推送给需要的用户。内容产出一般有两个解决路径,自建内容团队或寻找外部内容合作伙伴。自建团队的优势是能够更好地把握内容调性,但成本高、产出效率低。内容推送可以自研推荐引擎,再一步步调试校准,但同样存在成本高的问题。基于以上因素,综合考虑时间、人力成本和输出效果的解决方案才能有效加强金融机构内容平台的竞争力。

---

[1] 陆涵之:《面对数字化转型,金融机构如何用技术应对挑战》,第一财经,2021年5月26日。
[2]《金融行业数字化转型,字节跳动如何破局》,雪球,2021年6月2日。

2. 创新描述

火山引擎将字节用户增长方法论、互联网运营的实践与金融场景相结合,帮助金融机构获客、运营,快速突破增长瓶颈。

2.1 海量泛财经内容

火山引擎可联动头条、抖音、西瓜视频,提供海量专业内容。内容资源包含图文、横竖和中短视频多体裁,20多个内容分类和上百种体系分类,日更百万图文和视频内容;创作素材包含充足可商用的图片和视频素材,上万个视频拍摄道具、剪辑和模板素材,较为丰富多元。

2.2 原生的体验技术

2.2.1 技术亮点:通过AI、推荐和体验增强技术,提升用户的内容体验

(1) AI技术:提供AI创作、理解和质检能力,让内容创新、精准、合规地呈现在用户面。

(2) 创作:视觉、语音和语言3大领域8项能力的上百个技术。

(3) 理解:基于OCR和NLP等模型,可理解300种主题分类、4万种物体识别等特征识别能力,比人工分析效率提升5倍。

(4) 质检:亿级训练数据,沉淀30多个质检模型,让内容更加合规。

2.2.2 创新突破:推荐算法结合分布式机器学习架构

(1) 推荐算法:模型算法能力和大规模分布式机器学习技术架构,历经移动互联网亿级DAU用户,实现内容的精准分发和稳定服务。

(2) 体验增强:视频播放"零首帧""零卡顿",720p/1080p移动端实时超分,让企业级平台财经用户体验感达到消费平台水平。

2.3　丰富 C 端运营经验

火山引擎运用移动互联网沉淀的 C 端产品内容经验,帮助解决内容建设三大问题。

(1)内容策略:规划产品内容定位,为可持续、可复制、可规模化的内容供给消费体系提供策略支持。

(2)用户运营:基于核心消费场景,提供运营路径实践建议,帮助构建用户内容消费和社区互动场景,提升产品用户黏性。

(3)团队建设:围绕企业运营主线,提供与之匹配的团队组织建议,并帮助制定团队目标共识机制和目标拆解机制,提升协作沟通效率。

3. 项目运作节奏

3.1　案例介绍:某全国性股份制商业银行

某全国性股份制商业银行和火山引擎联合打造财富管理内容服务。通过火山引擎提供的智能内容解决方案,该行满足了对内容资讯获取与财富知识提升等财富管理需求,让手机银行服务通过内容实现与实际用户的双向互动。

3.1.1　构建内容生态和内容中台

该财务管理内容服务主要载体为"看点"栏目。"看点"以实时资讯内容流为主要服务形式,主要包含推荐、理财、基金、保险、证券、生活六大版块。火山引擎提供的智能内容解决方案,主要从内容服务生态和内容服务能力两方面入手。

3.1.2　构建特色的泛财经内容生态

为丰富客户的内容生态,除了手机银行提供的金融服务内容、集团服务内容、地域特色内容之外,火山引擎联动抖音集团内容生态,提供丰富有趣、题材多样的内容。基于财富服务场景,量身定制基金、保险、理财、证券、房产、信用卡、养生、生活八大类目的内容服务体系。

3.1.3 基于内容生态强化全链路内容服务能力

除了内容生态，火山引擎还提供从内容创作、内容加工、内容分发到数据分析的全链路技术能力，目前双方初步完成了手机银行内容管理平台的建设。

（1）内容甄选：一方面，提升对内容的理解能力，通过智能模型识别视频、图文等内容，自动生成内容标签，提升内容筛选与推荐的精准程度；另一方面，按照云端实时更新的规则对内容进行质检，保证内容合规性。

（2）内容分发：通过推荐算法，为不同用户提供财经内容，掌握财经信息；通过全球 CDN 分发播放器，保障客户音视频播放体验。同时建立商品推广模块，让内容服务与金融服务联动转化。

（3）数据分析：火山引擎提供内容服务全流程数据分析，帮助该行更好了解用户偏好和留存趋势等变化，开展升级和优化，提升内容服务质量和丰富程度。

3.2 案例介绍：泰康保险

2019 年，泰康保险推出移动客户端——泰生活，为用户提供保险、资管、医养等全业务场景的统一服务入口，当前注册用户已突破 1300 万。泰康保险认为，短小、有趣的优质内容，可以开辟泰生活 App 与用户高频、长时互动的新场景，成为用户保险、投资教育载体，通过内容标签丰富用户兴趣画像，提高服务的精准性。

3.2.1 建库：AI 模型支撑构建符合"调性"的内容体系

如何挑选出符合泰生活调性的内容？如何让严肃的金融内容以更喜闻乐见的方式传播？如何在保障内容多样性的同时，满足金融合规要求？

经过和泰生活团队的调研沟通，火山引擎提出如下解决方案。

通过搭建"内容理解模型"，构建内容池。借助 AI、NLP、ASR 等技术，"内容理解模型"可以解析符合调性的样本内容，再经过机器学习模型不断锤炼，最终模型能够具备内容理解能力，自动选出符合的内容。

引入官方金融媒体和个人创作者，同时制定严格的内容"黑名单"，守住内容底线。

在 AI 模型和黑白名单机制的帮助下，泰生活内容迅速扩充，每日更新的图文、视频增长 100 倍。日后随着 AI 模型的更加成熟，日更量将进一步提升。

3.2.2 促活：抖音同款推荐算法留住用户

火山引擎将抖音同款推荐算法加入泰生活，推荐引擎技术具有模型算法能力和大规模分布式机器学习技术架构，可进行流式模型训练与秒级实时计算，可持续迭代优化算法模型，推荐引擎可实现个性化推送，用实时有趣的内容提升用户活跃度，进而提升 MAU[1]。

此外，推荐引擎结合社区运营功能，可以提升用户的参与度和关注度。通过点赞、阅读量、分享、作者主页、相关推荐等维度分析用户喜好，实时洞察热点，实现话题运营。

3.2.3 带货：优质内容带动业务增长

代理人模式和线上直销是已在泰生活上经过验证的转化路径，火山引擎团队选择从这两个路径入手，尝试让内容拉动业务。

火山引擎为泰生活植入了"内容名片功能"，支持代理人一键生成分享图片，自由分享在各公域和私域平台，客户扫描图片上的二维码即可阅读内容和购买。这让优质内容成为代理人的社交名片，增加了代理人跟客户沟通的话题点，既能树立代理人的职业形象，也能为 App 引来公域流量。

同时，火山引擎团队还尝试通过泰生活的泰点通广告系统，将内容和产品建立对应关系，构建泰康商品库，实现"顺滑"带货。

实践证明，"内容带货"不仅可以应用于电商、零售领域，在保险领域也可以跑通，已有多家银行、证券公司开始探索内容定制合作。

火山引擎为泰生活引入四百余家官方金融媒体，一百余位百万级粉丝的个人创作者，覆盖财经、健康、视频、科技等多个频道，使图文、视频的日更量增长 100 倍，

---

[1] MAU（Monthly Active User）是一个用户数量统计名词，指网站、App 等的月活跃用户数量（去除重复用户数）。

用户浏览量月均增长309%，内容月活增长104%。

4. 市场应用及未来展望

4.1 市场应用

火山引擎金融解决方案服务覆盖营销、运营、风控等多维场景，服务对象包含银行、保险、证券、泛金融等。除服务金融领域外，火山引擎还拓展到游戏、大消费、传媒、文旅、汽车和娱乐社交一体化等领域。

4.2 未来展望

火山引擎将坚持洞察趋势痛点，围绕MAU、AUM（客户资产管理规模）等北极星目标，用业务价值检验合作效果，把基于移动互联网的技术、产品与经验积累系统转化，助推金融行业的数字化转型，并开拓合作生态，围绕财富管理、开放银行、普惠金融等专题，一起深度共研共创。

第一章
火山引擎：智能内容科技释放用户价值创新力

编委会点评

社会价值

我国互联网、移动互联网平台已逐渐脱离了"大水漫灌"的信息泛滥时代，从规模化发展转向更加精细化的运营模型，并有望孕育出更具技术活力的平台式输出与质效兼备的行业方案，从对消费者C端的全面覆盖，向深耕产业服务的方向进展，释放出新动能，引领新趋势。对于已经进入产业成熟期的互联网、移动互联网而言，该种转型对于应对中长期发展挑战至关重要，将是对企业基础能力、核心竞争力的考验，创新引领者将重新探索增速逻辑，重构产业认知，摆脱既往简单推升增量的思考模式，基于长期价值追求高质量发展。

创新价值

火山引擎基于移动互联网公司对用户价值的持续洞察与创新追求，在内容联动、智能匹配、体验增强的技术基础上，结合专业的用户运营，为金融企业构建具有原生力的内容生态体系，打造内容中台，帮助数据要素应用融入日常运营工作，提升内容影响力，用高质量、高精度内容促进业务增长，创新服务体验。火山引擎智能内容科技在用户价值挖掘上有着成熟经验，同时携手金融企业针对金融领域的专业内容精耕细作、共研共创，以用户价值为中心建设平台体系，帮助金融行业业务创新力、服务力进一步提升。

PKU
Innovation
Review

第二章

新能源　新动力　新经济

第二章

新能源 新动力 新经济

中国经济面临着能源革命与数字革命，清洁、低碳、安全、高效的历史性变革正步入新征途。从产业角度来看，传统产业正面临创新驱动的破局点，新兴产业虽起步较晚，却释放出极为可观的发展潜力。能源产业与新兴产业的携手，将有利于摆脱关键技术瓶颈，更将从产业定位与发展方式上适应新形势、新变化、新市场，迎接新挑战，共创新机遇。

能源产业的技术创新面向全产业、辐射全市场，从新型系统及支撑技术、储能技术、"数智化"基础共性技术、行业智能升级技术以及系统集成能源服务技术等方面深刻影响着各行各业的发展。同时能源产业内部也在寻求"新动力"，从能源+电商、能源+金融、能源+工业互联网、能源+服务市场等方面，提升能源平台的运营效率和资源配置能力。

能源革命与数字革命推动新经济，这将是一次彻底的变革，而不是改良，从传统的规模经济转向质量经济，构建新理念、适应新需求、建设新生态，从增量式创新全力冲刺"颠覆式创新"。[1]

---

[1] 参见创新观点导读：北大创新评论《能源电力产业发展 新趋势 新市场 新挑战》。

中科海钠：
钠离子电池实现高性价比储能革新

摘要：中科海钠科技有限责任公司（以下简称"中科海钠"）是一家专注于新一代储能体系——钠离子电池研发与生产的高新技术型企业。公司聚焦低成本、长寿命、高安全、高能量密度的钠离子电池产品，潜在应用覆盖低速电动车、规模储能、电动汽车、国家安全等领域，以"碳达峰、碳中和"为发展契机，为世界提供高安全、高性价比的储能电池。

关键词：储能　新能源　钠离子电池

1. 背景说明

1.1 政策背景：国家"双碳"战略实施，助推储能技术和产业

我国承诺力争2030年前实现碳达峰，2060年前实现碳中和，构建新型电力系统是实现"双碳"目标的重要环节，其中新型储能技术是我国政策鼓励的发展方向。

2021年7月15日，国家发展改革委、国家能源局发布了《关于加快推动新型储能发展的指导意见》[1]，主要目标是到2025年实现新型储能从商业化初期向规模化发展转变。到2030年，实现新型储能全面市场化发展。

2021年8月，工信部发布《关于政协第十三届全国委员会第四次会议第4815号（工交邮电类523号）提案答复的函》，提出将适时开展钠离子电池标准制定，并在标准

---

[1]参见国家发展改革委、国家能源局：《关于加快推动新型储能发展的指导意见》（发改能源规〔2021〕1051号），2021年7月15日，https://zfxxgk.ndrc.gov.cn/web/iteminfo.jsp?id=18204。

立项、标准报批等环节予以支持。同时，根据国家政策和产业动态，结合相关标准研究有关钠离子电池行业规范政策，引导产业健康有序发展。

2022年1月，国家发展改革委、国家能源局下发《关于印发〈"十四五"新型储能发展实施方案〉的通知》（发改能源〔2022〕209号），正式提出研究开展钠离子电池等新一代高能量密度储能关键核心技术、装备和集成优化设计研究试点示范，支撑大规模储能电站安全运行。

技术、市场、政策，均在加速落地，一个全新的行业已经呼之欲出。由此，在储能电池赛道中，相对技术成熟、高性价比的钠离子电池被寄予率先产业化的厚望。

1.2　行业痛点：储能安全难以保证，系统成本居高不下

新型储能仍存在三大痛点，阻碍着行业未来的发展。

首先，储能电池的热失控难以控制，单个锂电池着火后，在热滥用（热冲击）的作用下电池模组内部相邻电池也相继发生热失控，整个电池模组和电池簇会被点燃，最终导致储能电站出现火灾甚至爆炸。

其次，目前市场应用存在模糊的商业模式和高额的初始投资等阶段性发展问题，例如，部分新建风电、光伏发电侧项目属于强配储能，缺乏模式和价格传导机制，易造成低价无序竞争。

最后，电化学储能的方向是高能量密度、高比功率、快速响应、高安全性、长寿命，但目前缺少能够兼顾容量和功率，又能满足长寿命的储能技术。

1.3　行业现状：各类技术百舸争先，但仍处于产业化初期

关于钠离子电池的研究可以追溯到20世纪70年代，甚至早于锂离子电池的研究。虽然在1991年后锂离子电池的成功商业化吸引了大多数科学家的注意力，但钠离子电池的发展却从未停止，近10年钠离子电池的相关研究更是迎来了井喷式增长，另外关于钠离子电池工程化的尝试也常有媒体报道。2011年，全球首家专注钠离子电池工程化的英国FARADION公司率先成立，之后在全世界范围内钠离子电池公司雨后春笋般如约而至。截至目前，全球从事钠离子电池工程化的公司已有20家以上，

其中不乏松下、丰田等巨头公司。

我国首家钠离子电池公司中科海钠成立于 2017 年，随后，钠创新能源、佰思格、众钠能源科技等钠离子电池初创企业也顺利完成其融资计划，动力电池巨头宁德时代也于 2021 年宣布将正式进军钠离子电池领域，以上市场进入者为我国钠离子电池产业发展奠定了良好的基础。

目前正极、负极和电解质材料作为钠离子电池的关键材料是当前基础研究的热点方向。正极材料研究主要分为三类：一是层状过渡金属氧化物 (Na_xMO_2)，其可逆比容量高达 190 mA·h/g，制备方法简单，是工程化开发的首选正极材料体系；二是聚阴离子类化合物，其具有开放的钠离子扩散通道，最具代表性的为氟磷酸钒钠，其可逆比容量约 120 mA·h/g，可实现室温规模合成，是一类重要的候选正极材料；三是普鲁士蓝类正极材料，其优点包括可低温合成、可逆比容量为 100—160 mA·h/g，具有低成本化潜力。在负极材料方面，目前接近实用化的是硬碳材料。无定形碳基材料因资源丰富、综合性能优异，有望近期实现应用。在电解质方面，目前仍沿用锂离子电池在有机溶剂中加入盐和添加剂的配方，因钠离子具有较低的溶剂化能，使得使用低盐浓度电解液进一步降低电池成本成为可能。

2. 创新描述

中科海钠为中科院物理所科技成果转化项目，以核心正负极材料研发为核心，聚焦电芯生产制造攻关，经过多年研发，推出了第一代钠离子电池。第一代钠离子电池能量密度可达 145Wh/kg，2C/2C 倍率下循环 4500 次后容量保持率 >83%。中科海钠推出了全球首套 1 MWh 钠离子电池光储充智能微网示范系统，[1] 并成功投入运行。

---

[1] 参见中国科学院物理研究所 (cas.cn)，清洁能源实验室：《全球首套 1 MWh 钠离子电池光储充智能微网系统正式投入运行》，2021 年 6 月 8 日，http://iop.cas.cn/xwzx/snxw/202106/t20210628_6118350.html。

2.1 材料创新助力从 0 到 1

钠离子电池技术的关键材料是正负极材料。正极材料方面，中科院物理所在国际上首次发现 Cu^{2+}/Cu^{3+} 氧化还原电对在含钠层状氧化物中高度可逆，[1]基于此，该所设计和制备出低成本、环境友好的可用层状氧化物正极材料，为钠离子电池产业化奠定了坚实的基础，该正极材料专利获得中国、日本、美国、欧盟授权。负极材料方面，中科院物理所创新性地采用成本低廉的无烟煤作为前驱体，通过碳化得到储钠性能优异的负极材料。通过控制裂解条件进而调控其微观结构，所得负极材料的储钠容量达到 250 mA·h/g，其首周效率超过 84%，循环稳定。基于中科院物理所核心正负极材料的知识产权，国内首家钠离子电池企业中科海钠应运而生。

2.2 组串式设计实现精细化管理

全球首套 1 MWh 钠离子电池光储充智能微网示范系统为组串式储能系统，区别于现有兆瓦级储能系统的设计思路，采用组串式储能设计方案，通过 BMS 对每一簇电池簇进行独立管理、独立控制。每一簇电池簇使用两级三电平半桥拓扑结构的储能变流器，运用 SVPWM 调制算法，通过 FPGA 控制 IGBT 发出三电平方波，经 LC 滤波器后输出满足标准的正弦波。采用 PCS 分布式控制技术，由储能变流器在交流并联汇流，有效解决了单个 PCS 运行过程损坏、宕机等不可预见的原因造成的整个系统崩溃；同时，各 PCS 间又通过 RJ45 通信网线握手通信，既实现了各储能单元良好的均流，又保证各 PCS 独立运行，互不干扰，增强了系统的可靠性。

2.3 智能算法打造安全 PLUS

在综合热管理方面，将空调出风口、回风口以及电芯实时温度，以及将电池舱及电气舱内的 16 个湿度传感器的实时湿度值引入计算分析模型，通过加权统计方法确定综合温湿度，利用模糊 PID 算法引入综合温湿度与给定温湿度的差值 E，以及偏

---

[1] Xu Shu-Yin, Wu Xiao-Yan, Li Yun-Ming, Hu Yong-Sheng, and Chen Li-Quan. *Chin. Phys. B Vol.* 23, No. 11 (2014) 118202。

差变化率 Ec，通过解耦控制算法分别得到温度、湿度的给定值，以此为空调、风机的运行判据，对电池舱整体做综合热管理。

在 SOC 估算方面，若要十分精准地反映电池的 SOC，需要根据电池内部的离子浓度通过化学方程计算，在工程实践中无法实现，因此只能通过估算的方法大致得出电池的 SOC。目前大部分储能项目基于磷酸铁锂电池存在平台区的限制，通常的 SOC 估算都采用较为简单的安时积分法，但此方法由于累积误差的存在，精度较差。基于钠离子电池充放电的曲线特征，采取了一种基于安时积分法和电压查表法相结合的估算方法，对安时积分的 SOC 与电压查表的 SOC 分配不同的权重，组合成估算结果，SOC 精度小于 3%，可以避免因 SOC 估算不准造成的热失控、热滥用等问题。

3．项目运作节奏

中科海钠在产业化的每个阶段都有相应目标，在既定的规划中，设定了从低速车模组到工商业储能，再到兆瓦时级储能的三步战略（见图 2-1）。这既是技术迭代的过程，也是通过规模示范获得市场信任，逐步加快产业化进程。

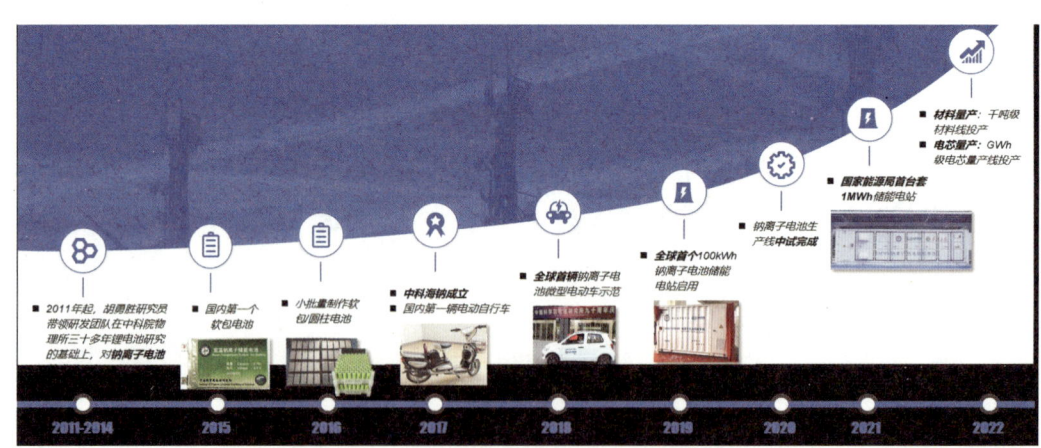

图 2-1 钠离子电池产业化进程

3.1 第一阶段：低速车模组

从无到有不在于技术上怎么制造出电池，而是如何让电池在更广泛的领域被大众所接受，在老百姓触手可及的场景具有应用价值。

阶段成果：2018年，中科海钠采用自主研发设计生产的钠离子电池在低速车上成功测试，在测试过程中充分验证了电池启动能力、最大载荷能力和快充能力等，实现了全球钠离子电池低速车的首台示范。[1]

3.2 第二阶段：工商业储能

在完成钠离子电池模组应用可行性示范之后，海钠人开始考虑钠离子电池应用在储能系统上的可行性。

阶段成果：2019年3月29日，由中科海钠制造的全球首个100 kWh钠离子电池储能电站被启用，[2]可用于电网的峰谷调节，可再生能源的高效利用，医院、数据中心、通信基站的备用电源，以及家庭、社区和工厂的配套电源。

3.3 第三阶段：兆瓦时级储能

进入第三阶段，包括材料工艺、电芯制造、失效分析在内的工程化应用技术有了更好的突破，中科海钠面临的问题是如何由小变大，挖掘钠离子电池的规模化效益。

阶段成果：2021年6月28日，全球首套1MWh钠离子电池光储充智能微网系统在山西太原综改区正式投入运行。该项目由中科院物理所与中科海钠联合推出，中国科学院A类战略性先导科技专项大规模储能关键技术与应用示范项目重点支持。该系统以钠离子电池为储能主体，结合市电、光伏和充电设施形成微网系统，可根据需求与公共电网智能互动。此次钠离子电池光储充智能微网系统的研制成功，标

---

[1] 中国科学院物理研究所 (cas.cn)：《首辆钠离子电池低速电动车问世》，2018年6月8日，http://iop.cas.cn/xwzx/snxw/201806/t20180608_5024146.html。

[2] 中国科学院物理研究所 (cas.cn)、北京凝聚态物理国家研究中心：《我国率先实现百千瓦时级钠离子电池储能电站示范运行》，2019年3月29日，http://www.iop.cas.cn/xwzx/kydt/201903/t20190329_5263537.html。

志着我国在钠离子电池技术及其产业化方面走在了世界前列，同时将进一步推动钠离子电池商业化应用发展。

4. 市场应用及未来展望

4.1 市场应用

从 2018 年钠离子电池首次在低速电动车使用至今，钠离子电池已历经多轮技术迭代，在多个项目上测试并使用。

4.1.1 长江航道新型航标电池项目

2021 年 9 月 14 日，长江芜湖大桥水道大桥上左右通航浮使用新型航标供电电池——钠离子电池，这是钠离子电池首次应用于长江航道航标。[1]

为了更好地解决航标电源供电问题，切合长江航道高质量发展需要，更好地服务皖江水运，9 月 14 日，中科海钠联合芜湖处航道科技人员对新型钠离子电池与其他电池进行了技术对比，并应用于芜湖大桥水道大桥上左右通航浮中。

4.1.2 家用储能产品

2022 年 1 月，全球首款钠离子电池家用储能系统正式亮相拉斯维加斯 CES 展。[2] 该产品由 BLUETTI 设计，系统搭载的钠离子电池由中科海钠自主研发，产品性能优异，安全性能好，在极限情况下可保证不起火、不爆炸；使用寿命长，NA300 设计使用寿命 12 年，安装有钠离子电池专用 BMS，可将电池使用寿命提升至 1 万次；充、放电温区宽，可实现零下 25℃低温环境的充、放电使用；具备快充功能，满功率充

---

[1] 陶琳、汪维：《长江航道航标首次使用钠离子电池》，2021 年 9 月 23 日，中国水运网，http://www.zgsyb.com/news.html?aid=605214。

[2] 参见乐惠车，《BLUETTI 铂陆帝推出全球首款钠离子家用储能产品》，2021 年 12 月 21 日，https://www.lehuiche.com/246222.html。

电时，可在 30 分钟内充电到 85%。

本款产品主要面向海外市场，进行钠离子电池的海外市场布局，为中国钠离子电池产业在全球市场的突破奠定基础。储能系统基础款为 3 度电 3000 瓦的配置，依照家庭使用的需求，可加配 4.8 度电的钠离子电池包，组成 7.8 度电 3000 瓦的增配款，或 12.6 度电的高配款，最高可组成 25.2 度电 6 千瓦的光伏储能系统，基本满足家庭每天的电力需求。

4.1.3 观光车产品

钠离子电池的观光示范车和普通的观光车不同，它搭载的是一块钠离子电池，储电量达到了 8 度电，能够续航 100 千米左右。

4.1.4 轻型电动车产品

一直以来，铅酸蓄电池以其低廉的价格和皮实耐用的特点，在轻型电动车市场（两轮电动车、三轮电动车、四轮低速车）成为电池应用的主力军。最近两年，随着新能源汽车的大规模普及，锂离子电池开始在轻型电动车市场大规模普及，以其轻薄小巧和长寿命的优势，受到了用户的喜爱。但是，锂离子电池的成本仍然与铅酸电池存在一定的差距，这也制约了锂离子电池在轻型电动车市场的推广速度和应用规模。钠离子电池的成本有望比磷酸铁锂电池降低 30% 以上，基本接近铅酸蓄电池的成本；性能方面，它的能量密度是铅酸蓄电池的 3 倍，循环寿命是其 5~10 倍，还可以实现 5C 快充，关键性能基本达到锂离子电池的水平，有望在轻型电动车领域替代铅酸电池。

4.2 未来展望

钠离子电池储能系统定位为规模储能应用。2021 年，我国新增投运电力储能装机规模首次突破 10 吉瓦，新型储能新增规模首次突破 2 吉瓦，达到 2.4 吉瓦，同比增长 54%。预计到 2025 年，我国储能规模将达到 35.5 吉瓦，2030 年将突破 100

吉瓦。[1] 在构建新型电力系统的大背景下，储能是一个万亿级的大市场，中科海钠作为钠离子电池领域的技术领跑者，将以国家"双碳"战略为发展契机，积极联合产业上下游企业，共建产业生态，推进标准制定，培育国内市场，进军国外蓝海，不断为储能行业提供长寿命、宽温区、高功率、低成本的解决方案，引领新型储能技术新未来。

4.2.1 共建产业生态

中科海钠致力于携手上游材料供应商与下游储能应用企业建设产业生态：在材料供应商方面，促进优质原材料研发、规模化量产，在储能应用方面，通过成立合资公司、提供技术服务等方式参与钠离子电池制造的部分经营，从而实现研发、设计、制造、应用端共建产业协作生态。

4.2.2 推进标准制定

在标准制定方面，2021年由中科院物理所提出，中科海钠作为牵头参编企业，同时联合数十家钠电、锂电龙头企业及科研院所，在借鉴锂离子电池制定标准的基础上，经过不断的钠离子电池产业调研及现场实验数据分析，制定了《钠离子蓄电池通用规范》。12月30日，根据《中关村储能产业技术联盟标准管理办法》规定批准发布（标准号：T/CNESA 1006—2021），这标志着国际首个钠离子电池相关标准的发布，在推动钠离子电池的市场化应用的同时，也促进我国新能源电池行业的发展，为我国争取全球钠离子电池标准制定的主导权具有重大意义，引领钠离子电池技术与应用的发展趋势。事实证明，标准意味着市场认可的新技术与新规范，主导标准者才能占据市场竞争和行业的制高点。当前，钠离子电池的相关标准在国内仍是空白，以往借鉴锂离子电池的标准不再具有普适性。中科海钠将致力于推进钠离子电池相关标准的制定，包括电池设计、电池安全生产、电池运输、电池贮存、

---

[1] 参见中国能源研究会储能专委会、中关村储能产业技术联盟：《储能产业研究白皮书2022（摘要版）》，2022年4月20日。

电池使用、电池回收等。

4.2.3 开发国内、国际市场

中科海钠具有清晰的近期、中期、远期发展规划：近期，在国家相关政策的推动下，借助政策激励培育国有客户，打造标杆示范项目；中期，以标杆示范项目的高效益吸引更多储能商业客户，使得国内钠离子电池市场规模、经济效益进一步提升；远期，在深耕国内市场的基础上，继续开辟国外蓝海市场。

创新观点：中科海钠《钠离子电池：从梦想到现实》，扫码观看视频解读

| 思变革 创新声
北大创新评论产业研究案例库（2022）

| **编委会点评**

社会价值

　　储能是解决"发电"与"用电"平衡，实现时发时用、弹性响应的关键技术，居于我国"十四五"能源领域科技创新技术发展中的重要位置，与可再生能源、非常规油气、核能、氢能、智慧能源等一大批新兴能源技术快速迭代升级。储能将深层次解决电力结构转向问题，促进新型柔性能源系统发展，为新能源消纳及用电安全提供有力保障，是全球能源向绿色低碳转型的核心驱动力之一，具备长期正向的社会价值。

创新价值

　　当前，电化学储能呈上升态势，建设周期短、灵活性较强。中科海钠在国内率先实现电化学储能技术革新，突破钠离子电池从科学研究到科技应用的壁垒。钠离子电池较之已规模化应用的电化学储能产品，具备更低的成本优势。中科海钠积极开拓产业化进程，预期将带动新一代高能量密度储能关键技术、装备和集成的市场发展。与此同时，针对储能系统的强稳定性要求，中科海钠自主研发光储充智能微网示范系统，并加强智能算法研发，实现了储能单元的均衡与独立运行，并在储能综合化管理基础上提升了安全性。中科海钠在钠离子电池应用场景上覆盖了商用、民用多个领域，既有在公共电网应用的规模突破，也在电动低速车、家用储能产品上勇于探索，并积极布局海外市场，推动中国智造向高水平升级，引领全球绿色能源发展趋势。

电眼查：
全场景数据服务平台为电力企业智慧赋能

摘要： 大数据时代的来临，为各个行业划出了新赛道，提供了新动能。打通信息壁垒、实现数据共享既是时代发展的要求，也是优化营商环境的重要举措。国网商用大数据有限公司（以下简称"商用大数据公司"）顺势而为，聚焦大数据技术和服务功能，于2021年10月推出国网系统内首个集数据采集、分析、治理、查询、展示为一体的一站式全场景数据服务平台——电眼查。

关键词：商用大数据　全场景数据服务　国网系统

1. 背景说明

1.1 政策背景：促进数据产业化，持续创新"大数据"场景

数据是新时代重要的生产要素，是国家基础性战略资源。"十四五"时期是我国工业经济向数字经济迈进的关键时期，对大数据产业发展提出了新的、更高的要求，产业将步入集中创新、快速发展、深度应用、结构优化的新阶段。

国家能源局、科学技术部印发《"十四五"能源领域科技创新规划》（国能发科技〔2021〕58号）的发展目标指出：促进能源产业数字化智能化升级。先进信息技术与能源产业深度融合，电力、煤炭、油气等领域数字化、智能化升级示范有序推进。能源互联网、智慧能源、综合能源服务等新模式、新业态持续涌现。

2021年11月15日工业和信息化部印发的《"十四五"大数据产业发展规划》（工信部规〔2021〕179号）中的发展目标指出：加快建设行业大数据平台，提升数据开发利用水平，推动行业数据资产化、产品化，实现数据的再创造和价值提升。持续

开展大数据产业发展试点示范，推动大数据与各行业各领域融合应用，加大对优秀解决方案的推广力度。

1.2 行业背景：电力企业加快数字化转型，行业大数据前景可期

2020年8月，国资委发布《关于加快推进国有企业数字化转型工作的通知》[1]，提出要促进国有企业数字化、网络化、智能化发展，包括建设基础数字技术平台、构建数据治理体系、推进产品创新数字化、生产运营智能化、用户服务敏捷化、加快新型基础设施建设、加快关键核心技术攻关等。

近年来，电网企业加快数字化转型。

国家电网完成全业务泛在电力物联网顶层设计，加强数字基础设施建设，推动建设国网云、数据中台及业务中台，在智能运检、设备管理和用电环节等推进相关智能分析、管理类系统建设；大力发展大数据应用，加强用电数据监测和大数据分析，挖掘电力大数据价值，借助电力大数据分析辅助决策等。

南方电网统筹推进数字电网、数字运营、数字服务、数字产业建设，对内促进了企业的提质增效，对外实现了经济增值。

云南电网公司围绕政府部门、金融机构、生产企业、公众客户等各方数据需求，挖掘电力数据价值，打造了"电力复工复产指数""电眼看脱贫"等一系列数据产品。

深圳供电局对内以数据为纽带，积极开展数据资产分类分级和开放策略研究，对外在"对接数字政府"和"商业化探索"两个领域进行尝试，积极推进政府、电网、用户的联动协作。

赛迪研究院预计，"十四五"期间国家电网、南方电网数字化转型投资额合计值将达到1090亿元，复合年增长率17.0%，其中国家电网占比约82.6%、投资额约900亿元。[2]

---

[1] 国务院国有资产监督管理委员会网站：国资委发布《关于加快推进国有企业数字化转型工作的通知》，2020年8月21日。

[2] 中国能源网：《电力行业大数据分析市场发展解读》，2022年4月15日。

商用大数据公司贯彻落实国网公司数字化转型总体部署，集中力量打造国网公司首个全场景智能化企业及行业信息查询平台——电眼查，旨在为国网公司内部及系统外企业提供全面、专业的大数据服务。

2. 创新描述

2.1 创新基础：内外部数据融合

经过近几年的数据资源沉淀，商用大数据公司目前已整合工商、司法、气象、原材料、宏观统计、商品价格等 16 大类、279 小类数据，打通外部数据通道，形成数据备选池，具备面向系统内部单位和社会用户提供数据服务的基础能力。

2020 年 12 月，该公司完成了外部数据的融合打通，构建了涵盖数据采集汇聚、分布式数据存储与计算、数据与算法开发、数据服务管理、数据可视化与展现在内的一站式数据开发应用基础设施，已为国网商旅云、国网商城、综合能源服务共享平台等五条业务线提供工商、司法、舆情等多类外部数据。

同时依托国网总部、各省公司 2022 年储备项目形成产品，打通与省侧和客服中心的数据通道，将结果数据和相关产品沉淀到持续建设的电眼查平台，打通内网环境通道。

2.2 创新能力：e 系列工具标准化服务

电眼查具备提供一系列智能化服务工具的能力，遵照大数据开发全流程，依托大数据采集、存储与计算、算法分析、人工智能、数据可视化等先进技术，结合电眼查产品实际需求，形成 e 采集、e 治理、e 分析、e 穿透、e 交换和 e 监控等多个 e 系列一站式数据开发服务工具，助力数据处理与服务能力提升，并加强全流程的监控与分析。

（1）e 采集。e 采集作为大数据平台先遣军，支持将分布到各处的数据库数据准确、实时、快捷地采集至大数据平台，对接口、文件、目录的接入也有非常好的支持，解决数据集成、数据汇聚关键问题。

（2）e 治理。从源头保证数据质量，减轻后期数据治理工作量，形成成熟稳定的数据治理模型，构建统一的数据标准及标签体系。

（3）e分析。支持自助式数据分析和多数据源连接，具备丰富的数据在线分析、统计、可视化图表展示等功能。从数据发现到数据决策，对特定业务场景数据进行定制化、全方位分析，快速生成智能报表和智能报告，满足企业数据分析和可视化展示需求。

（4）e穿透。基于强隔离装置的内外网穿透工具，采用实时监控方法、数据校验技术，结合数据回传机制，实现外网穿透到内网数据传输的精准性、完整性和一致性，并在外部数据共享应用场景开展验证，为提升数据服务质量提供保障。

（5）e交换。数据交换功能，提供统一的数据访问接口，屏蔽底层存储和技术差异，统一对外提供数据服务，提供数据实时查询并快速将数据变成API服务的能力。

（6）e监控。对关键业务应用的监测和优化，提高业务应用的可用性和可靠性指标，在提供更优质服务的前提下，降低运维的投入和工作量。

2.3 创新服务：面向业务领域提供定制化服务

电眼查建设了强大的业务运营系统，兼具用户管理、产品管理、模式管理、交易统计、交易跟踪、用户使用情况等多个模块，实现产品高效监控，提升服务质量；有机整合用户、数据、服务、供应商、代理商等资源。

电眼查对内服务于国网公司系统内单位（物资、营销、设备等部门），对外服务于国网公司供应商等电力行业企业，实现了对代理商的规范化和精细化管理。

（1）物资单位。辅助物资公司各招标部门完成供应商的智能化审查，有效减少评标工作风险，大幅提升了招标工作效率。

（2）营销单位。基于国网公司营销业务板块需求开发大数据分析服务产品，解决其工作中的营销管理问题，提高工作效率。

（3）设备单位。推动国网公司设备运行质量评价落实在设计、制造、施工、监理等环节，倒逼外部协作单位提升自身工作质量，满足国网对设备质量精益化管理的需求，促进电网设备的安全稳定运行。

（4）供应商单位。扩展协作互助的伙伴关系，共同开拓和扩大市场份额，实现双赢。

3. 项目运作节奏

3.1 第一阶段：数据接入，试用部署上线

电眼查平台从开始设计到物资查、营销查两款产品正式上线用时一个半月，并于 2021 年 10 月 18 日完成外网版本上线试运行。

3.1.1 调研分析

电眼查团队一方面对外部国内头部大数据企业进行了市场调研，另一方面对国网公司内部各业务版块开展需求调研，明确了初期产品物资查子产品"开标查"、营销查子产品"预警查"设计的具体业务需求和方向，并开始投入设计工作。

3.1.2 数据接入

电眼查是面向电力系统内单位提供服务的大数据服务平台，对数据的准确性、及时性、安全性、多维性等都有很高的要求。因此，电眼查对内协调调用来源于国网 ECP 平台或国网数据中台的数据信息，对外接通裁判文书网、国家企业信用信息网等五个政府官方网站，奠定准确、实时、权威的数据质量基础，更好地服务客户。

3.1.3 测试完成

电眼查的"开标查"外网版本于 2021 年 10 月 18 日上线试运行，国网公司五家招标代理机构进行了试用，通过"开标查"产品辅助完成对 1000 家供应商通用资格的查询，标的额共计 1.3 亿元。试用单位反馈产品有效地辅助减少评标工作风险，提升招标工作效率，助力招标工作实现数字化转型（见图 2-2），同时针对系统功能提出了改进意见，将作为后续产品优化升级的方向。

图 2-2 "开标查"查询对比图

3.1.4 上线部署

在试用期间,电眼查积极跟进用户试用反馈,根据各试用单位针对平台功能提出的改进意见,在 2021 年 12 月对"开标查"产品外网版本相继进行了迭代升级,同时根据用户需求于 2022 年 1 月实现了"开标查""预警查"内网版本的上线部署。

3.2 第二阶段:全面运营,完善功能模块

电眼查逐步拓展了"物资查"相关产品的试用单位及数量范围。2022 年 2 月 28 日,在国网公司 2022 年新增第一批采购工作中,电眼查辅助国网物资公司招标一部、二部及三部完成对约 1000 家供应商的智能化审查,随后在 4 月 6 日、4 月 24 日进行了再次试用。在此期间根据使用反馈意见持续完善产品功能、提升数据质量、优化用户体验,并对股权穿透(疑似串标)分析模型展开优化。至此电眼查产品已服务国网山东物资公司、国网电科院等多家单位,完成北京、天津、山东等 12 个省市的试点应用,得到了各单位的充分认可。

2022年3月28日电眼查的"市场查"系列两款子产品完成了研发上线。通过对江苏、浙江、湖北等十几家省公司的需求调研分析，基于权威外部工商、司法等数据，提供企业风险信息查询，支撑一线业务人员实现信息查询、业扩报装信息核验、电费风险预警、营销普查等典型场景。2022年4月开展了"营销查"系列其他子产品的设计开发，同步对其他业务如设备查开展了产品设计工作，并计划于2022年9月上线试运行。

下一步电眼查平台将重点开发"营销查""设备查"等系列子产品，同时"物资查"系列子产品预期将于2022年内实现在国网系统内的全面推广，"市场查"子产品预期实现覆盖国网系统内500家供应商。

截至2022年6月，电眼查共启用试用账号近300个，发起查询订单近5000单，查询企业数量累计近百万次，二期研发建设持续进行。

4. 市场应用及未来展望

4.1 市场应用

通过电眼查产品的建设和运营，逐步将电眼查打造成国网公司数据增值服务的标杆性平台，并辐射到整个国网公司上下游系统及电力行业；后期与各地能源大数据中心、数据要素交易所等开展合作，实现技术、数据、应用、服务的全面化输出，形成具有国网特色的数据增值生态体系。

电眼查产品将服务于国网公司总部、物资公司等国网公司上游系统；各省市电力公司、直属单位及所属各级单位的招投标管理部门，地方生态环境厅等国网公司下游系统；招标代理机构、设备供应商、物资供应商等各类国网公司上下游供应商，电力设备制造企业、电力设计单位、电力施工企业及相关服务类企业等电力行业企业，旨在为国网公司内部及系统外企业提供全面、专业的大数据服务（见图2-3）。

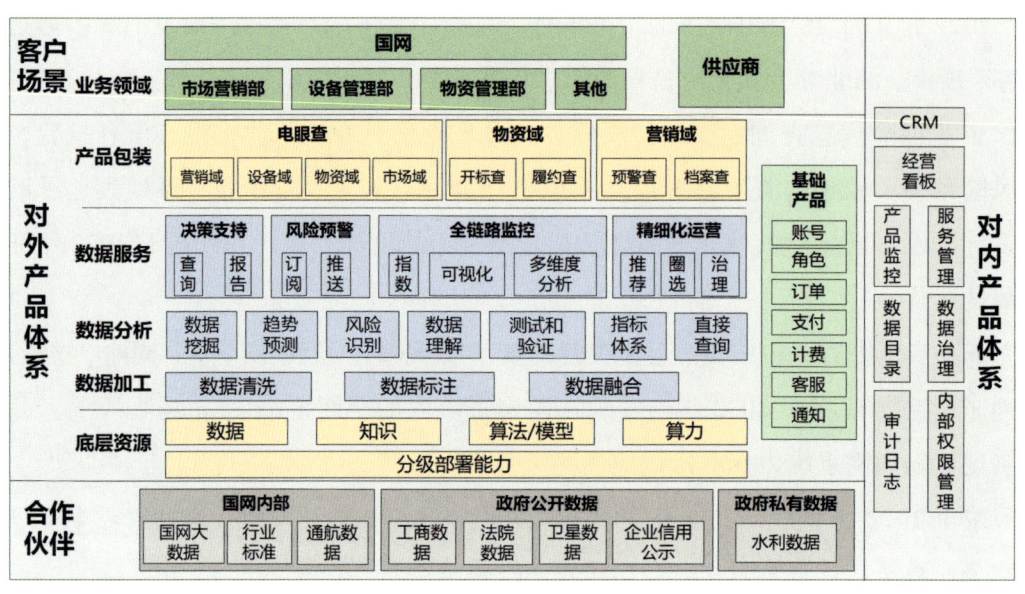

图 2-3　产品架构图

4.2　未来展望

电眼查平台汇聚了工商、司法、原材料、物资、行业等各类数据，并在深度理解国网公司及电力行业各专业用户需求的基础上，结合对内和对外两个应用场景，向用户提供基于大数据的查询服务。电眼查平台主要的功能模块将进一步迭代，包含如下内容。

（1）智能评标辅助模块。"物资查"针对性强，场景明确，可服务国网公司近1000家物资公司及招标代理机构，后期可进一步向系统外市场拓展，形成具有市场竞争力的辅助评标大数据产品。

（2）营销智能监测模块。"营销查"基于国网公司营销业务板块需求开发，服务省级电网公司、一线业务人员。依托权威外部工商、司法等数据，同时根据业务需求结合内部用电数据、发票数据，可提供企业及个体工商户用户的信息共享服务，可适用于网格员信息查询、业扩报装信息核验、电费风险预警、营销普查等。

（3）设备智能查询模块。"设备查"作为国网公司能够全面反映设备全生命周期的数字化产品，通过大数据分析建立合格供应商绩效评价体系，促使外部供应商提高设备质量,以达到促进电网设备的安全稳定运行的目标。初步统计与电力相关的设备制造、设计、施工、监理企业数量有 50 万家以上,客户群体基础广泛,具备较大的经济效益潜力。

(4)市场信息查询功能模块。"市场查"面向国网公司及电力行业上下游供应链企业,具有市场前景广阔、专业性强的特点,随着产品功能的不断完善,可成为新的增值点。

国网商用大数据公司将全面贯彻落实国网公司数字化转型总体部署,立足"大数据应用中心和创新服务平台"的职责定位和发展要求,充分发挥大数据技术和服务的赋能作用,全面推进大数据技术协同创新和业务深度融合,促进数据的融汇贯通和高效利用,赋能系统内外部单位重点业务质效提升,构建"数据资源高效利用、数据价值全面提升"的大数据产业新生态,为助力科技自立自强、推动能源低碳转型等重大国家战略落地提供有力的科技支撑。

| 编委会点评

社会价值

　　中央企业是我国数字化转型的"排头兵"与产业数字化的"领军人",肩负着推动数字经济发展和增强数字社会价值的重要责任。中央企业体量大、业务覆盖面广,通过"数智化"转型可以充分发挥核心作用,对产业上下游实现全面赋能,拉升整个产业链"数智化"转型水平。同时,中央企业掌握产业关键数据资源,运用大数据技术及平台化服务能力,将有效挖掘数据潜力,释放数字溢出价值,进一步推动产业质效升级。尤其是在电力、油气、化工、机械等相对集中的传统行业,数据要素在生产、经营全流程的价值释放,将成为产业未来发展的新拐点与新动能。

创新价值

　　国网商用大数据有限公司的电眼查平台综合运用大数据技术并加载国网系统数据融通能力,面向系统内及相关场景深入挖掘市场需求,实现了产业互联智能服务工具的标准化,并实现了针对不同业务领域的定制化方案输出,在物资、市场、营销等维度上推动了国网公司上下游系统的高效互动联通,节约工作成本,提升工作效率,并为预期业务效果的转化夯实基础。在智能化模块设计上,评估辅助、营销监测、设备查询、市场查询等都具备广泛的用途,辐射众多相关国网单位、分支机构、供应商及关联部门,大数据应用增值点显著,生态价值巨大。

华为数字能源：
绿色能源方案助力数据中心可持续发展

摘要： 华为数字能源技术有限公司（以下简称"华为数字能源"）为数字能源产品与解决方案提供商，致力于融合数字技术和电力电子技术，发展清洁能源与能源数字化。同时，华为数字能源携手合作伙伴打造综合智慧能源解决方案，共建低碳建筑、园区等，加速城市绿色低碳转型。

关键词： 数据中心　电力模块　智能锂电

1. 背景说明

1.1 行业飞速发展带动能耗大幅增长

当前数据中心及相关联产业处在飞速发展阶段。据中国信息通信研究院数据，截至2021年底，我国在用数据中心机架总规模超过520万架，近5年年均增速超过30%。[1]

数据中心产业快速发展的同时，也带来了能耗大幅增长的问题。早在2015年，全国大数据中心的耗电量已达1000亿kWh，相当于三峡水电站全年的发电量；2018年这个数值迅速爬升至1609亿kWh，超过上海全年的社会用电量。[2]

2021年7月4日，工业和信息化部印发的《新型数据中心发展三年行动计划（2021—2023年）》（工信部通信〔2021〕76号，以下简称"行动计划"）明确指出：到2021年底，全国数据中心平均利用率力争提升到55%以上，总算力超过120 EFLOPS，

---

[1] 央视新闻：《工信部：我国算力规模全球第二》，2022年7月1日。
[2] 张真桢：《通信行业深度研究：兼论通信板块碳中和背景下的投资机会》，西部证券，2021年9月。

新建大型及以上数据中心 PUE[1] 降低到 1.35 以下；到 2023 年底，全国数据中心机架规模年均增速保持在 20% 左右，平均利用率力争提升到 60% 以上，新建大型及以上数据中心 PUE 降低到 1.3 以下，严寒和寒冷地区力争降低到 1.25 以下。

1.2 传统大数据中心能源利用三大难点

传统大型数据中心制冷系统通常采用冷冻水系统，并利用板式换热器来利用自然冷源。这样的设计存在设计、施工和运维的三个难点。

（1）设计难：传统数据中心施工使用平面化的 CAD 图纸，而机房里的管线盘根错节，呈现立体化特征，在平面图上很难看到管线之间的交叉干涉，水系统方案庞大复杂，从管路设计、部件选型到控制逻辑，都需要根据不同项目定制，设计周期长。

（2）施工难：由于管路太多，在实际工程中存在大量的交叉界面，项目管理协调及成品保护难度大，在现场施工中，各项目组的进度经常发生冲突，建设周期长，交付工期往往大于半年甚至超过一年。

（3）运维难：由于系统复杂，往往需要非常专业的暖通工程师进行维护，维护效率低下且成本高昂。

2. 创新描述

数据中心能源解决方案在华为云数据中心广泛使用，包括预制模块化数据中心、间接蒸发冷却、智能锂电、电力模块、iCooling 等创新解决方案。

2.1 间接蒸发冷却方案，实现数据中心绿色节能

间接蒸发冷却解决方案 FusionCol8000-E 是面向大型数据中心的自然冷却方案，

---

[1] PUE，即 Power Usage Effectiveness，是一项用于评价数据中心能源效率的指标，它的值取自数据中心消耗的所有能源（总能耗）与 IT 设备消耗的能源的比值。其中，数据中心总能耗包括 IT 设备能耗和制冷、配电等系统的能耗，因此 PUE 值通常大于 1。PUE 值越接近 1，表明非 IT 设备耗能越少，即能效水平越好。

利用间接蒸发冷却技术，可以有效延长自然冷却使用时间，降低数据中心制冷系统能耗。该方案采用整体式架构，内置 DX 补冷系统，各部件在工厂预制集成，实现现场快速安装。

间接蒸发冷却系统内置换热芯，利用的是外部免费冷源；间接式换热，避免了外部空气质量干扰。间接蒸发冷却方案还支持多种制冷模式，包括干模式、喷淋模式和混合制冷模式，三种工作模式可按需切换，可获得更好的 PUE、更低的运营成本。以乌兰察布云数据中心为例，通过换热部件和气流设计，使其年平均 PUE 低至 1.15，大幅降低了制冷成本。

采用极简设计的 FusionCol 系统，相比传统冷冻水系统减少了大量的管路施工及调试工作，缩短了 50% 以上的现场部署时间，业务实现了提前上线，降低了运维难度。以乌兰察布云数据中心为例，项目从开工到投入试运行只用时 9 个月。

2.2 智能微模块

华为智能微模块 FusionModule2000 主要应用于室内数据中心场景。部署简单，建筑适应性强，可以满足企业、金融、运营商等行业的数据中心部署需求。智能微模块采用模块化设计，将供配电、温控、机柜通道、布线、监控等集成在一个模块内，通过 i^3 智能特性构筑核心子系统智能化，提升了供配电、温控系统的可靠性、节能性。

2.3 不间断电源，高效持续保障

UPS5000-H 是面向中大型数据中心及关键供电场景的模块化不间断电源，采用 100kVA/3U 热插拔功率模块，一柜一兆瓦，节省占地面积和安装工时，系统效率高达 97%。iPower 智能手段提升系统可靠性，简化运维，"智能在线"模式 0ms 切换，效率高达 99.1%，实现高效率同时保障持续不间断供电（见图 2-4）。

图 2-4　不间断电源 UPS5000-H

2.4　智能锂电，延长使用寿命

智能锂电 SmartLi 是华为自研推出的电池储能系统解决方案，主要面向中大型数据中心及关键供电场景提供备电。SmartLi 采用安全性更高的磷酸铁锂电芯；独有的主动均流控制技术，支持新旧电池混用，显著降低 CAPEX；三层 BMS 系统，配合华为 UPS 与网管系统，实现电池智能管理，极大降低运营成本。

以东莞华为云数据中心优化运营模式为例，锂电池占地空间小，不到 60 平方米的面积满足 500 个机柜常规正常运行 10~15 分钟的备电——如采用铅酸电池，至少要占用两到三倍的面积；从数据中心运行的全生命周期来看，锂电虽然前期采购成本较高，但使用寿命至少在 10 年以上，整体成本相比铅酸电池节约近 20%。

2.5　电力模块，供配电一体

电力模块 FusionPower6000 是面向大型数据中心提供 MW 级的供配电一体化解决方案。它融合了从中压变压器到负载馈线端的全功率链路，通过一体化设计、高密部件集成，减少电力系统占地；通过预制化、去工程化，降低交付复杂度，缩短部署工期；通过 iPower 智能特性，实现全链可视管理和预测性维护（见图 2-5）。

图 2-5　电力模块 FusionPower6000

2.6　预制模块化数据中心方案交付，有效支撑海量业务快速上线需求

预制模块化数据中心 FusionDC1000C 面向无楼、新建大型数据中心，可应用于运营商 IDC、政企及金融总部机房、云数据中心、人工智能计算中心等多种场景。方案运用装配式建筑及智能模块化数据中心技术，基础设施预集成于功能模块内、工厂预制预调测、现场积木式搭建，建设周期比传统方案快 50% 以上，并支持分层垂直扩容，按需部署，融合智能温控、供电、锂电及 AI 等技术。

2.7　数据中心基础设施管理系统

NetEco6000 是面向数据中心基础设施的本地智能化管理系统。系统提供高可靠运维与精细化运营，对多数据中心统一管理，确保数据中心运维流程遵从提升可靠性，辅助经营分析提升数据中心收益，优化能效节约运营成本（见图 2-6）。

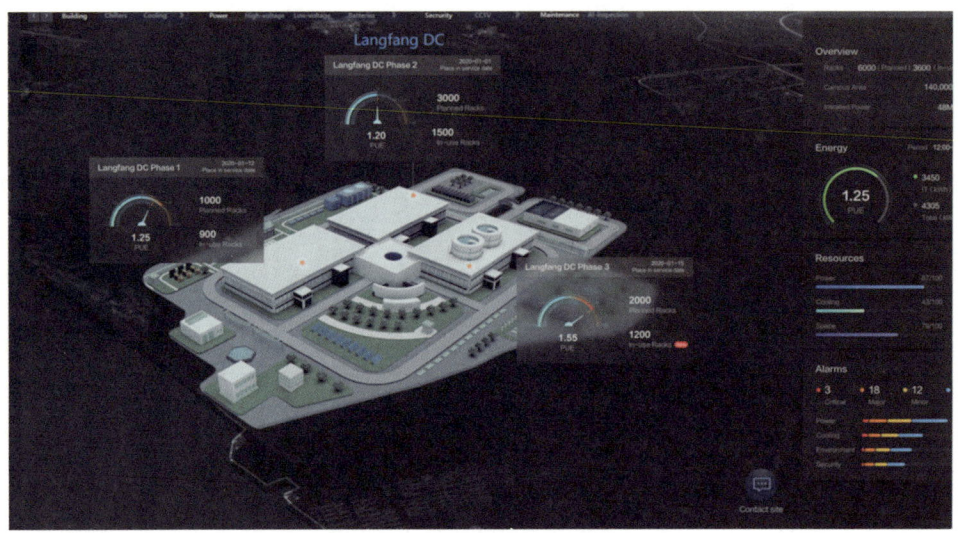

图 2-6 数据中心基础设施管理系统

2.8 能效调优方案

iCooling@AI 是面向大型数据中心系统级 AI 能效调优解决方案。采用智能控制替代传统的人工调节，通过海量数据分析和 AI 算法，持续学习，动态降低数据中心能耗，可以有效降低数据中心 PUE 8%~15%。

以东莞华为云数据中心为例，运用基于 AI 的制冷调节 iCooling 技术、端到端能效调优等手段，云数据中心年均 PUE 低于 1.3。

3. 项目运作节奏

3.1 华为云东莞松山湖 FDC 数据中心

3.1.1 案例介绍

华为云东莞松山湖 FDC 数据中心，是华为云全国"前店后厂"战略部署在华南区的关键前店节点。整体园区占地 7.2 万平方米，总共 4 期工程，前 3 期采用华为预制模块化数据中心方案交付，相对于传统建设方式节省一半以上的交付时间。

东莞松山湖华为云数据中心园区的机房区域分为多个可独立运行单元（以下简称

POD），采用成熟的完全模块化设计和工厂预制交付模式。一期项目于 2018 年 11 月动工，2019 年 4 月上线运营，历时 6 个月。

3.1.2 成果展示

整体园区采用冷冻水 + 融合液冷温控系统，整体 PUE 小于 1.38，可满足单柜功率 50kW 超高密度散热需求，成功支撑全球最快 AI 训练集群[1]——华为 Atlas 900 AI 集群的首次部署。

3.2 贵安华为云数据中心

3.2.1 案例介绍

贵安华为云数据中心是华为全球最大的数据中心[2]，项目总用地面积 100 万平方米，一期建筑面积约 48 万平方米，最大可以容纳超过 100 万台服务器。

2016 年，华为与贵州省政府签署战略合作协议，数据中心正式投建。2021 年 9 月 9 日，贵安华为云数据中心一期正式投入使用。2017 年 8 月动工的贵安华为云数据中心，一期建筑面积约 48 万平方米。截至目前，项目已完成一期全部 51 栋单体建筑的建设，其中 9 栋单体建筑为数据中心，其他单体建筑为相应配套设施。

3.2.2 成果展示

首先，华为云贵安数据中心的能效比 PUE 做到了 1.12，处于业界领先水平。贵安年均温度约 15℃，空气质量良好，没有化学、颗粒物污染，使采用直通风自然冷却成为可能。为了充分利用自然冷源，放置服务器的机房建筑相比其他普通建筑也

---

[1] 载快科技：《世界第一！华为推出全球最快 AI 训练集群 Atlas 900：算力相当于 50 万台 PC》，2019 年 9 月 18 日。

[2] 载贵州网络广播电视台官网：《重磅发布！贵安华为云将成华为全球最大数据中心》，2021 年 5 月 27 日。

做了一些特殊设计,包括更高的层高和用百叶窗替代普通窗户,而百叶窗背后其实就是一个个机柜。冷风经大楼百叶窗送进机房,热风经热通道从楼顶排出。

其次,数据中心设施区和办公区域采用中温冷冻水系统,散发的热量一部分通过瀑布和湖面实现自然冷却,另一部分通过热回收技术用于游泳池和办公区冬季制热,实现余热回收,减少热损耗。此外还引入了服务器液冷技术,能够把热量直接从芯片上带走,减少制冷无关损耗,提升设备密度,降低能效比。

AI技术也在其中发挥了重要作用,基于AI技术能够实现随业务功率的变化实时调整制冷功率、削峰平谷,使各服务器负荷均衡,进一步提升资源使用效率比。同时在供电环节用功率半导体替换铜器件,结合智能算法,进一步降低供电损耗。

在满负荷运行的情况下,预计每年可节省电力10亿度,减少碳排放81万吨,相当于年植树3567万棵。

3.3 华为廊坊云数据中心

3.3.1 案例介绍

华为廊坊云数据中心位于河北省廊坊市华为基地,是华为云在华北地区的重要数据枢纽。

由于传统冷冻水系统制冷链路长,人工优化无法达成最佳的节能效果,从2018年起,廊坊二期、三期开始部署AI能效优化技术——iCooling。

训练:iCooling通过700多数据采集点,获得了数据中心运行的海量数据后,上传到云训练平台。基于华为NAIE(Network AI Engine)能力,iCooling对原始数据推进数据治理、特征工程,并利用深度神经网络进行模型训练,最终得到精确的PUE模型。

推理:本地推理平台可以基于IT负载的预测和室外温度,找到从冷冻站到末端最佳调节的参数组合,通过自动下发降低数据中心PUE,实现能效最优,达成节能减排目标。

3.3.2 成果展示

iCooling 部署后,显著提升了数据中心的制冷效率。2019 年平均 PUE 由部署前的 1.42 降低至 1.28。随着模型精度的不断提升,节能效果也在持续优化,2020 年平均 PUE 已接近 1.26。

仅此一项每年可节约电力近千万度,而对应的投入仅包括基础的传感器(如水温传感器、压力传感器、智能电表、流量传感器等)及调试费用。

3.4 华为云乌兰察布数据中心

3.4.1 案例介绍

乌兰察布地处内蒙古自治区中部,四季分明,气候凉爽,年平均气温在为 0℃～6℃。如果能够合理地利用自然冷却资源,将极大降低数据中心的能耗,从而节约大量的电费成本。

华为云乌兰察布数据中心地处首都"一小时经济圈",作为华为云"南贵北乌"两大数据中心的重点布局之一,是华为在华北地区规模最大的云数据中心,可容纳近 15 万台服务器。乌兰察布数据中心采用多项节能降耗技术,通过采用华为全栈数据中心解决方案,年平均 PUE 不超过 1.2,低于《新型数据中心发展三年行动计划(2021—2023 年)》的要求,在技术架构、绿色环保、智能运维等方面具有差异化优势。

3.4.2 成果展示

华为乌兰察布云数据中心采用间接蒸发冷却解决方案,同时结合 iCooling 能效优化技术,年均 PUE 低至 1.15。[1]与传统冷冻水解决方案相比,该数据中心每年可节省耗电量超过 3000 万度,10 年可降碳 14 万吨,相当于植树 20 万棵。

华为云乌兰察布数据中心的低能耗,得益于液冷技术的充分使用,是华为最大液冷集群,也是全球首个批量部署 FusionPOD 液冷服务器的云数据中心。同时,结

---

[1]参见华为数字能源:《华为新一代间接蒸发冷却解决方案助力数据中心走向低碳》,2022 年 5 月 18 日。

合间接蒸发冷却技术，充分利用自然冷源，通过热回收热泵机组，可将回收热量用于冬季数据中心回风升温及园区办公供暖。硅进铜退，用半导体技术减少铜的使用，使得供电全链路效率从93%优化至95.5%，并结合AI能效调优技术，可随业务功率变化实时调整制冷功率，效率提升5%~8%。此外，该中心还运用无人机主动巡检技术，实时在线快速排障，防患于未然。[1]

4. 市场应用及未来展望

未来世界有两大驱动力：一是全球的数字化转型；二是代表能源革命的"碳中和"。前者必然带动后者的快速增长。华为数字能源提供的是包括从固网到无线的全场景智能站点、从边缘到云的智能数据中心等满足ICT行业应用场景的能源解决方案，帮助运营商实现绿色高效、安全可靠和智能营维，支持ICT网络向5G、全云化平滑演进。[2] 未来华为数字能源将致力于融合数字技术和电力电子技术，发展清洁能源与能源数字化，推动能源革命。

---

[1] 雷锋网：《华为云乌兰察布数据中心入选国家新型数据中心名单》，2022年3月31日。
[2] 《金融投资报》：《从华为新方向说起：数字能源未来能否迎来爆发》，2022年1月5日。

第二章
华为数字能源：绿色能源方案助力数据中心可持续发展

编委会点评

社会价值

在"双碳"目标引领下，绿色能源与新兴科技的结合是数字经济的创新增长点。伴随着"东数西算"的有序推进，将驱使算力基础设施与业务需求、能源供给、网络能力等加快联动，其中，数据中心在效能提升与降本低碳两方面均有强烈需求。综合运用清洁能源，促进可再生能源消纳，提升绿色电能使用水平，积极推进去冗余优配置，是数据中心高质量发展的关键。当前，数据中心的耗电量依然高企，经济用能、碳排放控制尚有较大的提升空间，数据中心面向绿色创新，亟须打造行业标杆引领行业发展，肩负赋能重任的行业领军者责无旁贷。

创新价值

华为数字能源面向数据中心能源利用的痛点，充分发挥技术优势及市场优势，在全国多点华为云数据中心率先应用。创新预制模块化建设模式，即设即用，缩短建设周期，节约建设成本；间接蒸发冷却解决方案，降低制冷系统能耗，避免过度浪费；智能微模块，灵活面向市场需求，配置建设资源；不间断电源、智能锂电、电力模块，提升用电能力；智能化管理系统及AI能效调优，进阶优化效益。以上创新结合，在华为云数据中心取得了较好的应用成果，带动了全国绿色数据中心的发展，助推能源数字化、绿色化低碳转型。

思变革 创新声
北大创新评论产业研究案例库（2022）

亮风台：
HiAR Space 增强电力运维高效智能

摘要： 亮风台（上海）信息科技有限公司（以下简称"亮风台"）以端云结合、软硬一体的 AR 电力智能运维解决方案，结合 AR 智能终端设备构建数字孪生式智慧电力应用场景，增强现有系统能力，升级传统运维方式，保障安全生产，让电力运维的现场作业变得更自然、更智能、更高效。

关键词： AR　数字孪生　智能运维

1. 背景说明

1.1 政策背景：推进智能电网建设，赋能电力新基建

2021 年 3 月，《中华人民共和国国民经济和社会发展第十四个五年规划和 2035 年远景目标纲要》提出，要加快电网基础设施智能化改造和智能微电网建设，提高电力系统互补互济和智能调节能力。《电力行业的"十四五"发展规划研究》指出，要以安全可靠发展为核心要义，以绿色低碳发展为基本方向，以高效智慧发展为主要特征。[1]

当前，电力行业信息化、互联网化、智能化是"双碳"战略发展的必备要件。2021 年电力行业二氧化碳排放量创历史新高，增长 7%，这是自 2010 年以来的最大增幅，也是历史最大绝对增幅，[2] 而电力领域是我国碳排放的主要来源之一。电力企业作为重要能源枢纽，积极拥抱"数智化"工具，从技术、业务、战略等多维度出

---

[1] 参见中国电力企业联合会：《电力行业的"十四五"发展规划研究》，2021 年 1 月 5 日。
[2] 参见 Ember：《2022 年全球电力评论》，2022 年 3 月 30 日。

发实现绿色转型，已是当下重中之重。

1.2 行业需求：电力运维仍处于传统阶段，数据利用成为当下建设重点

现阶段，电网公司在电力物联网、数据中台等信息化基础建设、数字化底层部署上已较为完善，系统侧的数字化水平已然较高，但执行侧仍然是较为传统的状态，智能化与数字化发展不足。未来，现实空间中设备会越来越多，数据也会越来越海量，如何挖掘数据价值，赋能现场执行，实现"数据价值驱动发展"成为当下建设热点。

设备在作业现场，海量数据信息在办公室、在电脑上、在手机上，二者的割裂关系导致现场作业人员完成一项运维任务可能需要切换多个数据系统，多次联系多个不同领域的协作人员，且在现场与办公区域之间来回奔波，在手机、电脑等办公工具间来回切换，工作效率低而成本高、体验差，数据利用俨然成为一种负担。故此，现场作业人员需要新型的、更加便利的智能作业工具。

另外，"老师傅"经验与作业实操过程等一手智力资产数据难于采集记录，形成价值释放，导致业务能力传承容易出现断层，进一步加剧人力资源紧张局面。

电力系统具有空间跨度大、时间协调要求严格、层次分工非常复杂等显著特点。因此，在执行侧，如何高效匹配资源，高效协调前后端业务流程，最大程度降低故障损失，提升运维数字化程度是当前需要解决的问题。

2. 创新描述

亮风台基于全自主研发的 AR 核心技术与 HiAR Space 平台能力，推出端云一体、软硬结合的智能运维系统，打通现场执行的"最后一公里"难题。

亮风台智能运维系统能够高效联动前后端作业人员，联动设备管理系统，为现场运维提供智能辅助，实现现场设备信息可视化，精准故障诊断与检修，作业过程全记录，建立作业知识库等功能，有利于相关经验与运维能力的快速具象化，提质增效，节能减碳，建立智能化运维体系，实现传统运维方式升级。

2.1 多环节赋能

亮风台产品服务体系能够增强现场作业，为执行、协同与管理多个环节赋能。

电力系统传统 IT 升级建设，主要借助传感技术与现代通信采集环境和设备信息于云端，但对于要求赶赴现场的作业而言，存在于云端的数据到解决现场执行问题中间还有很大距离，导致执行侧现场作业效率提升较难。

亮风台电网智能运维系统可以实现数字孪生效果，可把设备数据与信息、标准作业指导、专家知识与经验搬到现场，形成"现场云"。现场作业人员借助 AR 设备，就像拥有一双"透视眼"，设备扫一扫就能看见叠加于设备之上的设备环境数据、设备说明信息、作业参考与指导信息、历史操作信息等（见图 2-7），能够带来信息高效保存传递、人因错误规避、安全保障提高、运维效率提升等多样实效。

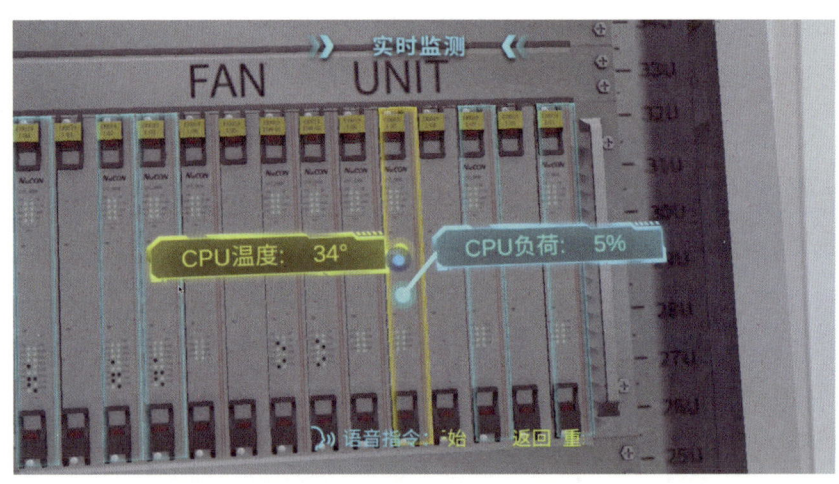

图 2-7 仪控设备智能运维"现场设备信息可视化"

同时，在业务协作流程上，智能运维系统可以提供快速专家资源匹配与协作沟通能力。过去，一旦设备出现复杂的临时性故障，现场人员借助电话等传统通信方式指导无法处置，运维专家又难以及时抵达现场，电力企业则会面临严重的停机损失。现在，现场工人佩戴 AR 眼镜即可将现场情况实时输送给后端多方专家，借助系统的第一视角、AR 空间标注等 AR 特色工具，专家不必亲赴现场，实时远程指导排故，也可以实现如亲临现场般的支持效果，大大释放了专家效能，保障了供电设备安全，实现前后端协同效率提升（见图 2-8）。

图 2-8　远程专家借助 AR 标注工具进行排故指导

此外，系统支持日常运维巡检过程与内容的全程记录和监管，支持远程协作过程的全程记录。除了能够实现现场实操经验沉淀与业务能力传承，管理者还可查看作业记录视频画面，便于对过程进行回溯追踪与优化，对外协单位进行尽职监督，实现管理方式的升级优化。

2.2　创新性应用 AR/AI 技术

实现虚实融合，首先要实现对特定 3D 物体的稳定识别与跟踪，即 AR 的核心技术与能力——空间计算。

在地球和城市级别，传统 GIS 可以视为空间计算的鼻祖，主要对目标在地球坐标系中的经度、纬度和高度等 3Dof 定位，精度一般为数米。

而在垂直行业领域，电力系统所涉及的运维设备，布局较为精密复杂，这就要求虚拟 AR 内容对物理空间的定位、跟踪与对齐精度高，以往地球和城市级别的米级精度定位已经远远不能满足应用所需，需要进行技术创新应用，实现厘米级甚至毫米级的桌面场景下的空间计算能力。

在此背景下，亮风台融合视觉、GPS/北斗、IMU 等多种传感数据，对目标进行 6Dof（位置 + 方向）定位，精度可达毫米级别，应用场景也从 GIS 拓展到室内、桌面等，把 AR 空间计算的维度和精度都推向了新高。

亮风台在 3D 场景下的识别与跟踪技术取得了如下成果：支持高精度、毫秒级重定位，运行速度快；支持 AR 标注持久化和多人共享场景；设定重启与保护机制，当目标跟踪失败后，通过融合目标检测的思想，使跟踪能够从失败中实时恢复。通过融合视觉和 IMU 混合跟踪策略，从而实现稳定的 3D 物体跟踪效果，安全可靠。

2.3 达成突破性业务指标

2.3.1 提升作业效率

在使用亮风台 AR 眼镜与智能运维系统后，巡检工人和专家可以在设备现场直接获取信息，路程耗时为 0，信息查询耗时为 0，一次日常运维巡检至少两个人力效能大幅提高。此外，借助 AR 智能作业系统的操作规程与作业指导，现场巡检运维漏检率为 0，且可实现对作业现场的 100% 追溯，作业效率得到提升的同时，管理模式也借助新技术、新工具得到优化。

2.3.2 提升知识复用

日常运维巡检过程、专家远程协作的指导过程经由系统记录，会被直接保存在设备现场。现场工人看得到并能看得懂，极大方便自我学习，提升个人专业素养，达到知识共享与普惠的有益结果。

2.3.3 提升安全指数

亮风台 AR 智能运维，可以把操作要求形成标准化指导，以虚拟信息形式叠加在现场设备之上，现场人员跟着进行规范操作即可避免人因错误引发的安全事故；并且，实时过程记录与查看功能方便管理者进行实时安全监督，提升安全保障。此外，无人机等新设备与 AR 的结合可以实现第一视角的高空巡查，代替人类进入危险区域进行险情勘察，进一步降低安全风险。

综合更多案例的实践反馈，亮风台预估，电力运维的现场作业效率预计提升约 45%，数字知识利用率提高约 150%，一次性故障排除率提高约 50%，故障诊断时间成本下降约 20%，新手出错率降低约 50%。

3. 项目运作节奏

3.1 产品联研，形成应用成果

在 0 到 1 的过程中，亮风台以产品联研的方式加入某特大型央企集团、某世界 500 强能源集团等下属科研产业单位，共同进行创新应用课题研究与实践。在 2020 年之前，亮风台即与某国有企业下属科研单位联合建立了亮风台 AR 实验室，开展 AR 技术在电网智能运维领域的应用研究，并形成了具有实践指导意义的应用成果。

3.2 行业标杆客户示范落地

在电力行业，亮风台首先与行业头部企业开展了合作。在与标杆企业合作当中，亮风台深入一线现场，充分掌握需求，不断打磨产品与方案，致力把场景做深做透。

3.2.1 某特大型央企：多地多场景创新应用

截至目前，亮风台 AR 技术与应用已在该央企下属数十个单位得到深度应用。下属某供电公司借助亮风台 5G+AR 智能巡检系统，运用大数据分析、AI/AR 技术自动判断设备异常，主动推送预警、告警信息，实现了电力设备运行风险自主判断、主动告知（见图 2-9）。同时启用 AR 远程协作系统，提高了现场故障排除的效率，实现了电力系统对安全稳定运行的要求。

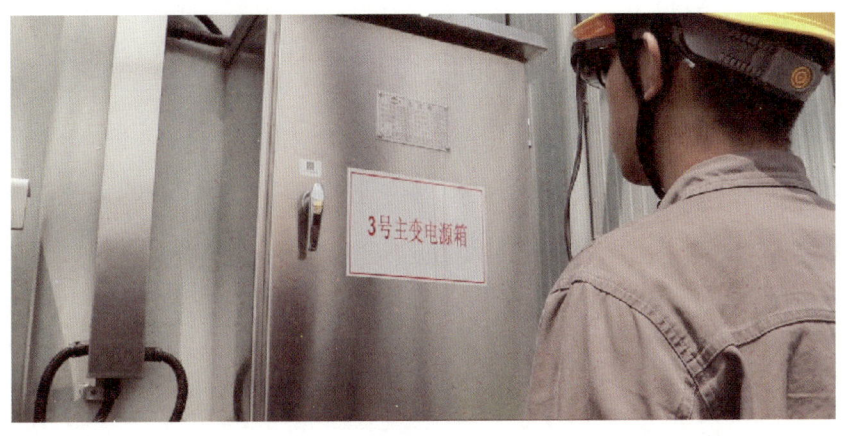

图 2-9 某地员工应用 AR 智能运维系统进行日常巡检工作

3.2.2 某世界 500 强能源集团：开展新技术在水电站重难点领域应用的积极探索

2021 年 12 月初，亮风台为该集团下属某水电公司研发的"AR 智能运维系统"顺利落地，在分布于甘肃和陕西境内的 6 个水电站实现应用。该项目是应集团科学研究院要求，由集团下属某电科院主导，是集团对新技术在水电站重难点领域应用的积极探索。

由于集团旗下水电站分布广、距离远、设备种类复杂，而且往往处于交通不便利的山区，很多工作开展耗时耗力。而现场运维管理也是困难重重，存在监督不到位、消极巡检、无法及时准确掌握现场设备运行状况和缺陷处理困难等问题。

借助 AR 智能运维系统，通过 AR 远程协作应用让后端管理人员和专家能够进行准确高效沟通，还联动设备管理系统，实现设备信息可视化和运维过程全记录。

截至目前，借助亮风台 AR 技术与应用，已形成了某特大型央企集团的"立体化智慧运检示范工程"、某世界 500 强能源集团的"智慧电厂示范工程"、某国有骨干企业的"综合应急基地虚拟现实配套工程"等一批具有行业领先性的示范工程。

4. 市场应用及未来展望

4.1 电力行业整体市场应用

截至目前，亮风台已服务超过 20 家电力能源企业，覆盖火电、核电、水电、风电等多种电力能源类型。在场景拓展上，覆盖了 AR 安全监管、AR 远程协作、AR 操作培训、AR 作业指导、AR 设备检修、AR 无人机智能巡线、AR 设备可视化、AR 应急演练、AR 智能仓储、AR 测温等广泛应用场景。

4.2 行业经验广泛迁移拓展

基于电力行业的成功实践经验，亮风台将业务范围向更广阔的工业领域进行了拓展，成功服务了中国宝武钢铁、国家电网、商飞、富士康、三一重工、海尔、上汽、福特、斗山机械、菲尼克斯等数千家国内外行业标杆企业与机构。

4.3 未来展望

亮风台致力于 AR 平台级技术、产品和服务研发应用，将持续优化 AR 平台，积极联合产业上下游企业，共建产业生态，逐步覆盖工业制造、管理、服务的全流程，帮助工业发展建设基础设施平台。

4.3.1 持续优化AR平台，发力"工业元宇宙"

随着技术研发愈加成熟，应用可在全真生产数字模拟、工业全场景链路的效率提升、能耗降低、安全生产、劳动力减少与优化、敏捷研发、质量改善等方面，逐步呈现更为实际的价值效果。

亮风台将基于自主研发的空间计算、智能交互、AR云、智能硬件和人机融合AI等核心技术，持续优化端云结合的AR平台HiAR Space，构建虚实融合的工业现场"超实境智慧空间"，即工业元宇宙的空间互联基础设施和用户入口。工业元宇宙可以连接可见的人、设备、产线、环境与不可见的"数据、模型、知识、智慧"，完成"感知—认知—决策—执行"的闭环，实现物理、数字"复杂巨系统"的简单化、可视化、立体化、全息化。

4.3.2 共建产业生态，携手共生共赢

AR推动下一代沉浸式体验，正在迈进人们的工作、生活、娱乐，为各行各业赋能增效。

亮风台秉承开放、融合、共赢的理念，将多维度开放亮风台软硬结合、端云一体的平台核心能力，垂直赋能国内国际合作伙伴，推动AR与各行业的深度结合，实现AR快速商用落地普及和规模化应用，共建产业协作生态，携手实践共生共赢。

4.3.3 推进标准制定

亮风台将致力于推进相关标准的制定，包括电力系统智能应用相关的安全标准、技术标准、通信标准、设计标准等。目前，亮风台正参与由中国电子技术标准化研究院牵头的智能制造AR国家标准项目。[1]

---

[1] 物联网研究中心："机器视觉在线检测和AR辅助装配系统标准试验验证平台建设启动会召开"，2019年11月4日，中国电子技术标准化研究院官网，http://www.cesi.cn/201911/5734.html。

| 思变革 创新声
北大创新评论产业研究案例库（2022）

编委会点评

社会价值

以AR、VR、MR为代表的"元宇宙"技术应用已进入众多商业场景、传统领域，如游戏制作、影视拍摄、文化旅游、展览展示、教育教学等。随着数实相融的技术发展和产业升级转型，工业"元宇宙"在既有工业数字孪生概念基础上实现了组合式应用发展，在建筑BIM、交通管理、设施运维、监测巡检等具体方向上均具有较好的实用价值，有利于促进产业"数智化"加速落地，在管理成本、人员成本、安全保障等角度降本增效。加快数字技术与实体经济深度融合，不只赋能传统领域转型，更将催生新产业、新业态、新模式，作为数字基建内微观创新之一的"元宇宙"技术组合将推动工业智能服务业市场发展。

创新价值

亮风台AR技术在空间计算指标上实现了毫米级别精度，通过融合视觉和IMU混合跟踪策略，稳定3D物体跟踪效果，同时在终端上运用AR眼镜及智能运维系统，可有效提高电力运维监测、监管效率，支持远程专业协作，流程作业更加标准化，减少培训成本并减少误操作风险，在复杂、广域工业作业场景当中都具备实践价值。同时，结合机器人、无人机等设施，可进一步优化运维体系。在预期工业"元宇宙"相关空间互联、人机互联等应用中持续迭代升级AR计算、操作、设备平台，将有望实现可广泛复制的市场价值。

金羽新能：
高能量密度固态电池深入新能源产业应用

摘要： 固态电池性能提升及商业运营为我国新能源产业发展的关键命题。北京金羽新能科技有限公司（以下简称"金羽新能"）致力于高能量密度固态电池的研发和产业化工作，在提升电池性能、加速工程制造、降低电池成本等方面取得了创新突破，并投入工业无人机市场，预期未来将在新能源汽车市场中量产应用。

关键词： 固态电池　锂离子动力　新能源产业

1. 背景描述

1.1 政策背景：动力电池性能突破迫在眉睫

2020年，中共中央发布了《关于制定国民经济和社会发展第十四个五年规划和2035年远景目标的建议》，提出了"碳达峰、碳中和"的发展目标。2021年3月，《中华人民共和国国民经济和社会发展第十四个五年规划和2035年远景目标纲要》发布，提出要大力发展纯电动汽车和插电式混合动力汽车，重点突破动力电池能量密度、高低温适应性等关键技术。

动力电池的关键环节是动力电池的能量密度、循环寿命和电池的安全可靠性。2017年工业和信息化部、发展改革委、科技部、财政部下发的《关于印发〈促进汽车动力电池产业发展行动方案〉的通知》（工信部联装〔2017〕29号）指出，到2020年新型锂离子动力电池单体比能量超过300 Wh/kg；系统比能量力争达到260 Wh/kg。国内新能源汽车主要采用磷酸铁锂和三元锂电池，2020年度新车型动力电池平均能量密度为146.42 Wh/kg，相较于2019年几乎未有增长，其增幅显著低于预期。[1]

此外，由于电池质量问题导致的新能源汽车自燃事故在近几年持续上演。2022年市场监管总局《关于2021年全国汽车和消费品召回情况的通告》提出，2021年实施新能源汽车召回涉及车辆83万辆，占全年召回总数量的9.5%；新能源汽车召回次数和召回数量，同比上年分别增长31.1%和75.9%。其中，新能源汽车缺陷线索报告3033例，反映动力电池、电机、电控系统问题的占新能源汽车缺陷线索的52.5%。"动力电池过热起火"和"电控系统故障"依旧占比较大，是新能源车的首要安全隐患。

因此，解决动力电池的能量密度、循环寿命和电池的安全可靠性等问题，大力推动我国新能源汽车的发展，开展该方向的创新实践已经迫在眉睫。

1.2 行业背景：固态电池商业运营面临挑战

为实现更高能量密度（>300 Wh/kg）的动力电池，需要搭载更高容量的正负极材料。如选择三元高镍体系或富锂锰基材料作为正极材料，选择硅碳材料或者锂金属作为负极材料，从而达到更高的能量密度。

随着更高容量的正负极材料的引入，锂电池的安全隐患也逐步提升。其中的一个关键原因就是电解液受热易分解的特性。锂电池的电解液是由六氟磷酸锂等锂盐类和有机溶剂及其他添加剂组成的供载流子运移的通道。电解液对温度十分敏感，它在高温下极易分解产生可燃气体和氧化剂。如果电池内部短路等情况导致电池局部温度快速上升，达到液态电解液的分解点和可燃物的着火点时，极易起火甚至发生猛烈爆炸。固态电解质相对燃点高，降低了电池组对温度的敏感性，并且由于其自身的结构强度，降低了硅氧负极和锂金属负极在应用过程中的体积膨胀与枝晶问题。

固态电池成为新一代电池的重点研发方向，但也面临着很多挑战：一方面，一些固态电解质由于含有稀有金属等材质，再加之制备环境严苛，导致成本居高不下；另一方面，有的固态电解质和正负极材料存在界面不稳定、易与负极材料反应以及固—固界面在循环中易随着环境剥离的问题。更重要的是，固态电池是一种全新的

---

[1] 刘洋等：《电动乘用车能量密度及续驶里程2020年度报告》，《汽车文摘》，2021年11期。

电池体系，在材料选择、电池结构设计、制造工段的工艺等方面都与传统锂离子电池存在或多或少的区别，使得固态电池尚未大规模投入商业运营。

2. 创新描述

金羽新能从事高能量密度固态电池的研发和产业化工作，针对前文提到的固态电解质在应用中存在的诸多问题，开展了五年多的创新探索，通过材料创新、工程创新和工艺创新等，将固态电池逐步变成了可交付给客户的产品。

2.1 材料创新：构建复合式研发方案

电池的基础是材料科学，只有正极、负极、电解质和集流体等的各项突破才会带来整个体系的进展。

由于电池材料是庞杂的体系，金羽新能选择了重点突破、联合研发的形式进行材料方面的研发改进工作。第一，对电池的正负极主材，与行业头部的主材厂商共同研发，以主材厂为主体，金羽新能做系统的配套和性能需求的解析。第二，对关键电解质部分，由金羽新能主导完成。固态电解质分为硫化物固态电解质、氧化物固态电解质和卤化物固态电解质等，各体系具有各自的优劣势。考虑到应用端的实际需求、材料的成熟度以及制备成本，金羽新能选择了氧化物固态电解质为量产产品的开发方向，以硫化物固态电解质为在研更高能量密度产品的开发方向。为了解决氧化物固态电解质离子电导率低等问题，金羽新能还开发了一套全新的电解液，对固态电解质进行润湿，形成了固液混合的电解液/质体系。这种新的电解液展现出来非常稳定的固态电解质膜（SEI）的构建能力，大幅提高了高硅氧负极材料在化成过程中的首效。

在进行材料开发的同时，在微观上对电池各个组分的结构与动力学进行表征，建立起微观结构与宏观性能之间的定量关系。利用扫描电镜（SEM）、透射电镜（TEM）、X射线衍射（XRD）、拉曼光谱（Raman）、X射线光电子能谱（XPS）、热重（TGA）、元素分析、纳米粒度测试等方法对材料的形貌、晶体结构、成分进行研究，对微观结构对宏观性能的影响进行解析，阐明了材料功能的微观基础，在此过程中建立起了一整套的电池材料研究方法。

2.2 工程创新：快速迭代结合 AI 能力

构建完整的电池体系还需要快速迭代，在材料的基础上构建各种材料端元相匹配的电池体系。

一方面，金羽新能对组装的全电池进行测试，找到适合该半固态电池的电解液/质最佳配比；另一方面，在测试中筛选出了最优的正极材料、负极材料，并研究不同负极/正极容量比（N/P）下全电池的循环性能，确定了最优的 N/P 比，使电池得以将各项材料的优势发挥出来。

在研发初期，金羽新能使用扣式电池对技术方案进行验证。根据电池的测试结果，快速地对电池的正负极配比、电解液等因素进行调整，为后续的软包的组装、测试提供有用的信息。在扣式电池的配方、测试性能的基础上组装 Ah 级别的蓝本软包电池，并对其性能进行测试。根据测试结果调节电池正负极配比、电解液等成分，配合扣式电池测试进行放大。后续根据测试稳定性，进行多层电极片的叠加，测试软包电池的性能，通过反复的测试、修正找到最优的材料配比。

在工程创新过程中，金羽新能还与深势科技合作，共同探索了 AI 在电池工程迭代中的应用。通过新的高通量计算平台，将金羽积累的海量基础数据导入，对电解质体系和结构的优化进行计算模拟，大幅提高了工程迭代的效率。已经搭建的面向锂金属电池电解质优化的工业设计平台，将电解质的实验和计算充分配合，形成"计算设计与实验验证循环优化"的先进模式，极大地提升了锂金属电池电解质的研发效率。基于此，新型电解质快速迭代，使锂金属电池的性能有了有效提升，商业化、产品化进程也得到了大幅度推进。

2.3 工艺创新：一体成型固态电解质膜

在电池的材料和体系构建取得阶段性进展的基础上，还需要解决的一个重大问题是如何将批量制备出来，这涉及系列的工艺问题。

为了尽可能地将高能量密度固态电池的量产提前，金羽新能选择的工艺路线和传统锂离子电池基本一致，但在细节上做了非常多的优化，其中最大的不同是源自电解质膜部分。传统锂离子电池采用 PP/PE 等高分子材料作为隔膜，隔膜的制备有干法和湿法之分。

随着固态电池研究和产业化的逐步推进,行业开始探索固态电解质膜的制备工艺。对氧化物电解质,很多企业选择了以传统隔膜作为基膜,在其上涂覆固态电解质的工艺形式。这种制备方案虽然效率高,但是由于固态电解质仅存在于隔膜表面,其起到的增强结构强度、提高电池安全性等作用有限。为了进一步提升安全性,还需要在正极等部分进行固态电解质的掺混。面对该工艺存在的不足,金羽新能开发了全新的一体成型的固态电解质膜(见图2-10),以特种纤维等阻燃高分子为骨架,将氧化物固态电解质均匀掺混在其中,使得固态电解质含量进一步提升。无须再在正极材料进行掺混,也可保证电池的安全特性,并使电池的能量密度相较于传统电池体系提升了20%以上。

图2-10 开发的部分定制化工艺设备

基于上述的创新工作,金羽新能的电芯开发取得了阶段性的进展。

(1)电池性能优异:金羽新能的固态锂电池的能量密度超过300Wh/kg,常温下100%DOD循环寿命>500圈,80%SOC快充20分钟,安全性能好,综合性能大幅提高。

(2)可制造性强:金羽新能锂电池不使用蒸镀和氧化物电解质烧结等复杂的产品生产工艺,可与目前商业锂离子电池设备和工艺完美兼容,直接在现有锂离子电池产线基础上进行生产。同时,可借助锂电池完备的产业上下游、充足的供应链和产业集群优势,快速实现大规模生产。

(3)成本低:金羽新能使用锂复合负极,极大降低了金属锂的使用量,提升了锂的利用率。同时,不使用价格高昂的高浓度电解液体系和复杂的锂蒸镀工艺。

(4)知识产权壁垒:公司自主研发的固态电池拥有完全自主知识产权,现已申请

40 余项专利，授权 24 项。自主知识产权涵盖了从金属锂负极修饰、复合锂材料制备、电解质膜的制备到电芯装配工艺等全方位的新技术壁垒（见图 2-11）。

图 2-11　高能量密度固态电池系列产品

3. 项目运行节奏

3.1　产线建设过程

2019 年，金羽新能在两山理论发源地——浙江安吉成立了产业基地。该基地的组建由研发团队和本地一家传统电池生产企业共同完成，研发团队发挥技术优势，传统企业方发挥在项目管理、人员匹配方面的优势，双方通力协作，先期建设了第一条中试产线，并进行了两年多的中试测试。在中试测试取得阶段性成果的基础上，金羽新能于 2021 年底开展了首条量产线的建设工作。首条产线采用原传统电池企业的车间，在保留车间主体结构的基础上进行了从头到脚的改造。经过几个月的通力协作，产线初步建成，并达到了零下 70℃对应的露点干燥度，保证了高能量密度电池制备的温湿度条件。2022 年 1 月，产线通过消防验收并进入试生产阶段。

一阶段产线的定位是样品批量制备和自动化工艺积累验证，通过工艺部门的努力，将产线拉通率由前期的不到 60% 提升到了 90% 以上，并积累了大量的实际生产经验，各项指标达到设计要求，高能量密度固态电池已经具备了批量放量的前置条件。此后金羽新能开始了二阶段产线的建设工作，主要进行自动化线的升级改造。二阶段产线的建设采用了先进的量产设备，特别是涂布机、辊压机等达到了行业头部水平，在前期材料和体系优势情况下进一步加强了产品的竞争力。

3.2 市场建设过程

性能优异的产品需要到客户端进行检验，市场的建设需要走在产品开发和产线建设前面。在项目开展前期，金羽新能就开始对客户的实际需求进行调研分析，掌握了应用端对电池性能的实际需求。

例如，对部分工业无人机客户，电池的循环寿命需要满足500个循环的基本条件，在此基础上循环寿命的提升并不是首要考虑因素，而是能量密度的提升。同时，由于无人机大部分用于视觉识别，对稳定性有很高要求，这就对电池的倍率性能提出了挑战，需要长时5C以上的放电能力。针对这些具体需求，金羽新能进行了定向的产品开发，譬如为了进一步提升倍率性能，产品降低了极片的面密度，并提高了极耳等电流运移通道的厚度。在一代样品下线后，金羽新能交付产品给客户，开始进一步测试分析，并就过程中反馈的问题进行调整优化，如此反复进行了多个轮次，最终产品得以定型。

4. 市场应用与未来展望

4.1 市场现状

在电动汽车、飞行汽车等技术快速发展和全球大力发展新能源的背景下，全球动力锂电池市场近年来出货量保持高速增长的趋势。2021年，全球动力电池装机量达到296.8GWh，同比增长102.2%。[1]中国是最大的动力电池市场。2017年至2021年，中国动力电池装机量以43.5%的复合年增长率增长，2021年达到154.5GWh。2022年一季度，我国动力电池装车量累计达51.3GWh，同比累计上升120.7%。随着新能源车渗透率快速增长，产业链的健康发展以及疫情的有效控制，中国动力电池市场将会持续成长，预计2022年动力电池装机量将达299.9GWh。[2]全球新能源应用领域发展已进入快车道，未来技术突破持续推升大规模商用化落地，行业将呈现非线

---

[1]中国质量新闻网：韩国市场研究机构SNE Research发布了2021年全球动力电池装机量数据，2022年2月7日。

[2]参见工业和信息化部、赛迪研究院：《中国锂电产业发展指数白皮书》，2021年。

性爆发式发展趋势。

在小动力无人机方面，植保无人机不仅需要快充性能佳的电池产品，而且要求大倍率持续放电，同时，对电池的成本敏感度高于其他工业类无人机，很容易受到原材料及制造成本波动的影响。在该领域，大疆创新在植保无人机市场拥有绝对优势，ATL、冠宇、格瑞普、西安瑟福等企业树立了较好的业界口碑，同时赛能科技等企业也在加紧开发产品线，预计不久会下线产品。

4.2 预期发展

金羽新能高能量密度固态电池已完成理论验证、实验测试，并于产业中率先导入，正在小动力应用场景小批量出货，产品设计能量密度超过 300Wh/kg，可支持 5C 以上长时倍率放电，在高倍率放电情况下也能保证 500 圈以上循环寿命，取得了良好的客户反馈。随着产线的产能逐步释放，金羽新能在工业无人机场景中将取得突破。与此同时，金羽新能所开发的车用动力电池已进入装车测试前的准备工作，相信随着小动力电池的技术沉淀，高能量密度固态电池将在不久的将来正式应用于量产车型。

第二章
金羽新能：高能量密度固态电池深入新能源产业应用

编委会点评

社会价值

新能源车销量的"爆发式"增长，拉动电池市场持续放量，未来动力电池的技术发展将成为促进以新能源车为代表的相关产业发展的催化剂。要解决动力电池性能及安全痛点，电化学材料系统的升级是关键因素，成本传导效应将进一步促进未来材料技术进步、成本降低。锂电产业是实现"双碳"目标的重要领域，当前电池供应短缺问题亟待解决，新材料、新工艺的应用提速将成为带动供需平衡的有效解决路径。

创新价值

金羽新能在新型固态电池研发应用上勇于进取，在材料系统革新、实现工程化、解决工艺问题等方面可圈可点。在材料上，在电池正负极（联合共研）、电解质（氧化物固态电解质、硫化物固态电解质）、电解液（固液混合）等方面均创新了研究及实践方法；在工程上，加强与高通量计算平台的结合，提升研发效率；在工艺上，以特种纤维等阻燃高分子为骨架，将氧化物固态电解质均匀达到一体成型。以上创新有效提升了固态电池的基础性能，在小动力需求的工业无人机领域实现了商业价值，在未来新能源车领域的量产化值得期待。

PKU Innovation Review

第三章

从工业互联到工业智联

第三章
从工业互联到工业智联

在消费互联网的发展过程中，一批企业已经通过对消费者行为数据进行深度挖掘而在商业变革中取得显著成效，进而催生出一批依靠数据驱动的新商业模式。可是在工业领域，由于数据采集更困难、数据种类更复杂、数据应用专业难度更大，对数据应用的开发利用显得相对滞后。

工业互联网平台将成为数据价值创造的最佳载体。毕竟，工业互联网平台的出现实现了工业数据的在线、实时、动态、跨界分析应用，为工业企业的产品服务、生产经营决策等方面提供更全面、更快速、更精确的支撑，并将因果规则转变为基于相关数据的精准决策。

工业智联是对工业互联的新升级，是人工智能技术、知识工程技术与制造业的深度融合。如果说传统的自动化、数字化、网络化给生产制造提供了"肢体""感官"和"神经"，智能科技的应用则给生产制造配上了"大脑"，不仅带动传统制造业转型，更助推新兴制造业加速商业化进程。在将来借助科技能力，企业得以持续感知客户的需求，创造新的服务模式，推动业务增长，而这才是工业智联的最大价值所在。[1]

---

[1]参见创新观点导读：北大创新评论《中国智造逆势提速》。

兵工物资：
智慧供应链协同平台智能采购创新实践

摘要： 数字化转型是推动供应链业务升级、提升竞争优势、实现高质量发展的重要引擎。中国兵工物资集团有限公司（以下简称"兵工物资"）立足于先进兵器工业供应链核心企业，把握行业发展新特点、新趋势，从供应链服务新模式、物联新方向、管理新生态和智慧新技术等方面着手，通过架构改造、业务上云、统一数据及规则等手段，打通与全价值链关键节点系统对接，促进内外部资源的软整合，对兵器智慧供应链协同平台的智能采购进行了深入实践。

关键词： 智慧供应链　智能采购　数字化转型

1. 背景说明

当前国际环境错综复杂，供应商作为制造业竞争的主要战场之一，其数字化转型需求日益迫切。供应链已经打破了以往由供给方主导、消费者处于末端的线性结构，向消费者需求主导、多方协同的智慧供应链进化，融合物联网、人工智能等新一代信息技术，赋予供应链端到端的可视化、可感知、可调节等能力，大大增强了供应链的韧性。

兵工物资作为兵器工业供应链服务的核心企业，担负着大宗物资集中采购和军工保障的重要职责，构建智慧供应链服务体系，着力推动互联网、大数据、人工智能和实体经济深度融合。

1.1 有效整合资源优势，提高产业协同能力的核心诉求

传统供应链上下游企业间信息互通效率和资源协同利用率不高。以兵器工业集团为例，系统内拥有多达几百家单位，资源分布在全国多个区域，部分单位的发展理念倾向于追求物资供应需求的内部闭合和生产制造条件的自我完善，然而重点产业涉及前端采购管理、中端生产调度管理和后端售后服务保障管理等完整供应链条，存在供应配套关系复杂、链条参与单位多、产品质量和交付时间要求严格等现实问题。

高效的供应链管理体系能够提升产品服务质量和企业运营效率、降低运营成本。随着行业分工协作逐渐细化，整合供应链网络中各个具有专业优势的节点资源并形成基于核心能力集成的供应链体系，已经成为提升产业协同能力的核心诉求。

1.2 转变管控模式，提升智慧化服务水平的必然选择

传统的信息化系统大多以单一的业务需求为输入，信息系统之间的互通性与关联性不强。实现全产业链各企业间采购、生产调度和服务保障等协同发展的管理模式，必然选择全价值链体系化协同与能力共享的解决途径。

数字化转型也是推动供应链业务升级、提升竞争优势、实现高质量发展的重要引擎。随着客户专业化程度的不断提升，对供应链服务的个性化需求越来越多，如定制化与一体化解决方案、服务过程透明化与快速响应等，数字化已经成为提高服务水平和客户满意度的重要举措。而要解决这些问题，就需要采用数字技术对供应链集成服务进行全方位、全角度、全链条的改造，使业务与管理实现数字化、智能化，从而推动企业高质量发展。

2. 创新描述

兵器工业集团为应对全球新一轮科技革命和产业变革，结合自身复杂产品研制具有专业范围广、多学科交叉、技术含量高、配套研制单位众多等业务特点，面临供应难度日益提升、任务量大幅增加、生产资源有限、周期要求紧迫等挑战，急需产业链上相关单位开展广泛的业务协作并高效地配置资源，以达到高质量的协同与共享目标，满足市场需要。

在智能制造的战略下，融合云计算、大数据、人工智能等先进技术，以各单位生产制造及资源为基础，支持跨行业、跨领域、跨地域"三跨"，全生命周期、全价值链、全产业链"三全"的兵器智慧供应链协同平台。以市场机制打造"阳光化、规范化"平台化管控和平台化服务，以电子商务平台为节点，以集中采购交易为切入点，将供应链管理触角逐渐向需求端和供应端延伸，打通与全价值链关键节点系统对接，促进内外部资源的软整合，降低信息不对称形成的产业链无形成本，深度融合信息化和工业化，推动企业业务"云化"，提升上下游企业间的协同效率。

2.1 柔性化：供应链服务新模式

平台具备招投标（固定资产类）、非招标询价和竞价（统谈统签、分散采购）、网上超市（统谈分签）四种基本电子化交易模式，并通过基本交易模式的组合，可应用于企业的所有复合交易模式。交易主体涵盖兵器所有成员单位，交易类型包括货物（工业设备、原材料、配套件、办公用品等）、服务（仓储运输服务、法律事务、审计事务、评估事务、资本运营事务、代理服务等中介服务）、工程建设采购、废旧物资处置等。在商业模式和服务支撑方面主要有如下动向。

一是利用信息化手段实现了法规和制度的落地，交易行为的规范，以及过程的可追溯、可监控、可管理，从而形成"从线下到线上、从分散到集中"的集中采购管理提升模式。

二是为企业量身搭建个性化子超市，支持自主管理子集团级供应商，并针对企业采购人员、监察审计管理人员、供应商销售人员等不同类型的岗位用户提供专属智能客户服务和需求对接渠道。

三是向供应链管理延伸，平台具备需求测算、计划管理、合同管理、客商管理、物流委托等丰富的功能模块，支持各级企业实现从采购计划到生产制造，再到废旧物资处置循环利用的产品全生命周期全过程的在线管控。

智能采购系统架构具有柔性化特点，业务模式设计同时兼顾行业业务特点，能够满足不同企业管理和交易的个性化要求，已应用于多家大型央企。目前平台已聚集16余万家社会企业，汇聚了3万余份招投标文件，询比价场次单日达到1200场以上，废旧物资处置交易单日成交 175 笔以上，依托系统间的业务联动，极大地拓展了协作配套单位的范围，以国防工业大系统工程带动全社会力量服务国家战略性项目，产业深度融合与协同创新发展将带来更加广泛、更加持久的社会效益。

2.2 智联化：供应链管存新方向

平台通过线上看板管理和云仓智能货柜，创新需求感知模式，推动供应商与企业共同管理库存，同时推动供应商共享库存、联合管理库存等理论落地，促进上下游产业精益协同。

看板管理是以兵器工业集团系统为试点，研究设计了适合企业外协、外购件的线上采购交易模式。通过对外协（外购）件供应商合同备案，将长协商品上架到网上超市，各单位按实际需求即时下单执行，实现企业外协长单的在线看板采购，从而深入企业内部管理，有效降低企业库存（见图 3-1）。

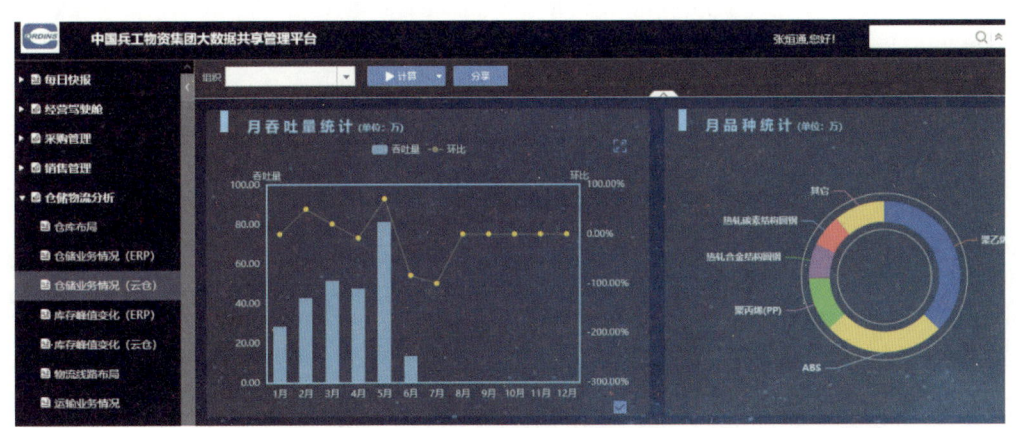

图 3-1 仓储业务大数据统计

云仓智能货柜为企业提供感知采购需求变化的新工具。云仓储管理将企业库存管理场景前置到生产现场，通过在车间放置的智能货柜（见图 3-2），工人刷卡领取生产所需工具及消耗配件，工厂实时统计员工使用的物料信息。智能货柜从 2020 年上线投放至今，物资集团为内蒙一机、北重集团、北方车辆、材料院、江山重工、和平重工、淮海工业、山东特种工业等企业免费提供、安装部署智能货柜和数控刀具柜等自助服务设备近 100 台，设备金额约 300 余万元，基本覆盖系统内大型机械加工企业。在生产现场确保使用单位随用随取，提升企业领用效率，助力企业"零库存"管理。智能货柜累计领用超过 1 万余人次，领用数量 1.4 万余件。

图 3-2　兵器智能货柜实物图

2.3　透明化：供应链管控新生态

针对物资采购、废旧物资处置、招标等腐败行为易发多发的领域，兵器工业注重从集团层面进行体系化设计，充分发挥互联网公众性、广泛参与性的优势，建立"互联网平台＋监督管理"新模式。

一是根据管控重点和任务范围，在线设定关注重点场次和交易，提供备忘录提醒服务，实施查看权限范围内正在进行和已完成的所有交易情况，确保监察管理人员不错过重要场次信息。

二是构建线上合规文件库，全面落实国家和兵器工业相关的法律法规和管理规定，为各级管理人员提供在线监督检查依据，同时发现问题场次时可直接采取中止或终止交易操作，将监督工作有效融入业务工作全流程。

三是结合企业管理实际，建立企业监察管理人员在线工作交接机制，实现监察管理人员变动后的相关工作内容的有效承继，保证在线监督检查工作的持续性和有效性。

2.4 进阶性：供应链智慧新技术

数字化转型本质上是通过信息化技术手段推动和促进既有流程优化再造，使系统进化和迭代实现管理模式与商业模式转型。兵工集团自 2013 年开始进行平台研发，经历了多轮技术架构变革，随业务快速发展不断进行创新架构应用，以适应更加快速的功能迭代，实现平滑升级，满足不同类型用户的个性化部署需求。

一是云平台以微服务技术架构的方式满足业务需求的快速迭代，并应对随时发生的高并发，实现服务器水平扩容，形成敏捷开发、快速部署和高效可复用的数字化底座和自主研发能力。

二是 PaaS 平台部署方案保障基础主数据的统一，具备完整的对外数据交互的接口方案，实现对供应链全要素、全过程的信息交互和跟踪，以便与供应商、服务商、物流商等系统的快速对接和数据交换跟第三方平台及企业内部 ERP 实现互联互通，并通过数据加工实现大数据的管理，为企业管理决策提供实时有效的参考依据。

三是建设物流监控与管理平台，与智慧供应链协同平台对接，对合同执行过程中物流环节的产品质量进行实时跟踪，监控产品交付过程中的质量控制，实现供应商产品交付过程的全流程可监控、可追溯。

3. 项目运作节奏

基于数字化的智慧供应链体系建设是一个统筹谋划、循序渐进、动态发展的过程。兵工物资集团对智慧供应链服务体系建设任务进行优先级识别，统一规划、分步实施、增量开发、迭代优化，明确实施主体内容、职责分工，分三个阶段推动项目建设与数字化能力演进。

3.1 第一阶段（2017—2020）：夯实基础、补齐短板

优化现有智慧供应链体系下职能管控领域已有的后台应用系统，优化集团统建及下属子企业自建核心业务系统，增强智慧供应链服务对企业日益多元化、个性化需求的响应速度与服务能力；通过风险识别、评价和监控，深入推进全面风险管控，实现风险管理从事后被动反应向事前主动保障的转变。

3.2 第二阶段（2021—2023）：平台赋能、产融协同

加强企业内部协同，协同水平越高，参与者越可能较竞争者拥有绩效优势。加快形成大数据支撑、网络化共享、智能化协作的智慧供应链服务体系，为各经营单位的发展赋能。

3.3 第三阶段（2023— ）：生态拓展、提升智能

预期未来，积极打造产业生态，构建高效协同的业务运营体系。通过深刻的数据洞察，助力兵工物资围绕现有核心主业开展产业投资与培育，在不断优化企业产业布局的同时，推进与产业链供应链上下游的深度协同联动，助力产业效率提升与转型升级。

4. 市场应用及未来展望

兵器智慧供应链协同平台开展智能采购创新实践，有力推动了兵器工业供应链管理机制的转变，具有可观的经济效益。

4.1 市场应用

智能采购在服务于兵器工业的同时，也为国防工业领域多家集团提供整体解决方案，将"互联网＋供应链管理"的服务与行业企业共享技术创新、商业模式创新。云平台按照企业用户的个性化需求提供多种形式的服务，包括直接使用的资源共享模式，基于PaaS-SaaS架构的云服务模式，标准接口连接的平台服务模式，以及功能模块化组合的独立部署模式。

一是用数字化赋能强军首责，将线下备件筹措等涉军供应链业务与物流安保平台业务有机结合，稳步推进运输任务安全管理的信息化、常态化、体系化，编写制定行业标准和业务流程，贯彻落实国家总体安全观，全力保障运输安全。

二是用数字化促进成果转化，完成29项软件著作权申请和授权工作，总结提炼成熟项目成果和经验，研发和输出数字化转型产品和系统解决方案，并为一众国有集团企业提供平台及技术服务，相关案例先后获得"2021年全国智慧企业建设创新

实践案例"[1]和"国家物联网示范项目"[2]。

三是用数字化促进价值创造，通过持续完善供应链体系，基础建设水平进一步提高，生产经营任务、智慧供应链体系有效实现，贸易中以销定购的比重不断增加，整体业务中物流、加工配送的比重不断提升，供应链增值服务持续拓展。

4.2 未来展望

4.2.1 赋能外部市场生态

预期将整合上下游及相关方资源，围绕其供应链需求，集成建立 SC2B 的电商新模式（即供应链对企业），建立共建、共享、共赢的兵器智慧供应链服务生态系统。与企业用户及相关方分享供应链优化和服务增值的收益，创造新商业模式和盈利增长点，应用股权合作、收益分享、联合攻关、产业合作等多种合作方式，在技术方面建立互信可靠、共生互补、专业高效的供应链技术实施战略合作伙伴圈；在市场层面推进与大型企业集团、地方工办合作，提升供应链平台流量和用户黏性。

4.2.2 打造可信交易体系

将依据兵工物资现代智能供应链会员的交易行为与交易习惯，充分考虑交易主体（企业）、交易标的（货物类、服务类和工程类）、交易方式（全流程在线实现）、交易安全（三流合一，资金第三方监管），结合天眼查等第三方征信平台辅助风险管控，采用 CFCA（中国金融认证中心）电子签章保证线上交易的可信度，通过越时空交易实现平台会员的供需有效精准匹配。

---

[1]《关于公布"2021 年全国智慧企业建设创新案例"的通知》，2021 年 12 月 3 日，中企联合网，http://www.cec1979.org.cn/download/47906_1_1638754192.pdf，2022 年 6 月 28 日。

[2] 工业和信息化部办公厅《关于公布 2021 年物联网示范项目名单的通知》（工厅科〔2022〕480 号），2022 年 6 月 13 日，中华人民共和国工业和信息化部网站，https://www.miit.gov.cn/zwgk/zcwj/wjfb/tz/art/2022/art_9fe812343d3546e78884c47c47493174.html，2022 年 6 月 28 日。

4.2.3 深化技术创新应用

进一步提升供应链技术的创新应用。如利用知识图谱技术对各类文本进行语义分析、要素提取，构建标签体系，实现信息、知识的动态扩展，再利用信息文档画像，基于相关智能推荐算法与技术，结合动态分析，形成企业画像，利用相关匹配算法，实现供需资源的智能匹配，有效实现领域知识服务的个性化实时推荐。

第三章

兵工物资：智慧供应链协同平台智能采购创新实践

编委会点评

社会价值

作为国家经济的中流砥柱，中央企业数字化转型势不可当。智慧供应链体系建设是中央企业数字化转型的焦点之一，也是践行社会责任、推动产业链协同发展的核心要点，有助于深化产业链业务合作与业务整合，实现基础设施、产业需求、平台服务的多元需求。中央企业在战略、市场、技术、金融等方面全方位加强智慧供应链创新，将极大提升资源配置能力、市场竞争能力和行业引领能力。

创新价值

兵工物资面向兵器工业全价值链，将数字化创新技术、创新模式、创新生态全面引入智慧供应链协同平台的研发与应用，通过对传统采购的解构升级，对物资供应链上下游资源优化、服务保障均实现了"数智化"改造。在技术创新方面，智慧供应链协同平台秉持平滑升级原则，满足不同时期、不同类型用户的发展需求，微服务架构云平台、PaaS部署方案及建设对接物流监控与管理平台，适应智慧迭代、数据融通、流程追踪等新时代供应链管理要求。智慧供应链协同平台创新打造柔性化服务，智能采购、智能管存、智能管控兼具规范化及个性化，既通过数字化平台管理供需，又满足跨行业、跨区域不同企业的需求，已辐射大量社会企业，获得了较好的社会效益。预期未来，在链接更丰富的上下游及相关领域生态资源后，将进一步深化创新央企智慧供应链服务模型，创造增值收益。

卡奥斯 COSMOPlat：
"1+N+X"模式升级城市数字经济生态

摘要： 卡奥斯 COSMOPlat 是海尔集团基于三十多年的制造经验打造的国家级"跨行业跨领域"、具有中国自主知识产权、引入用户全流程参与体验的工业互联网平台。卡奥斯 COSMOPlat 首创的"1+N+X"模式，从城市经济数字化角度切入，为政府治理数字化和市民生活数字化带来动力，探索"青岛能突破、山东能推广、全国能借鉴"的发展模式。

关键词： 数字经济　工业互联网　生态品牌

1. 背景说明

1.1 政策背景：数字经济在国民经济中的地位日益凸显

当前，我国经济发展进入了新时代，经济已由高速增长阶段转向高质量发展阶段。信息技术也从助力经济发展的辅助工具向引领经济发展的核心引擎之一转变，"数字经济"规模日新月异。在《中华人民共和国国民经济和社会发展第十四个五年规划和2035年远景目标纲要》中，"加快数字化发展、建设数字中国"单独成篇，提出"加快建设数字经济、数字社会、数字政府，以数字化转型整体驱动生产方式、生活方式和治理方式变革"，目标是到2025年，数字经济核心产业增加值占GDP比重提升至10%。

当下，各地政府都在积极布局数字经济。上海提出聚焦推进城市数字化转型，加快打造具有世界影响力的国际数字之都，建设一批数字经济创新发展试验区；[1] 深圳

---

[1] 参见上海市人民政府，上海2022年两会：聚力城市数字化转型 建设国际数字之都，载中国工业新闻报，http://www.cinn.cn/gongjing/202201/t20220128_252389.shtml，2022年6月10日。

出台了《深圳市数字经济产业创新发展实施方案（2021—2023年）》，提出"到2023年，深圳数字经济产业位居全国大中城市前列，数字产业化和产业数字化水平大幅提升，成为推动深圳经济社会高质量发展的核心引擎之一"；[1]浙江提出统筹运用数字化技术、数字化思维、数字化认知，把数字化、一体化、现代化贯穿到党的领导和经济、政治、文化、社会、生态文明建设全过程各方面。[2]

1.2　行业痛点：传统城市数字化建设缺乏灵活性与可持续性

随着数字经济在国民经济中地位不断提升，以全面数字化转型，推动生产方式、生活方式和治理方式变革，成为当下许多城市和区域发展规划中的"一号工程"。然而，城市数字化是一个融合民生、治理和经济的复杂进程，"一哄而上"的建设是难以成功的，要抓住转型重点和关键点。

传统的城市数字化建设往往从政府数字化入手，通过上线静态的平台或系统，实现政务IT服务。这种模式虽然效率较高，但缺乏灵活性和可持续性，在企业和民生场景中体验感也相对较弱。

1.3　行业背景：工业互联网助力城市数字化高质量发展

在数字经济发展中，工业互联网发挥着至关重要的作用。目前，工业互联网已应用到原材料、装备制造等37个国民经济重点行业，应用场景正由销售、物流等外围环节向研发、生产控制、检测等内部环节延伸，搭建出直接服务工业的数字经济新赛道。作为新一代信息通信技术与工业经济融合的产物，工业互联网集关键基础设施、全新产业生态和新型应用模式于一身，推动工业经济各要素资源高效共享，

---

[1] 参见深圳市人民政府办公厅：《深圳市数字经济产业创新发展实施方案（2021—2023年）》，2021年1月14日，http://www.sz.gov.cn/gkmlpt/content/8/8464/post_8464115.html#20044，2022年5月23日。

[2] 参见浙江省政府全省数字化改革大会：《浙江省委书记袁家军：全面推进数字化改革，成为浙江新发展阶段全面深化改革的总抓手》，载中国工业新闻报，http://www.cinn.cn/dfgy/202102/t20210219_238579_wap.html，2022年6月19日。

思变革 创新声

北大创新评论产业研究案例库（2022）

催生了全新的工业生产方式与企业形态，体现了互联网从消费领域向生产领域拓展的变革力量，是实现创新驱动发展、促进产业转型升级、发展数字经济的重要着力点。同时，工业互联网为产业数字化提供了关键基础设施和产业生态基础，成为数字经济创新发展的关键支撑，推动数字经济进一步向实体经济更多行业、更多场景延伸。

工业互联网可以充分调动各种经济要素的积极性，是城市数字经济高质量发展的"产业大脑"。工业互联网作为串联区域经济转型升级的主脉络，在具备一定产业基础的地市，结合地方优势产业特点，汇集政府、工业互联网平台企业以及产业生态资源，打造城市级工业互联网综合服务平台，为企业提供"一键在线全覆盖"的全生命周期服务，为政府提供覆盖行业和区域的数字产业地图，全面提高决策的前瞻性、科学性、精准性和全面性，升级城市数字化新生态。

2．创新描述

青岛市工业互联网企业综合服务平台为全国首个政企共建、市场化运营的综合服务平台。[1] 平台以"连通企业、数据共享"为基础，以卡奥斯COSMOPlat的"BaaS引擎"为技术底座，围绕企业全生命周期服务，打造集政府办事、项目申报、产品与方案、投融资服务等为一体的智能化"产业大脑"，推动产业高质量发展。

卡奥斯COSMOPlat在实践中打造"1+N+X"模式，即在构建"1"个城市级工业互联网企业综合服务平台的同时，打造"N"个特定行业特定领域工业互联网平台，"X"个工业互联网示范园区，为数字城市建设提供了一种新思路。

2.1 "1"——城市级工业互联网企业综合服务平台

平台技术路线借鉴工业互联网平台先进架构，以平台业务需求及未来规划为前提，融合了包含云计算、大数据、人工智能、5G、物联网、微服务、业务中台等在内的多

---

[1] 参见青岛市工业和信息化局：《全国首创"工赋青岛"平台正式上线》，载青岛政务网，http://m.qingdao.gov.cn/n172/n24624151/n24625275/n24625289/n24625317/210708152447711122.html，2021年6月20日。

项先进技术和理念，解决平台建设和应用过程中的一系列问题，为政府更好地赋能产业奠定了坚实的基础。目前平台业务已经布局了国家标准、地方标准和团体标准三个方向：国家标准方面，参与TC28/WG29全国信息技术标准化技术委员会（信标委）融合技术和应用标准工作组平台服务专题组，专题组共同研讨平台服务在行业领域中的通用标准制定和我国的工业互联网平台核心关键技术国际标准；地方标准方面，积极参与山东省地方标准的申报，作为主要起草单位参与《工业互联网企业综合服务平台技术指南》立项工作；团体标准方面，布局工业互联网一体化建设，主持《工业互联网数据一体化技术要求》团体标准制定并获批立项，预计2022年底前发布。

2.1.1 服务向架构

在技术架构上遵循面向服务的设计思想，以服务为核心，提供了标准化的服务接口、服务组件和服务访问方式，主要以复用为原则，尽可能地实现整个数据中心能承载各类应用服务的重用，以及满足服务间的松耦合基准，并提供了多种服务组合方式。

2.1.2 丰富的中台能力

技术实现是以PasS平台以及中台能力为核心，提供了物联网、云计算、统一能力中心（包括用户中心、租户中心、支付中心、运维中心、监控中心等）、数据中台、AI平台以及统一的用户体系，在以上工业互联网共性技术基础上，又提供了面向政府管理、园区管理、企业公众和开发者的数字化服务应用及能力接口，打通业务与数据，实现了平台与智慧应用的全面协同，降低了后续智慧应用上线周期，可推动智慧应用快速迭代。

2.1.3 可复制的模块化设计

平台技术架构同时提供了安全防护体系以及工业标识解析体系为支撑，"1+N+X"模式平台采用多层共享、网络协同、开放生态等模块化设计理念，可以实现灵活配置，按需定制。

2.2 "N"——特定行业特定领域工业互联网平台

特定行业平台包括运用海尔能力自建的平台及与链主企业共建的平台，特定领域平台指的是链接的其他生态平台，提倡与大企业共建、与小企业共享。综合服务平台现已上线并全面接入的行业平台有四个：高端家电、生物医疗、智慧物流以及智能家居，并与链主企业双星集团、山东港、青岛地铁共建智慧轮胎、智慧港口及智慧城轨行业平台，20 余家特定领域行业平台也与综合服务平台成功链接，推动工业互联网平台深耕不同行业应用，实现纵深发展。

2.3 "X"——工业示范园区

"X"个工业互联网示范园区通过把工业互联网做成基础设施，让 SaaS 服务即插即用，利用平台打通园区内的产业链上下游耦合、联动，实现生态协同和资源共享。平台服务并不是单纯局限于服务到企业，而且要扩展到行业，即首先为园区服务，再将其升级为工业互联网示范园区。

在推进青岛城市数字化过程中，陆续推进了中德高端家电、董家口化工、高新区"人工智能 + 高端装备"等工业互联网示范园区建设。其中，青岛中德生态园入选首批国家级工业互联网园区试点示范。

"1+N+X"本质上是从单个企业场景的数字化到产业的数字化，再到整个产业集群的数字化，由点到线到面再到立方体逐步升级。每一家企业、每一个园区、每一个行业、每一个产业集群的数字化转型均采用线上线下相结合的模式，在服务下沉的基础上，底层数据与需求也由下到上累积，并最终汇聚到整个城市的"产业大脑"里面，将帮助政府实现更科学的数字治理和精准施策。

同时，"1+N+X"模式在运营模式上，与政府之间也不是简单的项目制关系，而是基于"1+N+X"模式在一个城市的产业深耕，实现效益的提升后再与参与到平台上的企业进行分享，从而从根本上有别于传统的城市数字化模型。"1+N+X"模式将数字经济的增长作为核心命题，在宏观上打造城市级"产业大脑"的同时，也要在微观上塑造服务企业高质量发展和人民高品质生活的能力。

3. 推广节奏

3.1 第一阶段（2020—2021）：平台上线

2021年，为助力青岛建设世界工业互联网之都，卡奥斯COSMOPlat担起落地实施重任，创新提出建设1个工业互联网企业综合服务平台+N个特色行业工业互联网平台+X个工业互联网示范园区的实施路径（见图3-3）。

2021年7月，全国首个政企合作、市场化运作的"工业互联网企业综合服务平台"正式上线。截至2021年底，青岛市工业互联网企业综合服务平台已推出1212项公共服务和15 655个赋能应用，为链接政府与企业资源创造出一站式平台。[1]

图3-3 "1+N+X"模式

在企业和园区端，依托平台提供的精准工业互联网赋能青岛啤酒、征和工业等一大批青岛的领军企业和专精特新"小巨人"。截至2021年底，卡奥斯COSMOPlat已赋能青岛企业3561家，新增工业产值预计超过210亿元。

在垂直行业方面，"山东青岛崂山（工业互联网）特色产业集群"已聚集了如特来电、宏大纺机、品物科技、新希望六合等25个垂直行业工业互联网平台，汇聚百余家资源

---

[1] 参见青岛市工业和信息化局：《全国首创"工赋青岛"平台正式上线》，载青岛政务网，http://m.qingdao.gov.cn/n172/n24624151/n24625275/n24625289/n24625317/210708152447711122.html，2021年6月20日。

方，形成了包括研究机构、学校、协会联盟、金融、应用企业等在内的产业服务生态，被授予"2021山东省特色产业集群"称号，为更深层次的产业创新提供了可能。

此外，"政企共建、市场化运作"的创新机制也为"1+N+X"新模式的落地提供了保障，解决了政府建平台没人管的问题，并吸引财通集团、山东港等省属企业参与其中，推动区域的产业链协同和资源联动配置优化升级。

3.2 第二阶段（2021—2022）：标杆复制

"1+N+X"模式在青岛首发，验证了其可落地性，目前已成功复制到四川德阳、安徽芜湖，并辐射西南、长三角地区，实现了可持续性。在德阳，打造"立足德阳、面向四川、辐射西南"的发展模式；在芜湖，结合区域特色，搭建起汽车、型材等垂直行业平台，帮助中小企业数字化升级，打造示范标杆企业和典型场景，逐步构筑起城市产业的数字底座。

3.3 第三阶段（2022—　）：预期升级为省级平台，2022年内实施上线

2022年3月发布的《山东省2022年数字经济"重点突破"行动方案》提出，通过开展"云行齐鲁 工赋山东"专项行动，将在山东打造100个以上"工赋山东"典型应用场景等任务，实现数字强省建设"两年重点突破"战略目标。卡奥斯COSMOPlat将积极发展、再负重任，依据"云行齐鲁 工赋山东"政策指导，持续加强融通发展、优势互补，形成更高效的共享合作机制和集成解决方案。一方面能继续加速赋能大企业改造；另一方面也将推动大企业数字化改造经验外溢，为中小企业数字化改造提供"看得见、摸得着"的实践路径。

4. 市场应用及未来展望

4.1 加强以工业互联网构建城市数字经济底座

2021年的卡奥斯COSMOPlat"1+N+X"模式已成为青岛"智造强市"的有力支撑，并将这种模式复制到了四川的德阳和安徽的芜湖，分别以青岛辐射山东，以芜湖辐射安徽，以德阳辐射川渝区域。在向其他地市推广"1+N+X"模式的同时，将

持续深耕，将已布局的青岛、芜湖、德阳区域产业做深做透。

4.2 从市级平台升级到省级平台

目前"1+N+X"模式正持续建设升级，建立一套省、市、区三级联动的平台体系。第一，在省级层面集聚全国性优势平台资源，并精准对接全省的数字化转型需求；第二，是在全省范围内响应政府实施完整的数字化转型配套政策；第三，建设升级保障体系，连接更多服务机构，为平台上各类企业提供发展所必需的智力和财力保障。

4.3 实现数字强国目标

"1+N+X"模式发展的目标是"数字强国"，即在全国范围内推广应用。该模式帮助区域政府更加精准地掌握各区域产业动态、产业配套、产业难题等信息，从而为宏观调控、资源配置获取最优解。

编委会点评

社会价值

当前,数智技术应用加速赋能,"产业数字化"与"数字产业化"两化融合发展,在数字政府、数字社会、数字经济、数字基础设施等方方面面不断释放价值。其中,工业作为经济发展的压舱石,在区域数字转型升级过程中,具有绝对的核心关键作用,工业互联网在工业全系统、全产业链、全价值链的深入应用将带动实体经济发展,并链接区域经济体所有相关资源,实现动态优化与网络协同。工业互联网历经发展,从智能工厂的狭义应用范畴向区域经济的核心载体功能转化,其典型标杆示范需具备符合时代特征的创新融合与引领作用。

创新价值

卡奥斯COSMOPlat充分运用坚实的工业互联网技术底座与架构能力,结合青岛市创新发展的时代要求,基于区域产业基础,创新产业共建模式,与政府、园区、企业通过工业互联网形成有机联合体,实现了协同创新,具备了有效推进产数融合、促进实体发展的可行性。在青岛市的成功经验上,积极向全国开拓复制,结合各地市产业特色及基础要件,打造产业服务型综合平台支撑区域经济发展,从而也具备了汇聚跨区域、跨行业工业资源,进一步满足工业供需要求、延展经济价值的基础,是工业互联网帮助城市数字化转型、带动数字经济发展的创新实践。

华润数科：
Resolink 数字科技构筑跨领域工业互联网协同创新

摘要： 华润数科控股有限公司（以下简称"华润数科"）是华润集团重点培育的数字科技业务单元，是华润集团的数字化基础设施建设与运营者，重点围绕政企数字化服务、会员互联网运营与数据服务、工业互联网与智能制造服务及中国香港地区IT服务"3+1"业务方向，持续打造一站式数字化服务组合。

关键词： 数字科技　工业互联网　智能制造

1. 背景描述

1.1 政策背景：加快数字化基础设施建设

数字化基础设施建设（简称"数字基建"）是指能够体现数字经济特征的新一代信息基础设施建设，涵盖5G互联网、数据中心、人工智能、工业互联网等领域。为加快建设网络强国和数字中国，2021年11月16日，工业和信息化部对外发布《"十四五"信息通信行业发展规划》，提出新型数字基础设施是数字经济发展的底座和基石，也是拉动新一轮经济增长的重要引擎。[1]

2022年12月12日，国务院印发《"十四五"数字经济发展规划》（以下简称《规划》），明确了"十四五"时期推动数字经济健康发展的指导思想、基本原则、发展目标、重点任务和保障措施。《规划》明确坚持"创新引领、融合发展，应用牵引、数据赋能，

---

[1] 参见《"十四五"信息通信行业发展规划发布——勾勒新型数字基建蓝图》，载中华人民共和国中央人民政府网站，http://www.gov.cn/xinwen/2021-11/18/content_5651563.htm，2022年7月3日。

公平竞争、安全有序，系统推进、协同高效"的原则。到 2025 年，数字经济核心产业增加值占国内生产总值比重达到 10%，数据要素市场体系初步建立，产业数字化转型迈上新台阶，数字产业化水平显著提升，数字化公共服务更加普惠均等，数字经济治理体系更加完善。展望 2035 年，力争形成统一公平、竞争有序、成熟完备的数字经济现代市场体系，数字经济发展水平位居世界前列。[1]

1.2 行业背景：工业互联网与数字经济协同发展

工业互联网作为新一代信息技术与制造业融合发展的产物，是新型基础设施的重要组成部分，是新一轮工业革命的关键支撑，对推动产业基础高级化、产业链现代化，加快数字经济高质量发展具有重要意义。

工业互联网将促进数字经济发展产生质的变革，主要表现在数字与实体深度交融、物质与信息耦合上。工业互联网是新型生产力，大幅提升了生产资料、生产要素的效率，促进了生产关系变革，推动了经济增长的质量变革、效率变革、动力变革。[2]

2. 创新描述

专注于工业互联网与智能制造及新一代信息技术和产品的研发、销售、实施、服务。

润联 Resolink 工业互联网平台具备华润集团原生态跨行业跨领域产业链协同基因，是华润数科基于多元化产业集团重点打造的工业制造数字化转型基础设施。

---

[1] 参见《"十四五"数字经济发展规划》，载中华人民共和国中央人民政府网站，http://www.gov.cn/xinwen/2022-01/12/content_5667840.htm，2022 年 7 月 3 日。

[2] 参见《517 电信日 | 工联院王宝友：工业互联网助力数字经济高质量发展》，通信世界，https://www.163.com/dy/article/H7JNDIC9051288FS.html，2022 年 7 月 3 日。

2.1 技术创新

润联 Resolink 工业互联网平台基于华润云，自主研发工业互联网 PaaS 平台及工业 App；推出原创、安全的国产高性能分布式时序数据库——ResoDB，打破国外对时序数据库核心技术的垄断；基于 A（AI 人工智能）、B（Blockchain 区块链）、C（Cloud 云计算）、D（Data 大数据）、E（Edge 边缘计算技术），形成机、人、物等机理模型的互联，打通数据孤岛。

2.2 安全可靠

润联 Resolink 工业互联网平台具备安全计算环境、安全区域边界、安全通信网络三重防御体系。平台通过租户物理隔离和隐私计算实现双保险，同时应用自主研发 MarvelNet 进行护网，一键加固全网边界安全。

2.3 应用创新

润联 Resolink 工业互联网平台可为企业提供上千种工业微服务组件与工业模型，其中组件复用率 70% 以上；同时提供多种人性化低代码开发工具，支持快速构建工业 App。在工业大数据处理方面，内置多种实时清洗的规则库，处理现场 90% 以上的异常数据，支持百万时序数据点秒级读写与多种数据源接入。在工业模型方面，平台工业模型库拥有上千个行业机理、数据算法、业务流程及研发仿真等模型。

3. 项目运作节奏

润联 Resolink 工业互联网平台现已应用于化工、热力燃气、食品、医药、建材、电力等 12 个行业，安全生产、节能减排、质量管控、供应链管理、生产制造、运营管理、仓储物流等 9 大重点领域，结合 5G、大数据、人工智能、数字孪生、区块链、工业 AR/VR 技术等技术，与新一代信息技术融合创新，实现千万级工业设备连接，搭载千余个工业 App 和工业机理模型，并在内外部多家单位落地应用。

3.1 案例一：中国排名前列专业啤酒公司——打造秦皇岛工厂数采标杆，全国 60 家工厂复制推广

3.1.1 案例背景

某啤酒厂是一家生产、经营啤酒的全国性专业啤酒公司，截至 2021 年 12 月底，该啤酒厂国内市场占有率超过 30%。

该啤酒厂在生产过程中存在以下问题。①手工转录：生产过程数据依赖手工抄写、ERP 转录，缺少移动化工具，用户体验差，数据时效性、人工效率低；②信息孤岛：工控智能设备数据未互联互通，缺少系统间集成；③数据采集不完整：在现有的啤酒生产过程中，自动化设备产线品牌众多，工业接口多样化、工业协议不统一；④数据价值的浪费：数据停留在工控设备中，未得到有效整合利用，数据价值点无法体现；⑤生产管理无法闭环：啤酒生产管理需要实时的生产数据支持，而因为数据难以取得，需要手动收集数据，无法做到无纸化管理。

3.1.2 案例效果

从 2021 年 9 月开始，华润数科协助该啤酒厂在天津区域秦皇岛工厂启动了基于工业互联网的生产数据采集与统计平台试点项目。

华润数科提出智能生产管控平台食品（啤酒）行业协同制造解决方案，通过对表单业务精简、产品界面简便化设计、系统集成，使操作人员操作更简单高效，效率提升 89%。通过系统集成，汇聚数据，打造报表平台，形成统一的台账与报表，统计效率提升 94%，实现 100% 数据实时搜集。基于项目的实践成果，华润数科计划携手该企业将这种成功模式推广到全国其他工厂。

3.2 案例二：中国第一梯队水泥生产商——连接 24 个生产基地，建设统一设备智能运维平台

3.2.1 案例简介

某水泥公司是华南地区颇具规模及竞争力的水泥生产商。

水泥企业是典型的流程型制造企业，设备资产规模大、分布广、关键设备多，设备的运转率和辅材备件成本是保证企业效益的重要指标。目前该水泥企业在设备运维方面投入巨大的人力、物力、财力，且效果甚微。该公司当前主要依靠人工进行设备点巡检运维，设备运维人员占比 40% 左右，是急需解决的痛点。

3.2.2 案例效果

华润数科基于润联 Resolink 工业互联网平台，通过 EAM（设备管理系统）、EPM（关键设备在线监测系统）及 CIDC（云诊断中心）进行设备管理系统、设备在线监测系统和远程诊断系统的建设和部署，打造了该水泥公司统一的设备智能运维平台，促进了其设备运维认知变革、组织变革和技术变革，从而实现了设备投运率提升、人效提升和备件与检修成本降低的目标。最终实现人效提升 10%—20%，投运效率提升 20%—35%，设备寿命提升 20%，管理成本降低 20%。

3.3 案例三：高分子材料领域具有国际竞争力的一流企业——用数字化为化工行业开源节流

3.3.1 案例简介

某化学材料科技股份有限公司是专业化生产、销售非纤维级聚酯切片的企业。公司下设多个生产基地，整体年产聚酯能力达 150 万吨以上。

企业发展过程中面临如下问题：设备管理方面巡检效率低、准确性差；安全管理缺乏系统管控，及时性差、作业处理效率低；能源管理方面靠人工抄表效率低，数据管理粗放；实验室管理方面缺少系统性管理，人员利用率低，实验数据整理不及时。

3.3.2 案例效果

2019 年启动了化学材料工业互联网建设，华润数科前期从设备、生产、安全环保等方面切入，通过调研，发现并总结出各业务痛点，给出设备管理 EAM、能源管理 EMS、安全管理 HSE、实验室管理 LIMS 相结合的建设方案。通过"总体规划，分步实施"的策略稳步推进，目前已完成设备、安全、能源和物联工厂方面一期项目建设，一期项目整体收益年节省约 1000 万元。最终实现设备运营成本降低 15%，安全应急处理能力提升 10%，能耗异常分析 / 统计效率提升 50%。

3.4 案例四：国内实现商业化提供 300 毫米（12 英寸）半导体大硅片的领先企业——推动半导体行业数字化转型

3.4.1 案例简介

某半导体科技有限公司主要从事集成电路制造用 300 毫米（12 英寸）硅片研发与产业化，旨在解决我国集成电路行业 300 毫米硅片完全依赖进口的局面，实现集成电路产业最关键材料的长期自主可控。

该半导体公司在生产管理中面临如下问题：①在采用柴氏拉晶法的生产过程中，由于种种原因会产生晶体缺陷，从而影响硅晶片的质量和性能；②由于拉晶是在高温的环境下缓慢进行的，影响拉晶工艺的过程变量和环境变量非常多，使得人工经验不足以识别导致缺陷产生的各种因素；③工程师经常遇到的情况是，在大多数控制变量保持不变的情况下，拉出的晶棒质量仍然千差万别。

3.4.2 案例效果

基于此，华润数科提出半导体拉晶工艺质量管理的解决方案，从而达到减少间隙缺陷约 10%，减少空穴间隙约 10%，减少人工成本约 10%，减少安全隐患约 20% 的成果。

4. 市场应用及未来展望

4.1 市场应用

润联 Resolink 工业互联网从精益管理原则出发，聚焦"人、机、料、法、环、测、碳"等工业领域核心要素，覆盖工业企业"PQDCSM"核心指标，主要面向纵向延展（工厂—区域—总部）、价值链延伸（供应商—客户）和横向扩展（行业—行业）价值，帮助企业提质降本增效。

4.2 未来展望

润联 Resolink 工业互联网平台依托多元化产业场景和数据平台，培育安全可靠的数字化转型服务，对外输出人才、产品、实践、服务，以内带外；同时通过资源整合快速掌握产业资源，构筑工业互联网数字科技生态圈，以外促内。后续将持续推动工业互联网区域平台建设，带动行业服务商发展，助力中小微企业，联结千行百业，服务实体经济。

编委会点评

社会价值

在全球经济下行压力不断加大和疫情暴发的特定环境下，传统制造业必须通过主动应用新技术来改变传统生产模式，降低生产成本、提升生产效率及提升数据安全，来规避未来不确定性所带来的风险。智能制造是制造过程的各个环节与新一代信息技术深度融合的结果，发展新技术、应用大数据，提升数据资产价值，建立工业互联网平台，推动制造业服务化等将惠及更加广泛的制造应用场景，推动抗风险和修复能力显著增强，提升我国制造业的竞争力，实现我国制造业更稳健、更快速的智能化转型升级，率先维稳并提振中国经济。

创新价值

华润数科复用华润集团跨行业跨场景产业链协同经验，创新融合新兴技术，打造润联 Resolink 工业互联网平台，并在食品、建材、化工、半导体等多制造场景落地实施。适配制造业既有的基础软硬件特点，综合云服务、数据库、安全防护、微服务、低代码等"数智化"方案，在服务方案输出的同时，助推传统制造业升级精益管理，形成适合我国国情、产业情况的可复制、可推广的智能制造模式。作为大国重器代表的央企科技平台、数字基础设施建设及运营者，对科技创新、产业创新的深度耕耘，将推动数智创新力、市场力在制造领域起到积极示范作用。

蓝箭航天：
商业火箭助推中国航天事业腾飞

摘要： 探索浩瀚宇宙，发展航天事业，建设航天强国，是我们不懈追求的航天梦。蓝箭航天空间科技股份有限公司（以下简称"蓝箭航天"）为从事航天运输系统建设及运营的商业公司，是国家高新技术企业，国际宇航联合会（IAF）会员。蓝箭航天以国家战略为指引，以市场需求为导向，致力于研制具有自主知识产权的液氧甲烷火箭发动机及商业运载火箭，为市场提供发射服务解决方案。

关键词： 商业航天　运载火箭　发射服务解决方案

1. 背景描述

1.1 政策背景：不懈追求航天梦

2022年1月28日，国务院新闻办公室发布《2021中国的航天》白皮书。[1]中国始终把发展航天事业作为国家整体发展战略的重要组成部分，始终坚持为和平目的探索和利用外层空间。

白皮书提到，2016年以来，中国航天进入创新发展"快车道"，空间基础设施建设稳步推进，北斗全球卫星导航系统建成开通，高分辨率对地观测系统基本建成，卫星通信广播服务能力稳步增强，探月工程"三步走"圆满收官，中国空间站建设全面开启，"天问一号"实现从地月系到行星际探测的跨越，取得了举世瞩目的辉煌成就。未来五年，中国航天将立足新发展阶段，贯彻新发展理念，构建新发展格局，

---

[1] 参见《2021中国的航天》白皮书（全文），中华人民共和国国务院新闻办公室，http://www.scio.gov.cn/zfbps/32832/Document/1719689/1719689.htm，2022年7月2日。

按照高质量发展要求，推动空间科学、空间技术、空间应用全面发展，开启全面建设航天强国新征程，为服务国家发展大局、在外空领域推动构建人类命运共同体、促进人类文明进步作出更大贡献。

1.2 行业背景：商业航天迅速发展

商业航天是指航天产业商业化进程，《国家民用空间基础设施中长期发展规划（2015—2025年）》明确鼓励民营企业发展商业航天，[1]兹后八年，又陆续出台了一系列支持性政策。中国商业航天在经历了初期的探索和优化后，逐渐进阶到2.0时代，迎来了千帆竞发、百舸争流之势。

经过半个多世纪的发展，中国的航天产业取得了一系列举世瞩目的骄人成绩，航天产业初具规模。推进航天产业市场化，让航天产业注入新鲜血液，成为航天产业发展的新趋势。我国航天产业在多个领域已经步入了商业化进程并取得了突破性进展。

1984年，美国允许私营企业参与商业运载火箭，开启了商业航天发展的大幕。近年来，在全球新一轮工业革命的驱动下，全球航天产业发展迎来大发展、大变革的新阶段。全球著名的航天科技公司SpaceX的液体燃料火箭发射、可重复利用火箭技术达成了航天史上的标志性成就，其推出星链宽带（专网通信）、卫星发射（卫星代工）以及商业载人航天和运载等新商业模式，拓宽了航天产业全新应用场景。以SpaceX为代表的商业航空企业通过技术创新和商业新模式推动着世界航天产业的迅速发展。[2]

相较于美国，除了发展时间上的不同，在技术、人才、基础、认知、市场等诸多方面，中国商业航天企业都有自己的命题，也有自己的路径。这也决定了，中国商业航天企业应该在兼具全球视野与立足本土实际的同时，承续中国航天优良传统，成就具

---

[1] 参见《关于印发国家民用空间基础设施中长期发展规划(2015—2025年)的通知》，中华人民共和国国家发展和改革委员会，https://www.ndrc.gov.cn/xxgk/zcfb/ghwb/201510/t20151029_962171.html?code=&state=123，2022年7月2日。

[2] 参见《迈向航天新时代——中国商业航天产业全景分析》，腾讯新闻，https://xw.qq.com/amphtml/20220525A01NVQ00，2022年7月2日。

有中国气质、鲜明民族品牌的商业航天企业。[1]

商业航天是航天技术发展到一定阶段的必然产物，也是当今世界航天发展的大趋势。商业航天在汇聚多元化的社会资源、对产品和服务创新的探索、国际竞争格局博弈中更具敏捷性的组织机制，是中国传统航天力量的重要协同和有力补充，更是共同推动中国航天事业发展，由航天大国向航天强国迈进的重要支撑。

同时，从航天战略的层面考量，在当今全球竞争态势下，航天发展战略除了要因应政治、科技、经济等诸多重大趋势外，更要将提高人民生活水平、推动社会全面进步纳入目标范畴。因此，应系统考虑国家、各商业机构之间的互补作用，激励协同发展。以国际化视野、商业化逻辑、鼓励多元化的体制机制，在空间资源协调、市场服务准入乃至民生福祉增进等方面，优势互补，协作共赢，共同促进人类命运共同体的构建。

商业航天的本质在于打通航天技术到航天应用的价值链。在追求航天任务发射成功率的前提下，遵循商业模式的第一性原理，这就需要商业航天企业面向航天应用，充分发挥航天技术的优势和外溢效应，激发航天技术更多能量和价值，开拓更广阔的市场空间，并形成成熟、良性、可持续的商业循环。

随着卫星互联网纳入新基建，商业航天国企和民企的各类型卫星星座部署计划逐渐完成，卫星制造及应用领域的产业化进程进一步加快。《中华人民共和国国民经济和社会发展第十四个五年规划和2035年远景目标纲要》指出，打造全球覆盖、高效运行的通信、导航、遥感空间基础设施体系，建设商业航天发射场，进一步促进了商业航天的发展。在政策和商业环境的驱动下，北京、西安、深圳、上海、武汉、宁波、广州等多个城市相继出台商业航天领域政策规划，加快商业航天布局。

2. 创新描述

蓝箭航天以国家战略为指引，以市场需求为导向，致力于研制具有自主知识产权的液氧甲烷火箭发动机及商业运载火箭，为市场提供发射服务解决方案。

---

[1] 参见《中国商业航天：星路漫漫不忘初心，经世致用方得始终》，《卫星与网络》杂志，https://baijiahao.baidu.com/s?id=1737139529056659897&wfr=spider&for=pc，2022年7月2日。

2.1 致力创新，填补空白

公司持续聚焦中大型液氧甲烷火箭的研制，解决商业航天技术创新命题，现有主要产品包括天鹊系列液氧甲烷火箭发动机和朱雀二号系列运载火箭。蓝箭航天在产品开发上树立差异化定位，在液氧甲烷火箭和发动机方面填补了国内空白。

截至 2021 年 11 月 30 日，蓝箭航天知识产权申请总数 570 项，其中发明专利 272 项，已突破液氧甲烷高效高稳定性燃烧、大型喷管激光焊接、高效率低温泵、涡轮泵流体动压密封、高精度高压低温调节器、采用新型密封结构的低温阀门、双低温发动机泵后摇摆、推进剂过冷等十余项关键技术。其中，"用于液体发动机的喷注器及液体发动机"获得中国发明专利优秀奖。[1]

公司自主研制的天鹊发动机是国内第一台百吨级液氧甲烷发动机，是世界第三台完成全系统试车考核的大推力液氧甲烷火箭发动机。天鹊系列发动机已进入批量化生产阶段。截至 2022 年 5 月 31 日，天鹊 12 发动机（80 吨级）和天鹊 11 发动机累计试车时间已超过 6 万秒（见图 3-4），突破可重复使用的相关关键技术，技术迭代完成后性能将进一步提升。

图 3-4 大推力液氧甲烷发动机全系统试车

---

[1] 参见《第二十二届中国专利优秀奖项目名单》，国家知识产权局，https://www.cnipa.gov.cn/module/download/downfile.jsp?classid=0&showname=5.%E7%AC%AC%E4%BA%8C%E5%8D%81%E4%BA%8C%E5%B1%8A%E4%B8%AD%E5%9B%BD%E4%B8%93%E5%88%A9%E4%BC%98%E7%A7%80%E5%A5%96%E9%A1%B9%E7%9B%AE%E5%90%8D%E5%8D%95.pdf&filename=88bf778b006e4d76aefbc1f2533eaf27.pdf，2022 年 7 月 2 日。

蓝箭航天自主研发的朱雀二号运载火箭于 2017 年 9 月正式立项，是中型两级液体运载火箭系统。火箭使用液氧甲烷作为推进剂，总长 49.5 米，起飞质量 220 吨，起飞推力 268 吨（见图 3-5）。

图 3-5　朱雀二号液体运载火箭首台一级四机发动机装配完成

2.2　累积成果，持续研发

为集聚高层次科技人才，积累关键核心技术和科技成果，蓝箭航天建设了高能级研究机构，在北京、上海、西安等地设有研发中心，并于 2019 年 9 月获批成为博士后科研工作站。北京研发中心已升级为北京市级企业研究开发机构，在浙江的研发中心升级为省级工程研究中心——空天动力浙江省工程研究中心，目前已积累有关液氧甲烷火箭发动机和运载火箭自主创新的关键核心技术与科技成果。蓝箭航天拥有一支专业齐全、梯队完善、经验丰富的高层次人才队伍，有科技部创新创业人才、万人计划专家一人，中高级工程师以上专家占比达 50%，平均具备十年以上的火箭型号研制经验，为创新研发打下坚实基础。

3. 项目运作节奏

蓝箭航天通过基础设施和产能建设，保障发动机、火箭产品的研制效率和批产能力，自主掌握了火箭产品研发—制造—测试—发射全链条，具备中大型液氧甲烷运载火箭产品交付能力。

3.1 打造独有试车台及制造基地

蓝箭航天在浙江湖州建设投产的火箭发动机智能制造基地，具备发动机总装总测的全部生产加工和测试能力，在嘉兴建设了集设计、仿真、检测、智能制造于一体的火箭总装总测基地。蓝箭航天是目前唯一自建试车台和制造基地的民营航天公司。[1] 由于建设地点对环境要求较高、投入巨大，国内自建试车台的企业并不多，像国外的 SpaceX、Blue Origin 均拥有自己的试车台。

从 2018 年至今，蓝箭航天一直以中大型液体运载火箭为核心产品，聚焦火箭研制、批产、准入全链条的每一环，构建自主可控的能力壁垒。蓝箭航天在湖州建成的发动机总装总测厂房，一期总面积 3 万平方米，目前已投入生产，包括发动机装配车间、组件试验车间、组件冷态试验区域、发动机总装区域，目前具有年产 40 台发动机的总装总测能力。

2020 年新冠肺炎疫情给全球供应链带来冲击，导致多地零部件供应中断，尤其是像需要众多供应商合作的火箭企业无法正常进行生产研发工作，但湖州的基础设施仍让蓝箭航天能够快速地推进研制工作。

2020 年 2 月，蓝箭航天 400 多名员工有序复工，完成天鹊 10 吨级液氧甲烷发动机装配；3 月，天鹊 10 吨级液氧甲烷发动机一周四试圆满成功；6 月，天鹊二级游机发动机 TQ-11 完成 2000 秒热试车；7 月，朱雀二号完成控制系统与二级游机发动机匹配性验证；11 月，蓝箭航天顺利攻克朱雀二号液体运载火箭大口径低温液体输送管路设计、制造和试验验证难题，这是目前国内运载火箭中跨度最大、规模最大的一根液体低温输送管路；12 月，蓝箭航天液氧甲烷火箭"可回收"神器——针栓式喷注器试车成功。至此，朱雀二号液体火箭由图纸变为现实。朱雀二号是世

---

[1] 参见《从太湖到太空："发现都市圈"带你去湖州看火箭》，《杭州日报》，https://baijiahao.baidu.com/s?id=1705260435485842843&wfr=spider&for=pc，2022 年 7 月 2 日。

界第三款、国内第一款液氧甲烷运载火箭，对标世界民营火箭公司研发的产品，在同类中的运载能力达到世界前列。[1]

3.2 建设智能化火箭工厂

2021年6月30日，蓝箭嘉兴航天中心首期竣工，这座智能化的火箭工厂未来将形成年产30枚中型运载火箭的批量化交付能力，同时也将吸引一大批产业链上下游企业在此聚集。一期工程1.2万平方米已投入使用。一期包括火箭总装总测单元、火箭综合地面实验室、半实物仿真实验室、核心部件生产单元等，覆盖了从火箭零部件加工到装配测试的全流程生产过程。

4. 市场应用与展望

4.1 市场应用

在市场开拓方面，蓝箭航天积极参与星网工程建设。同时，蓝箭航天作为"一带一路航天国际创新联盟"的创始成员和理事会成员单位，[2]参与联盟活动并与来自欧洲、东南亚和北非等"一带一路"沿线国家的航天高校及企业建立了合作关系。

2017年，蓝箭航天与国际知名的立方星研制企业丹麦GomSpace公司签署了中国民营航天的首个国际商业发射服务合同。2019年4月，在第二届"一带一路"国际合作高峰论坛上，蓝箭航天与来自英国和意大利的两家航天企业签署了商业发射一揽子服务协议，助力"一带一路"国家空间信息基础设施建设。[3]目前，朱雀二号首飞任务共签署了三颗卫星搭载发射合同，并持续开发朱雀二号后续发射任务搭载发射市场。

---

[1] 参见《5年吸金26亿人民币 为什么是蓝箭航天》，36Kr，https://36kr.com/p/1070845362212742，2022年7月2日。

[2][3] 参见《航天新锐蓝箭航天：合作之光闪耀长空》，《中国经济导报》，http://www.ceh.com.cn/epaper/uniflows/html/2019/04/26/03/03_50.htm，2022年7月2日。

4.2 未来展望

商业航天是以市场经济为原则运行的航天产业，航天活动的发展方向由单纯国家意志牵引的科学探索、国防建设、公共服务等目的拓展到太空经济层面，输出物也从科研成果延伸到具备市场竞争力的工业化产品。这就要求航天的商业化必然需要用工业管理的思维来寻求最优解决方案。随着蓝箭航天完成量产，在嘉兴建造的火箭智能制造基地，项目产能规划为每年 30 发朱雀二号运载火箭。未来蓝箭航天将持续在商业航天领域进行多角度、多方向探讨验证，在液氧甲烷发动机和低成本商业运载火箭这两项核心产品的基础上，提供多元化的商业航天技术服务。

第三章
蓝箭航天：商业火箭助推中国航天事业腾飞

编委会点评

社会价值

近年，全球商业航天发展日渐加速，"宇宙经济"增长期待不断升温。利用商业化推动航天产业建设，带动相关领域深度发展，成为促进我国航天能力价值溢出的关键。在国家政策支持下，我国商业航天创新企业风起云涌，从火箭、卫星、测控、终端等充分覆盖产业链细分领域。目前我国商业航天仍处于产业导入期，盈利性尚未显现，但创新引领性带动社会资本及大众普遍关注，奠定了体系化建设、高质量发展的坚实基础。预期未来，在火箭发射、载人航天、深空探索等方面开放社会化服务，市场价值的实现与成功可期；同时，从应用角度可与广域"数字经济"相结合，从而助推中国商业航天核心理念的锻造与竞争实力的不断提升。

创新价值

蓝箭航天在中国商业航天发展历程中具有独特的创新先进性，是新兴制造业的典型代表。蓝箭航天在中大型液氧甲烷火箭的研发及商业应用上开拓进取，在核心技术上取得了关键进展，自主研制国内第一台百吨级液氧甲烷发动机，并已进入批量化生产阶段，在中型运载火箭市场精准布局，预期可覆盖广泛场景需求。蓝箭航天具备较强的产业化能力，在研制、测试、生产全链条投入建设，突破"只研不产"窠臼，预期批量化生产能力释放，将协同上下游企业、产业集群发展，推动我国商业航天市场规模成长。

树根互联：
根云平台推进"5G+智慧无人工厂"建设之路

摘要： 树根互联股份有限公司（以下简称"树根互联"）是国家级"跨行业跨领域工业互联网平台"，打造以自主可控的操作系统为核心的工业互联网平台——根云平台，为工业企业提供工业互联网整体解决方案。基于"根云"的 5G+ 工业互联网技术可将企业的"人、机、料、法、环"进行充分互联，实现行业智能设备互联、智能化生产、智慧化运营及绿色发展。

关键词： 工业互联网　智能制造　智慧无人工厂

1. 背景描述

1.1　政策背景：积极推进工业互联网建设之路

近年来，工业经济由数字化向网络化、智能化深度拓展，互联网创新发展与新工业革命形成历史性交汇，催生了工业互联网。加快发展工业互联网，促进新一代信息技术与制造业深度融合，是顺应技术、产业变革趋势，是加快制造强国、网络强国建设的关键抓手，是促进实体经济转型升级，持续推进可持续发展的客观要求。

从工业经济发展角度看，工业互联网为制造强国建设提供关键支撑。2020 年 12 月 22 日，《工业互联网创新发展行动计划（2021—2023 年）》经工业互联网专项工作组第二次会议审议通过正式印发，聚焦基础设施、融合应用、技术创新、产业生态、安全保障等五方面，制定了十一个重点行动和十项重点工程。2021 年 3 月 12 日，《中华人民共和国国民经济和社会发展第十四个五年规划和 2035 年远景目标纲要》发布，提出积极稳妥发展工业互联网，并将工业互联网作为数字经济重点产业，提出打造自主可控的标识解析体系、标准体系、安全管理体系，加强工业软件研发应用，培育形成具有国际影响力的工业互联网平台，推进"工业互联网＋智能制造"产业生态建设。

1.2 行业背景：工业互联网助力制造业转型升级

工业互联网包括数据、网络、安全、平台四大体系。其中，平台体系在工业互联网中占据中枢地位，是构建产业生态的重要基础。工业互联网平台通过采集海量工业数据，提供数据存储、管理、呈现、分析、建模及应用开发环境，汇聚制造企业及第三方开发者，开发出覆盖产品全生命周期的业务及创新性应用，从而可以提升资源配置效率，推动制造业的高质量发展。

2. 创新描述

树根互联根云（ROOTCLOUD）平台打通从设备物联到 ABIoT 平台层对工业大数据的管理分析，再到工业应用层的完整链路，提供"一站式"工业互联网平台服务。[1]

基于"根云"的 5G+ 工业互联网技术可将企业的"人、机、料、法、环"进行充分互联，进一步发展智能制造，实现行业智能设备互联、智能化生产、智慧化运营及绿色发展。具体应用中，5G 与工业互联网的发展，将推动企业在信息覆盖、数据采集、感知运用、防控能力、产业转型等方面不断升级。以钢铁行业为典型代表，将推动其智能化发展，从"粗大脏"的传统行业走向共建"和谐民生"的现代制造业。

2.1 技术端到端

根云平台着力于强化工业互联网平台纵深，从设备接入、物联呈现到细分行业应用实现端到端解决方案，平台运用 5G 网络、云计算、物联网、自动化控制、数据集成等技术，整合各系统形成统一平台，实现统一数据服务和统一业务服务。

数据平台提供四方面核心技术：设备接入与建模、物联网数据管理、物联网分析服务和工业区块链。

---

[1] 参见《树根互联：数字化转型"新基座"为企业转型提供"标准示范"》，中国科技信息，https://baijiahao.baidu.com/s?id=1730883364379043493&wfr=spider&for=pc，2022 年 7 月 3 日。

2.2 智慧管理

平台提供管理平台租户、用户及其应用与数据权限的运行管理框架，包含机构与用户管理、权限管理、统一登录与权限通知等应用，并提供这些应用的集成能力。同时将企业多级账户管理体系与平台打通，简化认证授权的烦琐步骤，角色、权限统一管理，减低维护成本。将人、事、物互联互通，自动识别，自动发现，综合管控，集管理、监控、告警、预防、分析、预测于一体。

2.3 微应用

应用平台包括基于数字孪生工坊和设备医生等具体行业类微应用，为企业产生深度业务价值。例如，通过数字孪生工坊的能力支撑，从仪表、设备和网关、工厂系统和手工录入等来源的数据融合，形成了基于设备、产线到车间等各级节点的根云物模型，可以在诸如工业制造中大幅提升设备操作性能和效率、资产性能和可利用率的最大化以及引入新客户服务和新商业模式。

根云平台一方面将根云数据平台与应用平台的能力以可视化的方式提供给用户；另一方面为应用的开发者提供了 API、调试工具和开发文档，从而降低开发门槛，为应用的运营商提供了运营平台从而便于上架、管理和销售应用。

3. 项目运作节奏

以钢铁行业"冷轧薄板公司无人工厂"项目为例，新天钢德材科技集团冷轧薄板公司坐落在天津滨海新区空港经济区，产品规格为厚度 0.25 ~ 2mm，宽度 700 ~ 1600mm。产品定位在汽车板、高档环保家电板、高档建筑板以及专用材。

冷轧薄板公司携手树根互联共同打造"5G+ 智慧工厂"，应用根云平台，帮助新天钢实现传统业务模式快速向数字化业务模式转型。

3.1 第一阶段：诊断并制定战略目标

钢铁行业在国民经济中占有极其重要的地位，也是衡量一个国家国力的重要标志。其上游依托铁矿石、煤炭、废钢、铁合金等原材料的供应，下游为建筑、汽车、机械、

船舶、家电等行业提供基础材料,然而传统钢铁行业面临诸多问题:

(1)钢铁行业存在大量的危险场景和恶劣环境,重体力及重复性劳动较多,监测技术手段落后;

(2)目前钢铁工厂的内网中仍有大量的现场设备采用电气硬接线直联控制器,无线通信只是在部分特殊场合才使用,造成工业系统在设计、集成和运维各个阶段的效率都受到极大制约;

(3)工业互联网应用需要采集各类设备和机器的数据,这也意味着风险的高度集中,带来了大量数据和业务的安全性问题;

(4)钢铁生产作业监控场景复杂,作业现场可视化监控薄弱,作业场景对于违章监管的需求不同,人员违章种类多,隐患排查困难;

(5)人员车辆流动性大,监控范围广,每天进出公司、厂房、车间的人员、车辆、设备繁杂,依靠传统监控设备,无法实现自动分析和记录以及大量的数据存储;

(6)安保、点检人员数量有限,如果增加人员数量,达不到预期效果的同时,也会提高企业的用人成本,造成企业人工成本负担加大。

3.2 第二阶段:"5G+ 无人工厂"落地实施

以树根互联"根云平台"为数字化转型新基座,双方围绕数字资产管理、生产计划优先、企业应用数据治理等展开业务。六大主要应用场景是:5G+ 超高清视频安防;5G+ 大规模数据采集;5G+ 精细化能源管控;搭建云计算大数据基础平台;构建可视化指挥调度系统;构建企业全量数据资产管理创新体系。

透过 5G+ 工业互联网,树根互联协助冷轧薄板公司打通从销售到生产再到采购全流程的数据共享。在技术推动下,企业实现车辆、人员、设备、能耗等多项数据的实时监控。通过后端大数据平台分析处理及可视化调度,实现生产数据监测分析、能耗管控、人员行为管控等,有效降低运营成本、产品不良率、设备故障率,能源利用率、工作效率大幅提升,其中报表统计效率提高 30%,工厂整体制造及管理水平得到了很大的改善(见图 3-6)。

图 3-6　新天钢冷轧薄板有限公司生产车间

3.3 案例效果

在生产方面，引进 AI 预测性维护，覆盖冷轧核心生产环节的设备，构建智能预警体系，实现线上智能诊断，让设备运行状态完全可控，针对性解决钢铁设备数量多、巡检难的行业痛点，避免人员在高危环境下作业，进一步保障生产安全，降低生产损失。

在财务方面，通过收入、成本、利润、现金流、账户余额、多维度产品分析以及期间费用分析，掌握公司经营水平。

在营销方面，实现订货量、准发量以及实际发货量端到端的销售订单监控。通过月度计划销售订单量、实际订单量，可以对未来的订单进行预测，从而产生预警效果。通过原材料的到货量、到货准时性、月度采购计划金额与实际金额之比、当期原材料库存占用资金以及结算金额的实时数据掌控，实现对原材料的多维度分析与监控，保证原材料按时并且符合成本要求到货，为精准生产、连续生产、订单按时交付提供保障。

在物流方面，通过数字化转型，可以科学分析成品库存在的管理问题，合理划分库位，提升库位周转率，在不增加物理空间的前提下，彻底解决成品库存容量紧张问题。并且通过智能车辆调度系统，对进出厂车辆的大数据进行分析，做到科学调度。进厂司机通过自己的手机就可以了解各库区提货车辆排队情况，提醒司机到车辆少的库区装车，减少等待时间。厂区内不再出现堵车、加塞以及为装车和卸车方便行贿业务人员的现象，卸料和发货效率提高 20% 以上。

在设备方面，集维护、保养、维修、故障等一体的移动终端，打通生产与设备数据互通，深入分析优化设备使用维修以及备件库存信息。设备管理人员可基于办公电脑、移动端 24 小时获取并查看设备报警情况和运行状态，减少人员值守。

4. 市场应用及未来展望

4.1 市场应用

树根互联根云平台从三个维度推动产业集群数字化转型实践：一是跨企业场景应用，包括软件协同、开发者平台、多租户体系等；二是跨企业数据治理，如数据交互技术、多级用户权限、多来源数据治理等；三是跨企业产能链接，包括大规模数据接入、多级物模型、链级资源调度等。基于这些能力，根云平台支持工业协议超过 1100 种，平台搭载的工业应用累计超过 5400 个，其中实现协同的工业软件数量超过 600 个。[1]

4.2 未来展望

通过"通用平台 + 产业生态"的 P2P2B 模式，为企业数字化转型提供"新基座"：一是推动大型龙头企业转型升级，涵盖数据驱动的智能研发、智能产品、智能制造、智能服务、产业金融等服务场景，覆盖工程机械、装备制造、汽车制造、电力等 48 个细分行业领域；二是协助地方政府打造平台化产业集群；三是携手链主企业打造产业链平台，打造产业链生产交易平台；四是打造共性技术平台，帮助中小企业低成本、低门槛地向数字化转型。目前，树根互联在"数字＋家居""数字＋汽车""数字＋纺织""数字＋钢铁""数字＋新能源"等落地的同时，也在加速平台价值从"数字＋"向"数字 X"进阶，帮助中小企业数字化转型，打开更大的成长空间。[2]

---

[1][2] 参见《树根互联：数字化转型"新基座"为企业转型提供"标准示范"》，中国科技信息，https://baijiahao.baidu.com/s?id=1730883364379043493&wfr=spider&for=pc，2022 年 7 月 3 日。

编委会点评

社会价值

以工业互联网平台为基础，创新应用边缘计算、大数据、人工智能等新兴技术，可突破主观认知局限和传统数据分析的因果范式，帮助企业从海量工业数据中识别数据间的相关性，深入挖掘数据潜在关联价值，形成决策新范式和新洞察。在此基础上，工业互联网平台还可支持企业加速打破传统业务烟囱式的发展模式，大大提高了数据流动的自动化水平，实现跨越地域、跨越组织的设备、业务、市场数据的创新协同应用，构建开放生态体系和创新发展模式。

创新价值

树根互联根云平台深谙智能制造内涵，创新中国工业互联网应用实践，紧扣"人、机、料、法、环"制造业生产关键，打通工业数据层、应用层，并深度沉淀到平台层做系统管理与分析。在传统行业，如钢铁制造实现业务模型"数智化"高效转型，解决行业核心痛点，不仅从生产、财务、物流、营销等职能层降本增效，更加强保障安全生产，创新引入 AI 预测、诊断，为工厂经营保驾护航。根云平台在自动化、智能化、无人化的工业互联网发展路径上持之以恒，实现了跨场景、跨产能、跨领域的全面覆盖，在细分行业、产业集群、产业链、创新链都有较好的市场空间。

西域：
MRO 数字供应链携手企业数字化新征途

摘要： 西域智慧供应链（上海）股份公司（以下简称"西域"）专注于数字化采购方案的技术创新和 MRO 供应链的服务创新，帮助企业实现 MRO 非生产物料的数字化采购及管理，缩短供应链货期，确保采购品质，降低采购成本。

关键词： 企业数字化　　MRO 数字供应链　　数字化采购

1. 背景描述

1.1　政策背景

2020 年 8 月国资委下发《关于加快推进国有企业数字化转型工作的通知》以及 2021 年 9 月发布的《国有企业网上商城采购交易操作规范》，从政策方向及落地实操层面大力、加快推动国有企业数字化改革步伐，同样适用于民营及外资企业，这是大势所趋。

企业必须进行数据化转型，用数据推动产业链发展，降本增效，才能不断提升竞争力，在新常态经济环境下应对挑战。

1.2　行业需求

从生产过程看，企业数字化转型包括研发、设计、供应、生产、装配、质检、销售、市场、服务等环节。企业数字化就是实现可记录、可追踪、可分析、可计划、可预测、可改善，通过追踪过程，实现结果改善，降本增效。

以供应链为例，可记录，能实现采购信息以及操作步骤信息留存，为后续数据积累和数据分析打下基础；可追踪，采购全流程线上协同，做到可追溯、可复查，保证 MRO[1] 采购的阳光透明；可分析，将采购过程中的数据资产进行科学的分析处理，输出有针对性的分析报告；可计划，通过对历史数据的分析，推动采购行为和供应链全流程的优化计划，实现降本增效；可预测，根据历史采购数据，预测周期性采购需求，提早规划，优化结果；可改善，对海量数据科学分析处理，为企业决策者提供丰富且专业的采购决策支撑，实现结果持续改善。

"智慧供应链"是结合物联网技术和现代供应链管理的理论、方法与技术，当前很多供应链已经倾向于具备或已经具备了信息化、数字化、网络化、集成化、智能化、柔性化、敏捷化、可视化、自动化等先进技术特征。在此基础上，"智慧供应链"将技术和管理进行综合集成，系统化地论述技术和管理的综合集成理论、方法和技术，从而成系统地指导现代供应链管理与运营的实践。其中 MRO 数字供应链管理是智慧供应链应用的典型代表。

1.3 行业痛点

首先，产品数据乱，这与 MRO 产品特性有关，品类多且分散，用户各有各的认知，数据不标准，大部分口传心授，难以传承。其次，呆滞库存较多，多数产品使用频率低，或库存管理不系统，导致 30% 的 MRO 库存是呆滞库存，占用公司资金。再次，产品质量问题，由于很多产品是偶尔购买且用量小，供应商数量多，参差不齐，渠道合规性弱，产品质量隐患大，且无法追溯。最后，采购流程长，非系统化的 MRO 线下采购流程，经过使用人、采购、仓库、财务等多部门的多层级审批，使得平均金额仅为 2000 元左右的 MRO 采购需求耗费大量人力和时间成本，使企业运营效率低下。

以上的显性痛点是表面现象，深层次的本质是管理痛点，即如何解决数据标准化、仓库管理、质量管理、精益管理问题。所以 MRO 管理不只是采购的问题，而是整个

---

[1] MRO 是英文 Maintenance、Repair and Operations 三个词的缩写，指工厂或企业对其生产和工作设施、设备进行保养、维修，保证其运行所需要的非生产性物料，这些物料可能是用于设备保养、维修的备品备件，也可能是保证企业正常运行的相关设备、耗材等物资。

公司的问题；MRO管理不只是价格的问题，而是总成本的问题。

2. 创新描述

西域致力于MRO数字供应链实践应用，实现MRO非生产物料的数字化采购及管理。

2.1 数据标准化

西域为企业整体梳理MRO产品数据，搭建涵盖工业领域38个大类、6000个小类、6000个品牌、超600万产品的标准化数据库。以此为基础，基于新合作项目，西域的产品工程师将针对清单和实物进行数据梳理、匹配和寻源，将大部分的MRO产品标准化，形成可记录、可追踪的数据源。

2.2 物流一站化

狮行物流是西域旗下的物流品牌，为企业提供一站式物流解决方案。城配主要为西域中心仓所在城市和其卫星城市提供专车配送服务，在时效上追求现货当日/次日交付的体验，目前已经在上海、东莞、深圳、无锡、沈阳等城市上线，2022年将在全国22个主要地级市上线；直送是基于西域的配送站网点，提供点对点专车专人交付服务，解决定制化的交货要求；驿站是西域为帮助解决MRO库存呆滞、仓库数字化程度低、领用流程烦琐等，植入现场的订单交付解决方案；云仓通过西域物流的基础设施帮助供应商和第三方企业代运营仓库。

2.3 数字供应链平台化

西域数字网为数据降本增效，由以下三个部分组成。

（1）易购云。主要面向MRO采购管理信息化程度较低的企业，基于西域电商平台，提供专业的MRO在线采购及审批管理、基本数据管理、报表分析等。

（2）企通云。主要面向具有完善采购系统的企业，提供免登录checkin接口到西域网站选品、下单，checkout回企业内部采购，管理系统完成内部审批管理等流程。

（3）企采云。主要面向有稳定运行的电商采购平台的企业，提供商品、订单、库存、物流、售后、对账、开票等标准业务交互接口，以开放接口模式与集团商城对接，与企业已建成的电商平台协同联动，企业员工可通过登录集团商城，实现选品采购下单。

同时，以行业为维度，针对每个行业的生产工艺流程输出专业的行业特性解读和选品推荐。基于西域数字化平台，梳理行业历史采购数据，通过数据分析，提供形式多样且内容丰富的知识信息流，帮助企业降低供应链管理复杂度，实现降本增效。

西域面向企业构建 MRO 管理服务体系，包括系统支持、物料梳理、产品推荐、解决方案的提供、订单履约交付、售后及时响应及月度年度的分析报告输出等。

3. 项目运作节奏

以大疆 MRO 数字供应链建设为例，2020 年 5 月，西域完成与大疆采购商城的 API 系统对接，商品范围覆盖大疆所需的所有工业品。西域为大疆提供计划性备货服务，通过整理合作数据，计划部门配合销售人员为大疆常用 SKU 做计划性备货，提高现货满足率。

3.1 第一阶段：计划性备货服务

大疆的 MRO 采购对备货响应速度具有较高的要求，针对这一特点，西域推出计划性备货服务，定期对历史合作数据进行整理和分析，计划部门配合销售为大疆常用 SKU 进行提前备货，提高现货满足率。同时，销售人员深入大疆的生产一线，根据工厂实际需求，整理实际需求并推荐与之相匹配的优质产品，帮助大疆进行专业选型，最终整理出大疆工厂的月度需求，在月中或月底时提前做非计划备货至西域仓库。通过计划性备货的实施，大疆采购产品的现货率得到有效提升，最高交付及时率升至 96% 以上，整体货期相对常规情况优化 2—3 天。

3.2 第二阶段：供应链计划引擎

为了帮助企业解决 MRO 供应链"计划难"的痛点，西域打造集成供应链计划体系，通过需求感知、库存优化和数据集成三个维度构建供应链计划引擎。①在需求感知方面，实现销售端引流、动销大数据驱动、客户联合计划"三位一体"的需求管理体系，与销售端联动，根据企业的采购计划进行备货，从而缩短采购周期。②在库存优化方面，基于订单驱动、预测驱动与补货驱动，实现库存与服务水平的双向促进，建立差异化库存策略。③在数据集成方面，打通端到端全链路数据链，实现供应链业务流程各环节实时、动态协同管理，打造敏捷的集成供应链计划体系。

4. 市场应用及未来展望

4.1 市场应用

西域投身数字供应链研发与服务推广，自2002年成立以来，基于自身对企业市场的理解，通过数字化平台、物流一站式平台等基础设施，推动企业级供应链及管理流程的数字化升级，在货物品质、高效配送、供应商匹配、客户针对性技术服务等方面提供解决思路，已为80%国央企、60%的全球500强企业等3万余家国内外企业提供专业化、标准化的MRO数字化采购服务。[1]

4.2 未来展望

企业数字化采购已转入高速发展的快车道，未来，数字化采购将推动形成体系化的B2B交付供应链，将供应商、平台方、经销商、末端网点协同打通，成为企业采购的新基建。

---

[1] 参见《西域供应链：携手IDG资本及上海银行，共话MRO数字化发展进程》，搜狐网，https://www.sohu.com/a/502079623_121123915，2022年7月1日。

编委会点评

社会价值

数字化供应链是大数据、人工智能、区块链、5G等新兴数字技术与供应链体系环环相扣的融合式创新，是助力制造业向动态化、柔性化、生态化方向发展的数字化平台与应用的集合。数字化供应链有利于产业上下游协同共创，进一步保障供应链安全稳定，稳定原材料供应和产销存配套，促进产业链供应链融会贯通。数字化供应链也有利于制造业企业对链上中小微企业的发展支持，释放产业潜能，促进新技术、新模式、新业态成长。

创新价值

西域MRO数字供应链是对制造业生产及非生产物料供销存的有力支撑，在专业型数字供应链领域当中具备较强的平台化能力，针对复杂多样的制造业非生产类产品建立了标准化数据库，夯实数字化资源配置基础，针对物资流转提供一站式物流服务体系，针对规模、信息化水平不同的客户，提供适配需求的产业电商方案，帮助企业去冗提效、精细化经营，推动工业服务业向高品质和多样化升级，基于其市场积累及数字化服务能力，将有望进一步为我国数字化供应链韧性体系的发展贡献创新实践。

赛轮集团：
"橡链云"平台联动中国轮胎企业弯道超车

摘要： 赛轮集团股份有限公司（以下简称"赛轮集团"）于2020年起布局橡胶工业互联网平台——"橡链云"，帮助轮胎制造产业升级。作为中国第一家"走出去"建厂的轮胎企业，赛轮在全球化的道路上不断前进，布局国内外七大现代化生产基地和四大研发中心，销售网络与物流中心实现全球一"链"互联。

关键词： 智能制造　橡链云　工业互联网

1. 背景描述

1.1 政策背景：工业互联网助力中国制造创新

工信部于2021年11月印发了《"十四五"信息化和工业化深度融合发展规划》（工信部规〔2021〕182号）（以下简称《规划》），提出到2025年，工业互联网平台普及率达45%。推进工业互联网平台建设和应用，是"十四五"两化深度融合发展规划的工作重点。[1] 在国家政策的引导下，运营商能否紧抓机遇、攻坚克难，将成为打造工业互联网平台的关键。

工业大数据是工业领域产品和服务全生命周期数据的总称，包括工业企业在研发设计、生产制造、经营管理、运维服务等环节中生成和使用的数据，以及工业互联

---

[1] 参见《"十四五"信息化和工业化深度融合发展规划》发布会实录，中华人民共和国工业和信息化部网站，2021年。

网平台中的数据等。[1]工业大数据作为新一代信息技术与制造业深度融合的产物,通过对人、机、物的全面互联,构建起全要素、全产业链、全价值链的新型生产制造和服务体系,是数字化转型的实现途径,是实现新旧动能转换的关键力量。[2]

1.2 行业背景:专业型工业互联网助力行业智造升级

当前,工业企业产生的数据与日俱增,如何利用大数据为企业产生驱动力、竞争力成为工业企业面临的重要问题。工业互联网让制造企业回归工业本质,即提供更好的"产品和基于产品的服务",更要连接产业链上下游,通过应用新材料、新工艺和新的制造技术,打造以用户为中心的新一代智能制造产品和服务的管理体系,通过数据驱动实现产品价值增值和运营优化。

橡胶轮胎所属的石化行业是资产密集型行业,具有设备价值高、工艺复杂、产业链长、危险性高、环保压力大的行业特征,面临设备管理不透明、工艺知识传承难、产业链上下游协同水平不高、安全生产压力大等行业痛点,亟须加快基于工业大数据平台的数字化转型步伐,全面提升设备管理、生产管理、供应链管理、安全管理、节能提质降耗等环节的数字化水平。

2. 创新描述

橡链云工业互联网平台立足于橡胶行业产业链,面向橡胶业专有的工业技术原理、行业知识、基础工艺、机理模型等,以工业互联为基础、产业链匹配为关键、上下游网络协同为核心,将产品、设备和服务能力数字化、网络化,满足用户按需使用产品与服务的需求。橡链云2021年获得工信部认定,成为全国69个特色专业

---

[1]参见工信部:《工业和信息化部关于工业大数据发展的指导意见》(工信部信发〔2020〕67号),2020年4月28日。

[2]参见工信部信息通信管理局:《工业和信息化部办公厅关于推动工业互联网加快发展的通知》政策解读,2020年3月20日。

型工业互联网平台之一。[1]

2.1 解决底层与上层的两个难题

2.1.1 统一底层规范

在底层设备数据采集方面,"橡链云"平台在纵向上实现了全工序的"人机料法环测"的互联,构建了行业完整、丰富的机理模型库。[2]目前已实现99%以上设备的互联互通,采集点达百万级,在全面质量控制、自动排程、人工智能视觉识别方面推动实践应用。

从轮胎生产装备层面来说,设备种类多、数据采集点多、难通信、控制系统差异大、通信协议不通用,即使同一工序同类设备都存在"多代同堂"的情况。在面对不同工业控制总线和协议互联互通时,首先应对设备和控制系统的数据及功能接口进行标准化,建立统一的规范要求(见图3-7),在设备采购和升级维护过程中要求供应商提供的设备要满足接口要求。在此基础上主要从两个方面解决异构总线和协议的互联互通。

一方面是针对不同厂家、不同类型的工业总线和协议,采用统一的标准化接口封装,形成了标准化管控连接件。在现场人机交互"上位机软件"(HMI)上配置简单参数,实现不同设备类型数据和控制指令的互联互通;通过管控连接件向下屏蔽了不同总线和协议的差异,向上给软件开发和实施提供统一的调用接口。

另一方面,对于采用如OPC、OPC UA等标准通信接口的设备和控制系统,通过自主研发封装支持OPC等协议的设备通信组件包,实现了不同总线和协议的整合接口统一。

---

[1] 参见《工业和信息化部办公厅关于公布2021年工业互联网试点示范项目名单的通知》,https://www.miit.gov.cn/jgsj/xgj/wjfb/art/2022/art_9d98513c1aad4935ac8c5dfc2c88e3ef.html,2022年7月。

[2] 参见《赛轮集团"橡链云"工业互联网平台正式对外发布》,海报新闻,https://baijiahao.baidu.com/s?id=1669187320549485228&wfr=spider&for=pc,2022年7月1日。

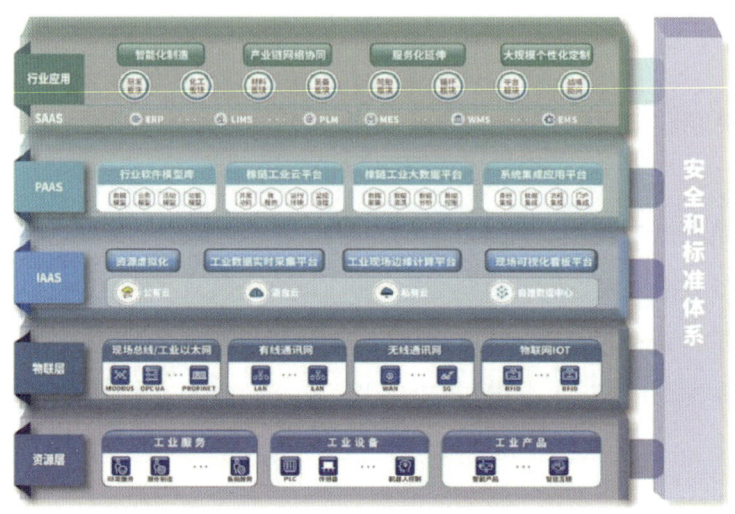

图 3-7 安全和标准体系

2.1.2 攻克上层应用

在上层工业软件数据的互联互通方面,"橡链云"平台已沉淀了成熟软件产品和橡胶行业解决方案,并集成了 ERP、CRM、PLM 等主流企业管理软件。

在升级到橡链云工业互联网平台时,重点建立了产业链丰富的机理模型、供需数据湖和数据中台,实现了数据汇集、共享和分析应用。在此基础上对 ERP、CRM、PLM 等软件向橡链云迁移,采用了三种策略。

(1)对于满足橡链云上云要求的系统,按计划直接迁移到橡链云平台,部署到橡链云平台虚拟化资源之上,采用统一的管理平台进行管理。

(2)改造后上云,需要对系统架构、运行环境、接口等进行改造,使其满足迁移到云平台的技术要求,然后再迁移并统一管理。

(3)保持现状但是数据和接口上云,继续保持现有业务系统当前的运行环境,包括基础设施,直至系统更新换代。通过 API 管理平台和大数据平台将传统应用的服务能力和数据在橡链云发布共享。

通过以上三种策略实现多种平台和 App 上云互联互通,达到平台、业务、数据整合,让企业减少系统集成的费用,降低维护多个系统的工作量。

2.2 打通上下游价值协作

"橡链云"平台在横向上实现了企业内部运营和上下游企业的互通,平台现已入驻 3200 余家供应商、2000 余家经销商以及近 6 万家门店。在渠道端,"橡链云"通过与行业主流软件厂商的战略合作,为海内外经销商提供营销模式、供应链优化等一站式服务解决方案,帮助渠道实现全链路、全场景的数字化转型升级(见图 3-8)。

新疆某客户在采用橡链云的 WMS 系统 +App+ 渠道管理方案后,实现与下游门店的订单、物流、库存、结算的在线协同,上线后销售额增加 30%,人员效率提升 20% 以上,库存周转次数提升 50%,超期库存降低 70%。越南代理商实施 BWMS 系统后,效率提升 60%,人工成本降低 50%。在海外市场,橡链云帮助菲利宾客户库存占用资金由 3 亿元降低到 1.5 亿元。

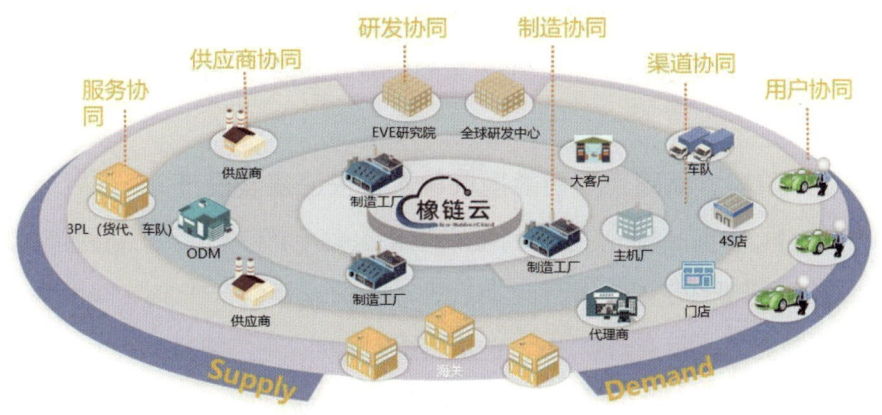

图 3-8　渠道端应用

2.3 在消费端提供创新服务

在消费端,"橡链云"为不同类型的用户提供创新服务。对野外矿区车主和商业运输车队,可提供有关胎温、胎压、行驶轨迹的实时服务,并支持按里程、按使用寿命收费的新型商业模式。对普通车主来说,通过链接"橡链云",可使用安全预警、快速救援、轮胎保险等服务。

赛轮集团生产的智能化巨型特种轮胎通过 RFID 电子芯片与青岛工厂连在一起,智能轮胎全生命周期管理平台(TIMP)实时采集每条轮胎行驶过程中的温度、压力、速度等关键指标，将数据传回青岛工厂的 LED 可视化监测界面上。

基于 RFID 的智能轮胎解决了轮胎身份的唯一标识问题，可为运输企业、专业车队及个体车辆用户提供保里程产品销售及服务模式，让高价特种轮胎的租赁成为可能。

3. 项目运作节奏

3.1 第一阶段：已有工厂变革技术路径，解决技术难题

对已建成的传统轮胎工厂的智能化改造是当前工作重点。传统轮胎工厂数量多，需要使用当前的设备、工艺、厂房进行生产；设备类型多、通信难、数据难采集、自动化水平差异大，在接入工业互联网平台时面临很多技术难题。针对上述问题，在设备自动化、数据互联互通、智能化改造、异构信息系统集成等方面全面打通，形成覆盖设备、工艺、控制、数据、机理模型库等的工业互联网平台接入解决方案。[1]

3.2 第二阶段：新建工厂智能模块导入，快速建设投产

2020 年 11 月 18 日，赛轮（沈阳）轮胎有限公司年产 330 万套高性能智能化全钢载重子午线轮胎的项目于 8 个月建设期后投产，通过橡链云工业互联网平台提供的模块化快速复制能力，投资新建工厂成本、建设周期、用工数量均大幅降低。

项目全面接入了"橡链云"工业互联网平台，将实时监控生产全过程和设备运行情况，上接原材料采购，下连海陆运和经销商及零售终端。每一条轮胎都将装上"RFID"芯片身份证，通过读写终端，实时监控其使用过程。

"橡链云"平台通过橡胶轮胎丰富的机理模型、大数据平台和物联集成，满足了橡胶行业复杂的混合制造模式，为不同业务场景提供软件服务和 App 应用。

---

[1] 参见《赛轮（沈阳）年产 330 万套高性能智能化全钢载重子午线轮胎项目正式投产》，网易新闻，https://liaoning.news.163.com/20/1118/16/FRNSM58S04229BRM.html，2022 年 7 月 3 日。

4. 市场应用与展望

4.1 市场应用

橡胶行业生产工艺复杂，包括 5 个连续、7 个离散、5 道质检工序和 12 个部件组装工序，轮胎生产装备种类多、数据采集点多、难通信、控制系统差异大、通信协议不通用。

"橡链云"实现了企业内研发、制造、供应链、营销等的网络协同；建立了供应商、第三方物流、经销商、门店、终端用户等企业级上下游网络协同；逐步打通新材料、高端装备、绿色轮胎制造和金融保险海关等第三方服务业务的行业级产业链，建立产业链机理模型和供需数据湖，实现产业链资源优化配置。

在长期的行业摸索中，橡链云平台沉淀了成熟软件产品和橡胶行业解决方案，在智能制造、数字营销、智慧供应链、协同目标研发体系、数字运营等主要领域满足定制化需求。

4.2 未来发展

赛轮集团未来计划进行大数据的业务场景应用和落地，实现橡胶行业的应用推广。具体包括在供应链、智能制造、质量、设备、销售预测方面试点应用，并形成行业应用模型和标准。在整体的人才储备、技术储备、业务模型、平台解决方案、软件产品化等方面完备产业化推广基础，如基于大数据的设备健康诊断系统、胎胚动平衡质量预测、工艺在线优化及运营决策分析应用等。

编委会点评

社会价值

　　工业互联网是制造业数字化转型的关键抓手与核心引擎，在重点行业、重点领域、重点区域的工业互联网平台将深入助推制造业可持续发展。当前，我国已实现综合型工业互联网平台的全面突破，特色平台、专业平台示范引领作用也逐渐展现，工业互联网建设工作势如破竹、创新前行。特色专业工业互联网平台具备深耕专精领域的良好基础，助力行业企业数智转型，带动产业链连通升级，触发新一轮的价值提速。中国智造需要更多中坚力量的创新赋能，对内支撑对外输出，由点及面推动制造业变革升级。

创新价值

　　赛轮集团"橡链云"平台有力推动橡胶行业数智转型，通过"橡链云"平台支撑，从行业资源层到智能物联层，再到云计算平台及覆盖行业应用，面向专精领域输出标准、安全、可靠的产业知识、产业互联及产业服务。通过弹性策略满足不同基础水平要求的工业互联需求，减少企业数字化建设成本，提升企业数字化业务实力。同时，深刻联动全产业链、全价值链、全生命周期行业生产、供销及终端环节企业，满足行业复杂的混合制造需求，提供更丰富的创新应用场景，助力橡胶行业共创共赢。

第四章

建设最具活力的智能网联汽车社会

第四章
建设最具活力的智能网联汽车社会

当前,交通产业与汽车产业正处于创新发展的变动期,产业面临着很多实际问题,比如,科技巨头与传统车企在未来如何制衡与融合;汽车的软硬件、互联服务将会对汽车产业的供应链构成产生怎样巨大的影响;移动出行和数字化服务将会以什么样的结构存在;自动驾驶如何解决安全与责任之争;等等。

随着产业新血液的进入和旧血液的淘汰,如果想要参与到产业的核心当中,我们又该具备怎样的技术,进化出什么样的能力。

"协同开放、跨界融合"对市场已进入者和新进入者同等重要,新智造、新能源、新服务将成为带动发展的推手,产业竞争格局将变化剧烈,市场效能正处于暴发前的黎明。未来随着国家规划以及产业发展,智能出行和智能交通、智能化城市的发展将融合在一起,业态在快速变动,现在的亮点是否可成为下一站的明星?

在未来,我们出行的基础设施将发生翻天覆地的变化,现在的工具将变成载体,实现场景与场景之间的链接,服务将更加智慧与高效,并成为产业最具价值的组成,万物智能互联终将突围"最后一公里"。[1]

---

[1]参见创新观点导读:北大创新评论《思创会——智能出行专场》。

兆易创新：
MCU 产品 + 生态驱动中国"芯"未来

摘要： 北京兆易创新科技股份有限公司（以下简称"兆易创新"）是一家致力于开发先进的存储器技术、MCU 和传感器解决方案的无晶圆厂半导体公司，面向工业、汽车、计算、消费类电子、物联网、移动应用以及网络和电信行业的客户提供服务。同时，兆易创新与全球多家领先晶圆厂、封装测试厂达成战略合作伙伴关系，通过加强产业上下游合作、优化供应链管理，共同推进半导体领域的技术创新。

关键词： 半导体　MCU 存储　汽车工业

1. 背景说明

1.1 政策背景

2021 年 12 月，中央网络安全和信息化委员会印发《"十四五"国家信息化规划》（以下简称《规划》），[1] 要求在构建释放数字生产力的创新发展体系方面强化关键信息技术创新。完善信息领域关键核心技术创新顶层设计，实行"揭榜挂帅"等制度，深化创新链与产业链、资金链、人才链、政策链相互融合支撑，提高创新链整体效能。统筹通信技术、先进计算、安全技术等领域的产业布局。强化市场化和产业化引导，加强重点领域核心技术短板的重点突破和集中攻关。

---

[1] 参见《"十四五"国家信息化规划》，载中华人民共和国中央人民政府网站，http://www.gov.cn/xinwen/2021-12/28/content_5664872.htm，2022 年 6 月 22 日。

第四章
兆易创新：MCU产品+生态驱动中国"芯"未来

作为落实该任务的重要抓手——"信息领域核心技术突破工程"，《规划》提出，一是加快集成电路关键技术攻关，推动计算芯片、存储芯片等创新，加快集成电路设计工具、重点装备和高纯靶材等关键材料研发，推动绝缘栅双极型晶体管（IGBT）、微机电系统（MEMS）等特色工艺突破；二是提高重点软件研发水平，面向关键基础软件、高端工业软件、云计算、车联网等重点领域和重大需求，加强重点软件的开发，加快软件知识产权保护与信息服务体系建设。《规划》也提到布局战略性前沿性技术，瞄准可能引发信息化领域范式变革的重要方向，前瞻布局战略性、前沿性、原创性、颠覆性技术，加强人工智能、量子信息、集成电路、空天信息、非硅基半导体等关键前沿领域的战略研究布局和技术融通创新。

2020年7月27日，国务院印发《新时期促进集成电路产业和软件产业高质量发展的若干政策》（国发〔2020〕8号），让本已十分火热的国产芯片行业再添重磅利好。

创新战略激活万亿市场，"新经济""新基建"催生新机遇，"新需求"暴发，国产芯片将迎来黄金发展期。

1.2 行业背景

微控制单元（MCU）又称微控制器或者单片机，是把中央处理器的频率与规格做适当缩减，并将内存、计数器、USB、A/D转换、UART、PLC、DMA等周边接口、LCD驱动电路都整合在单一芯片上，形成芯片级的计算机，为不同的应用场合做不同组合控制。

过去两年，全球缺"芯"焦虑，从汽车、消费电子等重点行业，演变成为一场覆盖半导体行业上下游产业链、波及全球消费者的"灾难"。其中，汽车厂商出现减产、关停部分工厂、减配出货等情况；受困于芯片紧缺，国内产品研发与出货速度都受到了影响。但也恰在全球"缺芯"的背景下，中国半导体产业迎来发展最为迅速的一个时期。

IC Insights最新预测，2022年全球MCU的市场销售额将增长10%，市场规模有望达到215亿美元，再创历史新高。未来五年，32位MCU的销售额预计将以9.4%的复合年增长率增长，到2026年达到285亿美元。MCU的平均售价也将不断上升，复合年增长率达到 3.5%。中国 MCU 市场规模在 2019 年已达到 42 亿美元,占全球市场 26% 左右。[1] Yole Développement 发布的最新报告也称,2021 年 MCU 价格涨幅超过预期,预计 2022 年将继续上涨,且在 2026 年前不太可能大幅回落。[2]

从市场份额角度分析,8 位 MCU 和 32 位 MCU 占据中国 MCU 市场的主要份额。根据 CISA 公布的信息显示,2021 年 8 位 MCU 和 32 位 MCU 芯片分别占据国内市场的 43% 和 54%。随着科技的发展和生产工艺的进步,32 位 MCU 市场份额逐渐扩大并挤压其他 MCU 产品市场份额,其在国内市场份额占比从 2012 年的 36% 增长到 2021 年的 54%。[3]

未来 MCU 行业市场份额主导地位或由 32 位 MCU 占领。受益于汽车电子行业以及物联网的快速发展,中国 MCU 行业迎来了黄金发展机遇期,因此中国 MCU 市场中各大 MCU 厂商在计算机与网络、汽车电子、工业控制和消费电子等细分领域均出现不同幅度的增长。

近些年,汽车电子产业的快速发展对性能和存储提出了更高的要求,而受疫情影响,国外半导体厂商供货紧张,各大汽车厂商对芯片的需求趋于国产化。IC Insights 的数据显示,汽车 MCU 销售额在 2021 年经济复苏期间猛增了 23%,达到创纪录的 76 亿美元,随后的 2022 年将增长 14%,2023 年增长 16%。其中,超过 75% 的汽车 MCU 销售额来自 32 位,约为 58 亿美元(见图 4-1)。[4]

---

[1] 参见《IC Insights:预计 2022 年全球微控制器销售额达到创纪录 196 亿美元 同比增长 10%》,新浪财经,http://finance.sina.com.cn/tech/2022-05-21/doc-imcwiwst8569635.shtml,2022 年 6 月 29 日。

[2] 参见《Yole:MCU 价格今年继续上涨 2026 年前不太可能大幅回落》,腾讯新闻,https://xw.qq.com/cmsid/20220304A096Z400,2022 年 6 月 29 日。

[3] 参见《预见 2022:2022 年全球 MCU 行业技术全景图谱》,前瞻产业研究院,https://view.inews.qq.com/a/20220511A08L3G00,2022 年 6 月 29 日。

[4] 参见《IC Insights:预计 2022 年全球微控制器销售额达到创纪录 196 亿美元 同比增长 10%》,新浪财经,http://finance.sina.com.cn/tech/2022-05-21/doc-imcwiwst8569635.shtml,2022 年 6 月 29 日。

图 4-1　IC insights 汽车 MCU2019—2025 年销售趋势

2. 创新描述

作为系统控制的核心，MCU 优势明显，应用广泛。目前，以工业和消费市场为主的嵌入式应用和汽车市场贡献了主要的 MCU 市场份额。根据销售金额换算，2021 年以工业和消费市场为主的嵌入式应用贡献了 46% 的全球 MCU 销售额，汽车市场贡献了约 40% 的全球 MCU 销售额。随着应用需求不断细化、提升，32 位 MCU 已成为市场主流，并演化出低功耗、无线型、主流型和高性能等几大产品方向。兆易创新紧抓市场发展机遇，提供性能领先、差异化的 MCU 产品。

2.1　技术创新率先突破

32 位 MCU 的广泛需求带动了 MCU 内核的全面发展。当前，32 位 MCU 普遍采用 Arm Cortex-M 内核，通过不断的技术创新和产品迭代，Cortex-M 内核在性能、功耗、代码密度、性价比等方面，既实现了单一产品层面的均衡，又在不同产品系列之间有着明显的辨识度。同时，长期的市场主流地位让 Arm Cortex-M 内核拥有庞大且完善的生态体系。

兆易创新于 2013 年 4 月推出了国内首款 Arm Cortex MCU，也是中国第一个推出的 Arm®Cortex®-M3、Cortex®-M4、Cortex®-M23、Cortex®-M33 内核通用 MCU 产品系列，并于 2019 年 8 月推出了全球首颗基于开源指令集架构 RISC-V 的 32 位通用 MCU 产品系列：[1]GD32VF103 系列。GD32 积累了 35 个系列，450 余个型号，涵盖入门级、主流型和高性能开发应用需求，MCU 内核从 M3/M4 到 M23/M33 以及 RISC-V。同时，GD32 同样为细分垂直市场提供专用 MCU 产品，包含指纹识别、打印机、光模块等专用系列。

GD32 MCU 所有型号在软件和硬件引脚封装方面都保持相互兼容，适用于高中低端嵌入式控制需求和升级，以"产品+生态"向全球市场提供智能化的嵌入式开发和解决方案。GD32 MCU 目前占据中国 32 位通用 MCU 主流市场，累计出货超过 10 亿颗。

2.2 从"好"到"优"的跨越

中国 MCU 市场份额只占全球总份额的 1/3。即便在国内市场，头部也是被欧美日等海外厂商长期占据，国内厂商的市场占有率较低。以 32 位 MCU 为例，意法半导体、恩智浦、微芯、瑞萨、英飞凌五大厂商合计市场份额近 60%。[2]这意味着要实现"从有到好"和"从好到优"的跨越，不仅要立足国内，还要积极思考如何从国内稳步走向国际，如何能够成为全球领先。近年来，兆易创新已经在欧洲、美国、亚太等地设立了分支机构，相关的产品规划、量产规模、质量体系、交付效率、技术支持、分销网络等国际化服务能力均得到了大幅增强。

以产品质量为例，GD32 MCU 在出厂前都经历了严苛的失效率测试、EMI 抗干扰测试、三温全功能测试，这是提供国际化服务的必备基础。与此同时，兆易创新也正从以往所擅长的存储（包括 Flash、DRAM 和一些新型存储器）、控制（MCU 生态）与传感器三大领域，拓展为"感、存、算（计算）、控、联（连接领域）"的一体式架构。

此外，兆易创新还围绕 MCU 相关应用推出了 GD30 系列电源管理（PMIC）、Gate Driver（MOSFET 栅极驱动器）和锂电池充电管理（BMS/Charger）等模拟信号链 IC，希望获得差异化的市场竞争优势。

---

[1][2] 参见《九年十亿颗！兆易创新是如何做稳国产 MCU 冠军的》，搜狐网，https://www.sohu.com/a/539803635_119709，2022 年 6 月 29 日。

3. 项目运作节奏

3.1 布局汽车领域

兆易创新面向汽车智能制造研制汽车级闪存产品和 32 位 ARM Cortex MCU。

2019 年，兆易创新 GD25 全系列 SPI NOR Flash 产品通过 AEC-Q100 认证，2022 年 2 月 GD5F 全系列 SPI NAND Flash 也通过了 AEC-Q100 车规级认证，上述两者均实现了全产业链的国产闭环。自此，兆易创新完成了 Flash 存储器领域的车规级产品的布局，为车载应用的国产化提供了丰富多样的选择。

为满足行业的快速增长需求，兆易创新的 MCU 产品已在乘用车 EDR 设备中使用。兆易创新提供 MCU 给 Tier1 厂商开发制造模块，积极开拓汽车领域应用。

3.2 从前装到后装同步扩展

在车规级 MCU 领域，兆易创新向前装及后装领域同步扩展。前装市场，预计将在 2022 年内面向车身电子（BCM）应用推出支持车规级 MCU 认证和安全标准的 MCU 系列新品；汽车后装则包括已有的车载影音、导航、OBD、EDR、新能源车身及周边应用场景。

兆易创新持续增加对车规级产品生态的投入，包括提供典型的汽车应用解决方案（如座椅、后视镜、车灯、车身电子控制）、参考设计、代码、协助用户通过可靠性标准 AEC-Q100 系列、质量管理标准 IATF16949 认证、功能安全标准 ISO26262 ASILB(D) 车规认证测试等，加速汽车用户对 Arm MCU 的应用和量产。

4. 市场应用及未来展望

4.1 市场应用

消费电子市场呈现出更新换代速度快、前沿技术创新层出不穷等特点，而工业市场基础规模庞大，客户需求相对稳定，对产品的性能、可靠性、稳定性要求也很高。上述领域一直是兆易创新的主营市场，其中工业类客户应用的占比已接近 GD32 年用量的一半，比例还在持续提升，并且需求向算法和泛周边扩展。兆易创新持续支持高精度强实时的工业控制及高性能数据处理，提供电机控制（MCU+驱动+信号链）整体解决方案，增强数字电源及储能管理。

兆易创新努力开拓汽车领域应用。以车规级 MCU 为例，兆易创新选择以车身电子作为切入点，向前装及后装领域同步拓展，覆盖了 ADAS、汽车照明、HVAC、DCDC 车载充电、T-box、EDR、导航等应用；以车规级 Flash 为例，其可以作为系统的 boot loader 用于存储启动运行的代码，未来还可能承载汽车电子系统在信息安全方面的功能，并且汽车智能化会带来更多新型存储需求。同时，兆易创新联合生态合作伙伴，结合 MCU 和 Flash 产品打造了 ADAS 单目预警解决方案（见图 4-2）。

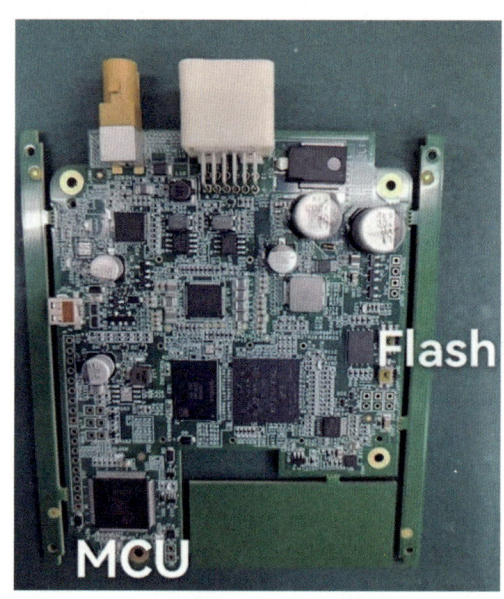

图 4-2　ADAS 单目预警：GD Auto MCU + Flash 套片

4.2 "大学计划"助力生态建设

大学计划作为兆易创新生态建设中的重要组成部分，已成为企业可持续发展的战略之一。它以为中国培养杰出的嵌入式人才为己任，多年来持续发力。兆易创新与高校共同帮助师生和科研工程师掌握 GD32 MCU 相关的先进技术，实现教育资源的优势互补和共享。

同时，兆易创新基于 GD32 大学计划搭建了多周期全覆盖的 MCU 开发人才培养计划，从中小学、高职专科、大学本科直至研究生，各个年龄段全面展开，为新一代工程师提供学习与成长的沃土,并与国内多所高校建立深度产学研合作,其中与合肥工业大学、厦门大学合作建设联合实验室和实践教学基地。兆易创新未来计划与更多的高校建立产学研合作,不断推动教育与产业的协同创新。

编委会点评

社会价值

半导体产业迅猛发展为现代信息技术变革提供了基础土壤。从手机、手表等便携式终端,到智能汽车、飞机、航天器等关键装备,半导体无所不在。该领域技术攻关难、研发周期长、不可替代性等特点为业界所共知,是国际竞争激烈、全球资源流动的核心产业,是我国自主创新的重点领域之一。我国半导体产业逐渐迈入高速发展期,整体实力提升并取得诸多显著成果。随着5G、物联网、汽车工业的不断进化,该产业将继续保持高速增长态势,市场价值空间巨大,社会效益较为显著。

创新价值

兆易创新面向MCU市场在技术创新、品类创新上具备行业领先性,率先推出32位MCU通用产品,覆盖广泛,性价比突出。同时,立足国内志向高远,积极开展国际化布局,建设体系化的服务能力,扩大影响力半径。兆易创新注重产品质量提升、产品架构创新,以产品为根基,以生态为羽翼,释放更高的产品及解决方案价值。在产品生态建设上,在车规级产品上提供开发制造模块及产品组合,并联合生态合作伙伴打造ADAS单目预警解决方案,积极开拓企业行业市场;在产学研生态建设上,致力于开展大学计划,与创新链、人才链前端优势互补、资源共享,推动产学研紧密融合发展。

智加科技：
重卡自动驾驶方案塑造智慧干线物流

摘要：物流业是支撑国民经济发展的基础性、战略性产业，其中公路物流货运量占比最重。近年来，干线物流产业成本结构压力大，安全事故和劳动力流失情况严重，亟待创新技术的改造升级。智加科技有限公司（以下简称"智加科技"）为重卡自动驾驶人工智能解决方案商，推出可商用的 L4 级重卡自动驾驶解决方案 PlusDrive，助推重卡无人驾驶运输业发展。

关键词：自动驾驶　干线物流　智慧物流

1. 背景说明

1.1 政策背景：交通强国建设推进，干线物流自动驾驶落地出现曙光

2019 年 9 月，中共中央、国务院印发《交通强国建设纲要》[1]，提出加强智能网联汽车（智能汽车、自动驾驶、车路协同）研发，形成自主可控完整的产业链。到 2035 年，基本建成交通强国，基本形成"全国 123 出行交通圈"（都市区 1 小时通勤、城市群 2 小时通达、全国主要城市 3 小时覆盖）和"全球 123 快货物流圈"（国内 1 天送达、周边国家 2 天送达、全球主要城市 3 天送达），旅客联程运输便捷顺畅，货物多式联运高效经济。

2020 年 12 月，交通运输部发布《关于促进道路交通、自动驾驶技术发展和应用的指导意见》（交科技发〔2020〕124 号），明确要加强自动驾驶技术研发，推动自动驾驶技术试点和示范应用。到 2025 年，建成一批国家级自动驾驶测试基地和先导应用

---

[1] 新华社北京，中共中央 国务院印发《交通强国建设纲要》，2019 年 9 月 19 日。

示范工程，在部分场景实现规模化应用，推动自动驾驶技术产业化落地。其中，在货运领域，鼓励在港口、机场、物流场站、交通运输基础设施建设工地等环境相对封闭的区域及邮政快递末端配送等场景，结合生产作业需求，开展自动驾驶载货示范应用。

2021年11月2日，交通运输部《关于印发〈综合运输服务"十四五"发展规划〉的通知》（交运发〔2021〕111号），明确加快高级辅助驾驶技术、自动驾驶技术在营运车辆上推广使用，提升车辆主动安全性能。

2022年3月10日，交通运输部、科学技术部《关于印发〈"十四五"交通领域科技创新规划〉的通知》（交科技发〔2022〕31号），《"十四五"交通领域科技创新规划》[1]指出，到2025年，交通运输技术研发应用取得新突破，在运输服务上，自动驾驶等技术在部分场景得到示范应用。

1.2 行业背景：万亿市场保有量具备转型空间

我国是物流大国，2021年全国社会物流总额335.2万亿元，[2]当前国内重卡保有量突破850万辆，[3]这些共同构成我国干线物流运输网络，我国公路货运市场规模2020年增至62 089亿元。

1.3 行业痛点：亟待降本增效，降低员工流失

干线物流运输主要存在几大痛点，亟须行业转型升级。

首先，长期依赖现有盈利结构让行业进入"微利时代"，物流行业从业者降本压力大。

其次，司机流失严重，年轻一代司机从业意愿低，招聘难、留存难等现象越来越突出。

最后，公路货运的运输安全问题长期以来是社会关注的热点。驾驶员人为原因导致交通事故占比较大。

---

[1] 参见国家发展改革委、中国物流与采购联合会：《2020年全国物流运行情况通报》，2022年2月9日。
[2] 参见华经情报网，华经研究院：《2021年中国重卡市场现状分析：市场遇冷，新能源重卡销量大幅度上升》，2022年2月7日。
[3] 参见智研咨询：《2020年我国公路货运量、市场规模及竞争格局分析》，2022年1月20日。

公路货运车辆智能化应用尤其是自动驾驶商业化应用将从燃油、人力、保险、维修、折旧等方面综合降低运营成本，且能有效避免因驾驶员操作不当或违规驾驶导致的交通事故，降低公路货车交通事故，减少事故导致的直接财产损失，提升运输安全。公路货运自动驾驶商业化应用将以提质、降本、增效为导向，支撑国家交通强国建设战略。

2. 创新描述

智加科技 PlusDrive 自动驾驶系统以具备国际竞争力的 L4 级自动驾驶技术为基础，通过 L4 技术降维应用，首先从打造有人监督的自动驾驶重卡出发，助力物流企业实际运营，为物流行业带来降本增效、低碳环保和降低事故率等收益。

2.1 量产前装自动驾驶产品，在实际运营中提供安全保护

PlusDrive 自动驾驶系统采用基于双目立体视觉 Camera+Radar+Lidar 多模态融合冗余感知，最远检测距离 >1km，360 度感知覆盖；由于激光和双目立体视觉的加持，可实现对复杂工况，如路面掉落物体、异型车辆的精准可靠的检测和应对，实现全天候、全工况的覆盖。PlusDrive 自动驾驶系统功能包括国家法规要求的双预警、AEB 紧急制动功能和盲区检测，带来车规级基础的安全保障。

针对当下司机的工作状态痛点，PlusDrive 自动驾驶系统通过驾驶员状态监控系统（DMS）和脱手检测（HOD）功能，进行安全监控和报警，避免由疲劳和分神带来的安全风险。

PlusDrive 自动驾驶系统具备安全停车功能，即使在安全员瞌睡或者突发状况下，系统都可以实现安全停车。在系统部分失效的情况下，仍然可实现一定时间内的功能备份或降级，给驾驶员更充分的报警提醒和接管时间。

2.2 构建产业生态，探索技术商业化落地路径

自动驾驶丰富了传统汽车制造的产业链、供应链，一、二级供应链的发展同时也带动了下游更多供应链的集聚与发展。智加科技作为自动驾驶技术提供方，于 2018 年与一汽解放、满帮集团达成合作，将主机厂、技术解决方案提供商、场景应用方的产业链上下游领先企业进行了连接。

2.3 渐进式商业模式创造价值

自动驾驶业界长期存在两大路线，一类是 L4 级技术直接落地的科技公司，寄希望于跨越式的发展来获得商业化进展的优势，但目前纷纷面临商业化落地难的困境；当前行业中比较主流的方式，就是从 L4 无人驾驶的全栈技术降维到先生产有人监督的自动驾驶卡车，先做有安全员的自动驾驶商用车量产，跑起来，进行规模化落地，再提升技术，扩大市场，提升盈利。

智加科技通过技术降维方式，推出有人监督的量产自动驾驶重卡，随着技术的发展和量产车辆的规模化运营，未来单驾变双驾也将成为下一个重要突破口，能够有效解决物流行业卡车司机高流失和年轻一代从业意愿低的问题，带来成本结构的更大优化。

3. 项目运作节奏

智加科技干线物流自动驾驶解决方案可分为产品生产与产品运营两个应用阶段。

3.1 产品生产阶段：量产、前装、车规级是自动驾驶重卡落地前提

产品生产阶段是以生产制造为目的，通过设计、研发、集成、验证、试制、测试、制造等一系列过程，完成重卡车辆生产制造。自动驾驶的落地，首先就是要生产出车规级、前装、量产的产品。与后装自动驾驶系统不同，量产产品所有零部件安装调试均来自整车制造企业的生产线。

2020 年 9 月，智加科技联合挚途科技助力一汽解放打造自动驾驶重卡 J7 超级卡车，严格按照正向开发流程，软硬件全部达车规量产级别，已于 2021 年小批量量产投放。

在美国，智加科技已经开始为亚马逊交付 1000 辆自动驾驶重卡的系统订单。

3.2 产品运营阶段：促进产业升级

产品运营阶段是以生产运输为目的，通过销售、营运、维修、维护、保养、检测、转卖、报废回收等商业行为发挥车辆应用价值。在有人监督的自动驾驶重卡运营的阶段，将通过降低安全事故、提高物流效率和燃油效率等几个维度产生盈利。

目前智加科技致力于有人监督的自动驾驶重卡的量产运营，经过此前严格、稳定

的运营测试数据，智加科技 PlusDrive 系统可以做到省油 10%，并能够大幅度降低驾驶疲劳度，这对目前的干线物流运营成本高企难降的局面，是一个实质性的降本优势。

根据测算，自动驾驶规模化应用后，将能使整体成本节省 30%。[1] 这将大大提升物流企业的市场竞争力，为行业带来降本增效、提升司机工作舒适度、增强道路安全性等巨大的经济价值和社会价值。

2021 年 9 月，智加科技与荣庆物流建立战略合作关系，启动前装量产自动驾驶重卡运营专线。一期运营，共计完成 100 趟载货运营，单程平均 910 千米，共计 91 616 千米有效运营里程，智能重卡高速路平均车速 76 千米/小时，自动驾驶比例高达 96.7%，覆盖各种环境和恶劣天气条件：夜间、雨天、雾天、雪天、大风天等。

2022 年，随着前装量产重卡的落地，在场景运营侧，除荣庆物流外，智加科技联合华润万家、鑫志鸿等合作伙伴展开商业化运营，完成从华东至华北、华南和华中的运营线路开拓，覆盖了长三角、珠三角、京津冀和长江中游经济圈等区域。

4. 市场应用与未来展望

4.1 市场应用

在中国，智加科技与产业链上游整车厂商（如一汽解放）深度合作打造前装量产有人监督的自动驾驶重卡产品，同时，与场景方（如满帮、荣庆物流等）进行深度合作，共同推进商业化运营。在美国，智加科技已经开始为亚马逊交付系统订单；在欧洲，与依维柯建立战略合作，2023 年在欧洲推出自动驾驶重卡。

目前智加科技的测试范围已经覆盖中国 30 个省级行政区域和美国全部 48 个大陆州，整体覆盖率达到 95%。

4.2 未来发展

智加科技计划在未来一两年内，将 PlusDrive 有人监督的自动驾驶功能的应用范围从高速公路主路进一步扩展收费站之间的自动驾驶。到 2025 年，技术上可以实现

---

[1] 参见前瞻产业研究院：《中国自动驾驶重卡行业市场前瞻与商业模式分析报告》，2020 年 7 月 21 日。

仓到仓间的自动驾驶运营，也即在有限场景下，在高速公路这样的半封闭的场景下实现有限的无人驾驶。

智加 PlusDrive 自动驾驶系统可以助力物流车队减少碳排放，同时，也在探索其他形式支持合作伙伴的可持续发展目标，如使用电力、天然气等清洁能源，承担以"双碳"为目标的社会价值。

第四章

智加科技：重卡自动驾驶方案塑造智慧干线物流

编委会点评

社会价值

交通强国的建设要从速度效益向质量效益转变，从单一发展向综合发展转变，从要素驱动向创新驱动转变。在这一过程中，智能科技在交通领域的应用至关重要，自动驾驶将助力交通安全性、出行效率进一步提升，与芯片、传感器、AI算法、整车制造、车路协同配套发展，在各类交通运输场景、商业场景中均将助推基建产业、汽车产业基础架构转向升级。

伴随着电动化、网联化、智能化融合协同，商用车自动驾驶正在全面推进：港口、矿山等低速封闭场景已实现商用落地，干线物流、Robobus、末端无人配送等场景可期待较快规模化。自动驾驶有望针对人口老龄化、用工缺口大等问题从技术角度上实现降本增效，并提升安全防护及风险保障，具有较好的经济前景及社会价值。

创新价值

智加科技在干线物流重卡自动驾驶领域具备较好的商业化实践，通过运用L4技术降维应用有人监督自动驾驶方案，基于多传感器融合算法满足车规级安全要求，实现了自动驾驶产品的前装量产。同时，协同汽车产业上下游，通过与硬件提供者（厂商）、服务提供者（物流企业）的双向链接，丰富了技术应用模型，更好地兼容商业模式，为自动驾驶商用车市场发展提供了可借鉴的实用方案，在全国乃至国际市场均扩展了影响力，完成了较高的测试覆盖率，为未来更广泛的服务交付奠定了基础。

满电出行：
精细化运营让新能源智慧出行全面立体

摘要： 北京满电出行科技有限公司（以下简称"满电出行"）是北京四维图新科技股份有限公司旗下的新能源出行智能解决方案服务商。基于大数据算法，满电出行所提供的新能源出行智能服务解决方案涵盖充电服务平台、运营营销平台及智慧出行平台等多个新能源出行需求场景。

关键词： 新能源　智慧出行　精细化运营

1. 背景说明

1.1 政策背景：新能源汽车产业持续带动

我国积极鼓励发展新能源汽车产业建设，并相继出台宏观政策指导。

2020年，国务院办公厅印发《关于印发新能源汽车产业发展规划（2021—2035年）的通知》（国办发〔2020〕39号），提出坚持电动化、网联化、智能化发展方向，深入实施发展新能源汽车国家战略，以融合创新为重点，突破关键核心技术，提升产业基础能力，构建新型产业生态，完善基础设施体系，优化产业发展环境，推动我国新能源汽车产业高质量可持续发展，加快建设汽车强国。

1.2 行业现状：基础设施数量攀升，市场容量较大

近年来，我国新能源汽车发展势头迅猛，渗透率持续攀升。公安部的统计显示，截至2022年第一季度，我国新能源汽车保有量已达891.5万辆。

预计到2022年，新能源汽车保有量将达1221万辆，充电桩保有量将达506万根。

到2025年，新能源汽车保有量将增加至3224万辆，充电桩保有量将增加至1466万根。2021—2025年新增充电桩数量年均复合增长率将达44%。

近年来，国内外都在积极扩展聚合充电的平台覆盖能力。欧美地区成熟平台如PLUGSHARE，从目前公布的数据来看，已经在包括中国在内的全球范围里接入30万根以上的充电桩。

1.3 行业痛点：充电桩使用率不足，有待提质扩容

根据中国充电联盟同期发布的数据，我国目前的充电桩保有量为310.9万根。自2018年至今，公共充电车桩比基本维持在3∶1。而早在2014年，《电动汽车充电基础设施发展指南（2015—2020年）》中已明确提出，关于我国新能源汽车相关配套基础设施建设发展，至2020年，我国车桩比要达到接近1∶1的合理水平。[1] 如表4-1、表4-2和表4-3所示。

表4-1 中国32座主要城市[2]直流公用桩和交流公用桩服务效能指标对比

公用桩服务效能指标	直流公用桩	交流公用桩
平均桩数利用率/%	71.8	19.5
平均时间利用率/%	16.2	4.7
平均周转率/%	5.1	0.5
平均充电时长（分钟）	46	170

资料来源：2022年充电基础设施监测报告。[3]

---

[1] 参见国务院办公厅：《关于加快电动汽车充电基础设施建设的指导意见》（国办发〔2015〕73号），2015年9月25日。

[2] 选取32座大城市作为研究对象，具体包括北京市、上海市、广州市、深圳市、南京市、天津市、成都市、杭州市、武汉市、西安市、郑州市、重庆市、青岛市、东莞市、厦门市、大连市、太原市、常州市、无锡市、昆明市、济南市、温州市、苏州市、长沙市、南昌市、宁波市、泉州市、海口市、烟台市、石家庄市、福州市、贵阳市。

[3] 参见中国城市规划设计研究院、新能源汽车国家大数据联盟、满电出行：《中国主要城市充电基础设施监测报告》，2022年6月。

表 4-2　分城市区位相关指标数据汇总[1]

城市区位	密度	车公桩比	覆盖率/%	直流桩比例/%	桩数利用率/%	时间利用率/%	平均周转率
南方城市	24.3	4.1	73.4	56.7	53.5	12.2	3.7
北方城市	15.2	4.9	73.1	58.6	56.9	12.8	3.5

资料来源：2022 年充电基础设施监测报告。

表 4-3　分城市规模相关指标数据汇总[2]

城市规模	密度	车公桩比	覆盖率/%	直流桩比例/%	桩数利用率/%	时间利用率/%	平均周转率
超大城市	58.9	5.3	90.6	40.4	40.6	9.1	2.4
特大城市	22	4.9	83.3	59.9	57.1	13.9	4.1
Ⅰ型大城市	13.8	3.9	66.3	59.7	59.6	13.5	4
Ⅱ型大城市	12.7	3.9	63.1	59.5	51.9	10.7	3.1

资料来源：2022 年充电基础设施监测报告。

抛开产业基础设施数据，仅从车主实际用车过程便可发现：快充桩几乎是所有在公用充电站补电车主的最佳选择。然而，公用充电站中快充占比仅为四成，与用户实际需求不匹配。加之"僵尸桩""废桩"及各种油车占位的不利因素，导致市场上公用充电桩的使用率严重不足。

整个新能源市场已经从价格战慢慢趋于价值战：从满足用户需求转变为实现用户价值。新能源车主希望未来在他们的出行过程中，充电可以像加油一样便捷。新能源出行行业中的各个环节，大至政府机关，小至充电场站，从规模至上转向提质扩容，最终释放生态价值。

---

[1] 以秦岭—淮河地理分界线为标准，将 32 座大城市划分为 22 座南方城市和 10 座北方城市。
[2] 以城区人口规模为依据，将 32 座大城市划分为 4 座超大城市、9 座特大城市、11 座Ⅰ型大城市和 8 座Ⅱ型大城市。

2．创新描述

满电出行为新能源出行产业提供了一站式智能充电服务解决方案（见图4-3），结合数据运营服务和营销运营服务，输出定制化、生态化的全新智能出行服务模式及服务能力。

图4-3　能源"双智"服务

2.1　建设综合性充电服务体系网络：智能充电服务

当前，新能源智慧出行行业亟待构建立体的充电服务体系网络，充电场景分散在不同的运营商中，其运营规模、信息化水平、地域层面的服务分配比例等存在差异（见图4-4）。在不同的技术迭代的过程中，从较早的充电桩到现在的快充再到超充，也存在技术服务能力的断层。

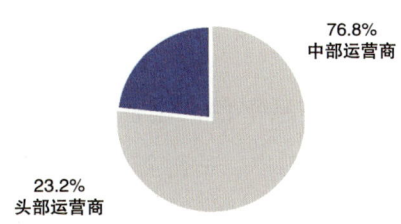

图4-4　主要充电运营商分布占比

在充电桩接入量级层面，满电出行具备一定的数量优势，平台目前在中国范围内的充电桩覆盖率已经达到 90 万根。同时，基于行业资源的深度整合，为企业客户及其平台用户提供一站式闭环充电运营服务，其中涵盖公共充电、私桩管控、品牌专充站、移动充电、代客充电、充电机器人等多维新能源出行场景（见图 4-5）。

公共充电　　　　品牌专充　　　　私桩管控　　　　移动充电

图 4-5　新能源细分充电场景

通过车桩识别及多元传感数据校验，可提供跨平台管控、即插即充以及一站式支付等。根据车企客户需求进行定制开发，提供私桩联网管控、充电预设等创新功能服务。

2.2　建设规划性能效服务体系能力：智慧出行服务

除了实现最基础的智慧充电服务能力，满电出行作为聚合服务平台，向客户和车主分发多维度的充电服务保障，实现服务的聚合和调度。

在新能源汽车版块中，不同汽车在能源获取与能源消耗的效率、使用习惯、成本等方面存在巨大差异。基于此，可通过能耗来预测用户充电所需要的服务形式，对于充电效率的预期，能获取的服务支撑范围等信息，从而完成充电方案的规划并成功获取服务，进而对整个出行成功率和效率的保障进行综合性的规划。

智慧出行服务基于高精度定位分析及场站空闲度预测，智能规划出行方案，涵盖充电规划及效率预测、电池监控、充电安全等智慧能耗管理服务。

2.3　建设精细化营销服务体系平台：运营营销服务

满电出行面向"千人千面"的用户，适配各类型充电服务模式，精准推荐给个性化车主，保障获得符合其消费、出行、安全、效率习惯的服务。

目前满电出行采取的主要运营模式是与主机厂或者车队合作伙伴共建服务能力，

满电出行提供基础平台或者基础的服务能力，基于专业可靠的产品开发能力及渠道整合能力，提供涵盖随车电卡包、运营监控及统计分析等精准化营销服务，同时通过运营方式收取相应的年费。

3. 项目运作节奏

3.1 第一阶段（2016—2019）：充电平台正式上线，解决车主基本需求

满电出行脱胎于四维图新高精地图事业部，于2016年正式成立，并持续打造充电服务平台。

充电服务平台基于行业资源的深度整合，为企业平台用户提供一站式闭环充电运营服务。同时，根据需求定制开发包括"预设充电""即插即充""无感充电""移动充电"等创新功能及服务产品。

截至2022年5月，平台现已聚合400+充电运营商资源，深度合作充电桩49万+，静态数据覆盖90万+充电桩，公共充电市场覆盖率达到95%，可高效实现跨平台充电运营服务。

在汽车市场电动化初期阶段，与戴姆勒的商业合作对满电出行来说具有重要的战略意义。满电出行为戴姆勒"星管家""星随行""星助理""星驿站"等产品提供包括私桩管控、公共充电桩搜索查询、公共充电桩聚合管控、移动代客充电、品牌专充站运营等功能在内的整体新能源出行服务支持，取得了阶段性成果。

3.2 第二阶段（2020—2021）：精细化运营升级，全面提升供需端匹配

满电出行通过更加智能化的桩联网平台，可以快速触达企业及用户需求，并提出解决方案，有效提升供需双方匹配，解决新能源出行目前面临的供需失衡、资源利用效率低、车主体验差等痛点。

在此阶段，满电出行推出如下平台方案。

（1）运营监控平台。基于多维度数据的采集与计算，为企业平台用户提供智能化能源大数据计算运营服务。平台对充电桩动静态数据、用户行为数据、车辆位置数据、电池性能数据、交易数据等多维度数据信息进行实时监控、采集、计算和分析。

满电出行依托平台大数据综合计算能力，提供充电站选址、现有充电站服务优化、品牌充电站运营等多种定制化服务产品及解决方案。同时，帮助政企客户提升城市基础建设效率，合理降低建站成本。

（2）营销管理平台。基于专业可靠的产品开发能力及渠道整合能力，为企业平台用户进行高效、精准的市场化营销。

平台具备营销工具开发能力，根据个性化运营需求，协助定向开发"商品采购工具""便捷支付工具""信息发布工具""用户画像工具"等专属营销工具。

同时，结合品牌、时间、事件、产品等维度，定向开发包括"电卡电包""营销优惠""充电服务报告""电池使用报告"等多种定制化营销产品，满足对用户拉新、转化、促活、裂变等营销需求。

（3）智慧出行平台。基于大数据智能出行算法，为企业进行出行充电行为分析，为出行服务需求提供有效预判。

通过充电规划与效率预测，在充电过程中对电池健康状态进行实时监控，合理优化电池能耗从而有效提升充电安全。

平台内的"智能路径规划"可提供高鲜度的动态数据更新频率，在出行前为车主提供更高效安全的出行策略。

企业作为供给端，完成互联互通，实现降本增效，在平台范围内最大程度上实现了供给丰富化。车主作为需求端，可以享受到标准化服务，并且可以体验到更加丰富的服务。通过平台，双方均可高效对接补电需求。

阶段性成果：满电出行为丰田智行互联系统提供了全面的充电服务支持，包括实时电量监控、出行路线规划、基于剩余电量和途经点的充电站推荐、智能导航、充电状态管理、充电费支付等一站式公共充电服务和私桩管控服务。依靠专业的产品营销能力及财务管理体系，截至2022年5月，广汽丰田电卡开卡数量已近6万张。

同时，满电出行为新能源运力平台提供车辆运维管理服务。先后与北汽华夏出行、上汽EVCARD等出行平台开展合作，提升出行公司对司机端的品牌黏性，实现降本增效。通过运营管理服务，北汽华夏出行接入全国3万辆运营车辆，降低了运维管理成本，提升了车辆运维管理效率。[1]

3.3 第三阶段（2022— ）：出行体验升级，实现用户价值

满电出行持续优化服务平台及解决方案，积极打造车主出行生态体验。

（1）运营监控平台 2.0。对运营监控平台全面升级，依托多年来在高精度地图及定位服务的优势，增加了充电场站周边生态及基于用户行为习惯的偏好分析。

（2）场站运营平台。基于充电桩的直联与互联互通，帮助企业对充电站/桩进行高效管理服务。在该平台可以完成对充电站/桩的数据监测、运营分析，输出用户画像，并针对性优化桩站管理，提升场站利用率的同时提高收入。

同时，管理多企业充电站/桩关联关系，设置"单一电价"与尖峰波谷电价，并基于订单的收入、电量、时长等信息，生成企业与充电站/桩的日、月趋势图和排行榜，针对现状准确调整电价等策略，支撑场站优化运营。

平台通过不断开拓 App、小程序等入口，在线上形成流量阵地，同时借助数字互联技术把全国充电基础设施连点成网，致力于充电服务数字化、标准化。

阶段性成果：满电出行为五菱提供了从 0 到 1 的充电服务体系建设，包括经销商充电站建设管理、经销商充电站运营、个人充电桩管理、公共充电服务等，并通过统一的管理后台实现数据监控、营收管理、设备管理、场站运维等服务。

通过定制"千人千面"的出行服务模式，满电出行提出"EV 出行管家"服务标准，并积极开展政企合作项目，已为多家政企单位提供全国范围内的主要城市进行充电基础设施监测平台建设及相关研究，包括充电站网络规划布局、建设等关键工作。

同时，从数据层面支撑行业建设。目前，满电出行连续两年与中国城市规划设计研究院合作完成《中国主要城市充电基础设施监测报告》[2]，为国内主要城市在空间发

---

[1] 参见汽车头条：《四维图新与华夏出行达成战略合作，助力未来出行智能服务升级》，2021 年 4 月 21 日。
[2] 参见中国城市规划设计研究院、满电出行：《2021 年中国主要城市充电基础设施监测报告》，2021 年 7 月；中国城市规划设计研究院、新能源汽车国家大数据联盟、满电出行：《2022 年中国主要城市充电基础设施监测报告》，2022 年 6 月。

展与运营效能等方面做服务,用数据反哺城市建设。

4. 市场应用及未来展望

4.1 市场应用

满电出行推出目前市场中效率极高的充电专利技术——即插即充。在这项技术的后台传输高精定位坐标数据,无须向平台提供车辆的其他敏感信息。对车主来说,可大幅提升充电效率;对车企来说,这有利于降低车辆数据信息安全风险。

4.1.1 根据行业发展更新技术支撑体系

满电出行将基于充电专利优势,并根据行业技术发展迭代,例如,覆盖超充、换电以及储能场景,跟随上下游行业的技术变化进行调整。

4.1.2 根据地图业务底座实现电车导航

满电出行近期深入研究电车的垂直充电、导航等产品。目前智慧出行仅解决了出行过程中的充电补电方案这样一个场景,未来将构建电车导航专属产品,打造产品底层引擎算法。

4.1.3 根据服务相关场景发展充电泊车

在自动驾驶方面,初期最主要解决的是泊车和充电排队等细分场景,未来希望能够通过辅助泊车或自动泊车的方式把充电和泊车的场景关联起来,进而对一些专属的站点或者在小区共充场景下解决排队等待、充电监控挪车、油车占位等相关问题。

4.2 未来展望

满电出行目前已全面启动"出行共建",通过智慧出行一张网助力释放行业生态价值。未来,满电出行通过产品与技术实现数据的累积与优化,让人、车、桩、店、数据等万物相连,进一步完成企业及用户出行体验。同时,将基于行业底层数据,向整个行业开放 API 接口,召集行业合作伙伴创新出更加丰富的智能化服务,共同推动"新出行"产业互联的升级迭代。

第四章
满电出行：精细化运营让新能源智慧出行全面立体

编委会点评

社会价值

"双碳"时代，智能出行的能耗管理与资源配置是实现绿色经济可持续发展的要素之一。在数字经济推动产业发展的大背景下，新的数字生产力将重塑产业链条。如何实现"人车路场"联动协同、节能增效，如何在技术应用、生产模式、商业模式不断加速迭代的条件下突破创新，是智能出行需要持续关注并重点解决的命题。在新旧能源交替、出行消费理念升级的发展进程中，智能出行新能源管理服务将在行业多元参与主体如车企、运营商、图商以及在终端用户之间搭建关键桥梁，管理效能的提升将有助于解决出行中的融合需求，从而带动行业价值、社会效益的有效增长。

创新价值

满电出行为新能源出行的便捷化、服务化、智慧化发展贡献了行业力量，基于四维图新的数据及场景积累，以及对市场主要参与者，如车企、运营商、出行平台的深刻理解，并充分依据用户价值导向构建解决方案平台。满电出行的服务体系面向供需两端，在新能源出行技术迭代迅速、基础设施不断更新的过程中，弥合技术及服务的不足，通过数据综合能力、专利技术能力、聚合服务能力提供面向车企及用户的智慧出行服务，并助力城市出行规划及建设，提升空间发展及运营效能。

长城汽车：
坚定品类创新推动中国汽车品牌向上

摘要： 汽车行业正迎来大变革，也是中国汽车产业向上突破的绝佳时期。长城汽车股份有限公司（以下简称"长城汽车"）坚持"创新"主旋律，开辟"品类创新"推动品牌向上的发展路径，以用户为本、以技术为根做"强产品、高质量、好服务"，最终实现品牌价值。

关键词： 智能出行　品类创新　品牌向上

1. 背景说明

在我国汽车行业市场化发展早期阶段，全球重量级车企涌入国内，合资品牌迅速占领主导地位。自主品牌受制于竞争格局，但也勇于争先寻求突破。

世界营销战略家艾·里斯（Al Ries）在《21世纪的定位》[1]中判断：20世纪品牌重于品类，而21世纪品类重于品牌，企业需要尽早掌握品类创新的方法，以及运营多品牌的能力。何为品类聚焦？品牌竞争基于品类，品类即是购买需求，品牌则是给消费者购买的理由，在消费者心中占据某品类第一名的品牌绝对要远高于第二名，例如，凉茶中的加多宝、碳酸饮料中的可口可乐、手机中的苹果。

艾·里斯的"品类创新"为自主品牌长城汽车的崛起提供了理论支撑。自2008年，长城汽车开始"品类聚焦"战略，集中资源打造哈弗品牌，强化其在经济型

---

[1] 参见[美]艾·里斯（Al Ries）、劳拉·里斯（Laura Ries），[中]张云：《21世纪的定位：定位之父重新定义"定位"》，寿雯译，机械工业出版社2019年版。

SUV 品类中的地位。经过多年综合实践，长城汽车取得了理论结合产业应用的创新成果。

2. 创新描述

基于品类创新，以品类建品牌，长城汽车逐渐在国内外市场形成有代表性的品牌矩阵，拓宽了自主汽车品牌的市场半径。

2.1 产品定位细分聚焦

长城汽车深入洞察消费者需求，不断细化产品，明晰品类区隔。当前的哈弗、魏牌、长城皮卡、坦克、欧拉五大品牌以及全新的沙龙机甲拥有清晰的定位。

哈弗从 2011 年面向市场推出 H6 以来，保持着经济型 SUV 产品的思路，并已形成大中小、高中低、多规格、多品种的车型局面，打破外资或合资在这一车型领域的"垄断"。魏牌面向高端智能新能源市场，开辟"0 焦虑智能电动"新品类。皮卡在长城汽车众多产品中具备"奠基石"作用，虽作为长城汽车"发家"的传统产品，但其并没有故步自封，而是持续尝新求变，2019 年长城炮正式登场，乘用化皮卡新品类也被成功引入消费者视野。

同时，随着用户需求愈发多样、个性，基于用户思维及智能化发展大势，长城汽车不断迭代创新：欧拉将"她经济"与新能源汽车创新融合，用高质量的产品聚焦年轻一代"智能低碳"的价值选择；坦克面向男性消费者市场，聚焦用户对越野、科技、舒适豪华的需求；沙龙机甲突破电动汽车在消费者心中的固有印象，定位于高性能智能轿车、SUV 跑车等品类。

2.2 多元文化趋势引领

目前，行业内普遍认为，中国汽车产业已经迎来品牌向上的历史机遇。然而，中国汽车工业的历史不及当前主流的汽车大国。如何令用户相信，年轻的中国车企有能力为全球用户贡献高品质、高价值的高端品牌？

长城汽车对此的探索从跟随策略转向引领策略，将当下具备中国创新文化时代特色的"潮玩共创"与品类创新结合，吸收新元素，与年轻用户一起坚持多元化演进方向，并凭借相关成果引导汽车文化热潮。

2.2.1 主流即趋势

主流汽车文化一直是长盛不衰的消费主题，对此的沿革与创新有助于巩固大众市场。其中，城市 SUV、越野文化、改装文化是主流汽车文化的代表。

（1）城市 SUV。2011 年，长城汽车推出初代哈弗 H6，成为在城市 SUV 市场挑战合资品牌的中国汽车品牌。哈弗 H6 的诞生，不仅证实了中国品牌有能力在红海市场与合资品牌角力，更展现了中国品牌有实力打造一个极具生命力的经典车型。

（2）越野文化。2010 年，哈弗车队参加达喀尔拉力赛，是首次亮相这一全球知名赛事的中国车队之一。随后五年时间，哈弗车队不断刷新中国汽车品牌在达喀尔赛场的最好成绩。

（3）改装文化。在成熟的汽车市场，汽车跳出工具属性，成为彰显个性及表达自我的载体。例如，坦克品牌推进"用户共创改装计划"；长城皮卡以"个性化共创改装车"为核心启动弹系列联合改装厂牌、改装达人一起共创，打造性能升级、功能强化、场景无限拓展的个性化车型。

2.2.2 小众即大众

长城汽车在主流汽车文化之外，开创潮玩共创风尚，将卓有特色的互动性、成长性、科技性等代表了中国经济和时代精神的文化因素与品类创新紧密结合。例如，哈弗大狗车标全球征集设计大赛开启了汽车新品类独创的大狗全生命周期养成模式；哈弗赤兔电竞巅峰赛跨界电竞圈层；魏牌开启"圆梦潮创"计划，邀请广大用户参与设计；坦克品牌突破圈层，与改装、机车、露营、时尚、潮品等十余个圈层跨界合作；长城炮连续举办丈量珠峰（见图 4-6）、阿拉善英雄会、路亚国际锦标赛等大型体系化品牌活动，与用户一起共创皮卡学院；哈弗 H6 国潮版联名敦煌博物馆，举办文创车贴设计大赛，共绎时代国潮风范。

以上不同的风格定位与市场互动，看似面向愈加细分的市场，实则是在"个性化"

中推动用户黏性增长，用创新细分渗透市场，是"小众即大众"路线的典型代表。

图 4-6　长城炮丈量珠峰活动：百余名用户抵达珠峰大本营

3. 项目运作节奏

3.1　新阶段：以技术为根

长城汽车之所以能在品类创新的道路上不断向上探索，对技术实力、研发能力的投入与追求是一大因素，也是品类创新、品牌建设的一大保障。

以"柠檬、坦克、咖啡智能"技术品牌为例，涵盖了汽车研发、设计、生产以及汽车生活的全产业链价值创新技术体系。

"柠檬"平台是长城汽车研发的全球化高智能模块化技术平台，基于该通用平台开发的产品更加轻量化、安全性高、灵活性强。同时，该平台从研发之初就考虑到全车型级别的开发，能够提供延展性高、多样化的动力适配组合方案，覆盖 SUV、轿车、MPV 三大品类市场，并适配燃油动力、混合动力、BEV 纯电和面向未来的氢燃料—FCEV 四种性能动力方案。

"坦克"将多品类、多型号、安全可靠、适应多种地形等元素融入其中，在平台化开发过程中通过越野配置以及智能四驱系统，实现了越野性能参数的升级。其中，

3.0T+9AT/9HAT 高阶动力总成是长城汽车完全自主研发，突破了国产内燃领域技术壁垒。

"咖啡智能"面向整车智能化，涵盖智能座舱、智能驾驶和智能电子电气架构，是面向未来出行的智能系统，以"交互""AI""生态"为三大核心要素，实现以用户为中心、价值可生长的移动智能空间，是对智能时代汽车概念升级迭代的探索。

3.2 新市场：以全球化为枝

为了在国际领域不断推进品牌的向上突围，长城汽车持续搭建全球化生产、研发、销售体系：①研发方面，在中国、美国、德国、日本、加拿大、韩国、奥地利以及印度等地设立研发中心和技术创新中心，研发设计人员达到1.5万余人；②生产方面，除了国内十大全工艺整车生产基地，还在海外多地建立了全工艺整车生产基地和KD工厂；③销售方面，目前已出口到170多个国家和地区，海外销售渠道近700家，海外累计销售超100万辆（见图4-7）。

图4-7 魏牌、欧拉参展2021德国国际汽车及智慧出行博览会（IAA Mobility）

除了产品本身外，长城汽车更注重运用多种市场组合强化品牌力。在泰国市场，为解决新能源用户"充电难"的焦虑，打造了全球首座光储充一体的超级充电站；在澳大利亚，赞助颇具影响力的铁人三项和世界冲浪联盟（WSL）等赛事；在智利，与OXFORD自行车（智利自行车品牌第一名）联手，每年举办自行车环智（利）赛、山地极限速降赛、圣多明各耐力赛等不同赛事；在南非、沙特等全球多个海外市场中，采用符合当地文化、贴合用户喜好的营销举措,建立全球化品牌长效影响。

4. 未来展望

未来,长城汽车将继续通过经济侧、技术侧、市场侧、用户侧的全面深入与创新变革,逐步实现中国品牌的全球化目标。

4.1 经济侧:绿色碳中和

绿色生产通过能源结构调整以及低碳工艺应用,围绕碳排放的全生命周期,建立汽车产业链条的循环再生体系,在生产规划中提升工厂电气化程度,减少高碳排放能源资源的投入,推进电能替代,预期可实现经济效益、环境效益以及社会效益最大化。

长城汽车锚定目标"不是被动达标的压力,而是主动转型的动力;不是在夹缝中求小生存,更是在新机会中谋大发展"。2023年,长城汽车将建立"零碳工厂";2025年将推出50余款新能源车型;持续推广可再生清洁能源的落地应用,增设光伏电站;对生产过程中余热、余能、中水回用,循环利用。[1]

4.2 技术侧:认知智能化

长城汽车将加速智能化转型,围绕智能驾驶、智能座舱、智能服务,建立全栈自研能力,让汽车成为会思考、能判断、可持续生长的出行伙伴,实现由"感知智能"向"认知智能"迈进。

(1)智能驾驶领域。长城汽车已完成NOH(高速自动领航辅助驾驶)、记忆泊车、窄道自主探路等多场景功能的量产搭载,2025年高级智能辅助驾驶前装渗透率计划达40%以上。

(2)智能座舱领域。长城汽车通过深度域融合、硬件可插拔、软件可复用,打造智能座舱生态系统。目前,长城汽车正逐步完成语音、视觉、导航地图、场景引

---

[1] 载长城汽车官网:《长城汽车股份有限公司2021企业社会责任报告》,第28—43页,https://res.gwm.com.cn/2022/03/29/1814842_201_C-10.pdf。

擎等多领域软件能力，通过软件能力打造产品差异化。

（3）智能服务领域。长城汽车将结合用户需求，围绕用户用车的全生命周期，构建智能服务生态，从"汽车产品一次性消费"转向"为用户提供持续性服务"。同时，将基于用户生态，探索"硬件预埋、软件解锁付费""软件免费、内容付费"等新型商业模式，促进整个产业生态向价值链后端转移。

4.3 市场侧：全球潮牌潮品

长城汽车将持续目前对市场战略的差异化、细分化定位，基于当前的品牌矩阵，坚持品类建品牌的发展思路，打造新时代"潮牌、潮品"。如哈弗将持续深耕经济型SUV市场；魏牌为用户提供高端智能用车体验；坦克聚焦全球化越野；欧拉关注城市精品出行；长城炮发展乘用皮卡新品类；沙龙机甲将围绕用户开展全场景的生态运营并输出体系化服务。

4.4 用户侧：共玩众智众创

长城汽车秉承工程师文化，和用户、上下游合作伙伴众智众创。通过精准触达用户，由B2B向C2B转型，把用户的建议作用于产品企划、产品开发以及产品验证的整个过程，打造出真正被用户喜爱的产品；携手用户，开展实施用户品牌计划，共同建设品牌形象、打造品牌文化；为用户提供商业平台，实现品牌与用户以及用户之间的商机共享，为用户创造价值。

长城汽车将打破固有的产业链上下游合作关系，致力于多维生态、多方共赢。面向全球开发者打造众创开放平台，实现智驾能力、座舱能力、服务能力的众创开发；开展更多的跨界合作，链接更多资源，构建"人—车—家—生活"的深层次用户生态；依托于大数据、云计算、人工智能等新一代技术，向产业互联网公司转型，实现产业链相关方的彼此链接、串联协同、快速响应，推动产业生态价值创造。

第四章

长城汽车：坚定品类创新推动中国汽车品牌向上

编委会点评

社会价值

中国汽车工业已进入全新的发展阶段，作为离散制造业典型代表并面向多元化消费追求，自主汽车品牌的能力塑造对我国经济发展具有一定量的影响作用。随着我国能源、交通等基础建设的发展，中国汽车业界将会日渐形成极具特色的促进作用体系，尤其在向智能化、电动化、网联化的发展过程中，自主品牌对社会、民生、文化的深刻理解将进一步助力中国汽车工业高质量提升，并将彻底改变"燃油时代"竞争格局，技术研发、生产模式、商业模式创新提速，面向"智能时代"弯道超车，实现系统性的市场颠覆，并影响全球产业动向趋势。

创新价值

长城汽车致力于自主创新，围绕用户差异化需求不断积极探索，在夯实技术、产品、服务的基础保障之上，升级产品设计开发能力体系，深刻理解品牌品类内涵，并持续开拓细分市场。长城汽车在面向用户"柔性"生产与市场战略"弹性"发展方面齐头并进，并在引领文化、塑造价值上强化投入，具有不可多得的创新精神。有别于传统汽车企业稳中求进、长胜不衰的经典车型发展模式，长城汽车在主流方向上兼具多元性，在国内、国际市场均实现了崭新的突破，以挑战者之姿向驱动者进化。

挚途科技：
创新多维探索商用车自动驾驶场景

摘要：自动驾驶技术是发挥创新驱动，推进交通设施智能化、数字化升级的重要一环。挚途科技有限公司（以下简称"挚途科技"）致力于为一汽解放及行业提供L2—L5级的自动驾驶系统，并向行业输出自动驾驶及智慧物流的完整解决方案。挚途科技围绕城际干线场景（高速公路）、城市场景（环卫清洁）、封闭园区（港口）三个场景布局商用车自动驾驶落地。

关键词：商用车自动驾驶　智慧环卫　港口物流

1. 背景描述

1.1 商用车自动驾驶快速落地

自动驾驶的一个重点应用场景为干线物流，自动驾驶技术能为干线物流行业数智转型赋能。干线运输物流一般是指伴随铁路、船舶、路线卡车等干线运输而产生的物流，诸如在城市设有进出城的港湾、机场、货物车站、卡车终端等。2021年，交通运输部官网印发《综合运输服务"十四五"发展规划》提出，加快高级辅助驾驶技术、自动驾驶技术在营运车辆上推广使用，提升车辆主动安全性能。此举为自动驾驶在商用车以及干线物流行业的落地提供了强有力的支持。

智能卡车相对乘用智能车的自动驾驶技术实现难度较小，自动驾驶在干线路况下可以更快落地。《中国公路货运行业智慧安全白皮书》显示，公路货运事故中来自司机的因素占比为37%，来自设备盲区的因素占比为35%，两者是导致风险发生最核心的两个因素。随着自动驾驶技术的应用，重卡运营成本可以降低26%，事故率可降低80%。[1]另外，货车、环卫车司机招聘难，现有司机群体老龄化严重，从业者青黄不接，迫切需要"虚拟司机"填补岗位空缺。从驾驶员的角度讲，越能代替人类驾驶员疲劳驾驶、高危作业的场景，越有替代价值。

面对未来万亿市场的干线物流场景，商用车通常具有较为特定的应用场景，行驶范围和路线相对确定，行驶环境相对简单，尤其适用于闭环或半闭环的应用场景。干线物流路况较为清晰、车速相对较低，且能够进行路测基础设施建设，实现车路协同。

1.2 "智慧环卫"新发展

近年来，随着中国城市化进程迅速发展，城镇化成为推动经济社会快速发展的强大动力。国家对智慧城市的发展高度重视。"智慧环卫"是"智慧城市"的重要组成部分，是一种发展环卫的新思维。通过智慧环卫建设推进环卫生产、生活和管理方式创新，各级政府积极推进是智慧环卫建设的推动力。

随着城市化进程，服务升级、机械化率提升将不断扩大，行业保持增长的态势不变。根据全国道路清扫面积和垃圾转运量，全国市政环卫市场规模保守估计达到800亿元，如果将乡镇和园区计算在内将达1200亿元。[2]而如此庞大的市场目前绝大部分由政府运营，市场化率不到10%。随着政府职能转变，引入市场化运营企业正成为趋势。

环卫企业数字化转型的核心是智能决策，5G、物联网、人工智能、人脸识别、无人机、无人驾驶等新科技使环卫企业能够更精确、更精细地感知和收集数据，并将数据中的信息进行深度分析，最终使决策过程更科学、更高效。[3]

自动驾驶技术的创新升级给城市环卫产业转型提供了条件，同时，环卫车行驶速

---

[1] 参见《中国公路货运行业智慧安全白皮书》，普华永道官网，https://www.pwccn.com/zh/industries/automotive/publications/white-paper-intelligent-safety-china-road-freight.html，2022年6月27日。

[2] 参见《环境服务行业步入快车道 千亿市场空间待释放》，环联网，http://www.envirunion.com/newsinfo-1253.html，2022年6月27日。

[3] 参见《中环洁陈黎嫒：服务精益求精 "硬核" 蓄势待发》，中国固废网，https://www.solidwaste.com.cn/news/318938.html，2022年6月30日。

度低、硬件要求低、路线相对固定、作业时间可以规避复杂环境场景等特点，也是自动驾驶比较理想的落地场景，两者相辅相成，可共同推动城市环卫智能升级。

2. 创新描述

挚途科技通过搭建基础软件平台、决策规划技术平台、车辆控制技术平台、安全技术平台、智能硬件开发平台及全链测试平台等六大核心技术平台，为一汽解放及行业提供 L2—L5 级商用车自动驾驶系统，并向行业提供自动驾驶及智慧物流的完整解决方案。该公司推出前装量产智能车产品，在城际干线场景（高速公路）、城市场景（环卫清洁）、封闭园区（港口）三个场景下布局商用车自动驾驶落地。

2.1 自动驾驶技术应用创新

挚途科技与国际顶级 Tier1 合资开发智能软硬件，以 ADCU 为核心，基于一汽解放成熟的生态体系，提供车规级的传感器技术支持，实现从满足演示需求到产业化落地运营。

在硬件上，挚途自研 ADPU 自动驾驶域控制器、多功能摄像头、紧急制动控制模块、FCW+LDW 双预警控制模块、EPS 转向控制模块等高级别自动驾驶核心零部件；在软件上，挚途科技已掌握 AI 算法平台、域控制器硬件平台、中间件平台、安全平台、数据平台和测试平台等技术。在 AI 算法平台，可实现千米级精准感知、厘米级定位和控制精度；在域控制器平台，自研 Z-ADU3.0 域控制器，算力达到 500+TOPS，支持 L3—L4 级自动驾驶系统；安全领域具备 ISO26262 ASIL D 流程认证，锚定功能安全 SOTIF 开发和危险场景建立能力；在测试方面拥有上万个商用车专用场景库。

挚途科技累计申请专利 150 余项，同时承担了国家交通部牵头的交通运输行业重点科技项目——无人驾驶营运车辆应用关键技术及管理政策研究，[1] 工信部牵头的

---

[1] 参见《交通运输部科技司关于 2021 年度交通运输行业重点科技项目清单的公示》，中华人民共和国交通运输部网站，https://xxgk.mot.gov.cn/2020/jigou/kjs/202112/t20211214_3631168.html，2022 年 6 月 30 日。

苏州相城车联网身份认证和安全信任验证与示范项目等重点项目。[1]目前,该公司已在北京、天津、苏州、广州设立智能车服务网点。

2.2 自动驾驶性能创新

(1)安全。基于一汽解放成熟的平台资源,配合多层环境感知冗余系统,功能安全达到 ASIL D,并前装车规级传感器、控制器。

(2)节能。采用制动能量回收技术,通过远程调度监控,智能规划路线,可有效降低能耗。

(3)降本。采用无人驾驶技术,工作环境无须改造即可减少司机及运营管理人员,无人驾驶技术也降低了司机的疲劳问题,并且在恶劣天气和疫情期间均可以正常运营,总体将有利于运营成本降低。

3. 项目运作节奏

3.1 第一阶段:无人驾驶环卫项目落地

挚途科技的环卫智能清扫服务项目于 2021 年 4 月于苏州相城区高铁新城正式启动。针对苏州市相城区高铁新城及周边道路,挚途科技的自动驾驶智能化服务(见图 4-8)已实现落地运营,总投入智能环卫车 4 辆,机械清扫及扫水环卫作业道路共 10 条,干道总长度约为 12.744 千米,作业总面积为 467 404 平方米。截至 2022 年 3 月底,已累计运营超 8 万千米,故障率为 0%。

本项目采用了前装车规级无人驾驶环卫产品,配备有车规级自动驾驶域控制器、车规级毫米波雷达、车规级激光雷达清洗系统、车规级地图定位盒子 LMU 以及车规级多媒体远程数采模块。所有车型基于成熟的整车开发能力,结合环卫场景作业特点,功能安全等级达到 ASIL D 级。

无人驾驶技术的应用节省了环卫工人人力成本,在苏州高铁新城先导区的实际应

---

[1]参见《工信部公布车联网身份认证和安全信任试点项目名单》,江苏智能交通及智能驾驶研究院官网,http://www.jsits.org.cn/newsinfo/1845859.html,2022 年 6 月 30 日。

用中，50% 的人力成本得到控制，同时保障了作业效率，进一步解放了环卫生产力。大数据平台的应用，节省了大量的人工核算流程，提高了作业效率。

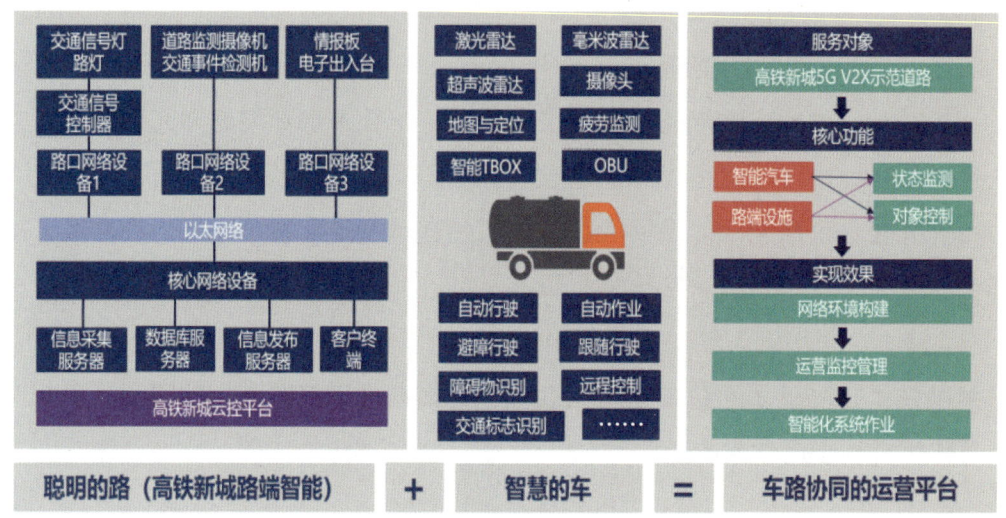

图 4-8　车路协同运营平台

3.2　第二阶段：无人集卡商业化落地

2021 年 6 月 18 日，挚途科技首个港口场景无人集卡商业化项目落地日照港。该项目是山东省港口集团日照港集装箱码头自动化三期建设项目的重要组成部分，与自动化岸桥及场桥共同构成了全无人的集装箱垂直及水平运输系统。项目计划投放 15 台一汽解放 J6P 无人集卡，并配套建设 V2X 路口智能感知和交通控制系统、5G 远程应急接管驾驶系统、车队调度管理系统（FMS）以及运营数据中心。项目以无人集卡不配备"安全员"、作业效率达到人工集卡车队水平、全系统可常态化安全生产运营为总体目标。无人集卡运营系统项目从示范阶段正式迈入真正的无人化运营阶段，助力日照港从传统码头改造升级全自动化集装箱码头（见图 4-9）。

根据港口低速重载工况的特殊性，车辆的整车动力系统和智能线控牵引车都实现了定制化开发，以保证动力性能的显著提高和油耗降低。为保证自动化产能的充分释放，研发团队在堆场生产工艺创新、现场软硬件系统化整合、设备智能作业模式开发等方面取得突破，并依托 V2X 路侧感知系统和道闸控制系统等配套设施建设及内外集卡路由通道新作业工艺。新启用的自动化堆场能够实现基于多传感器融合感知的路口交通情况实时监控，同时道闸根据作业流智能控制开闭，使无人集卡与传统内集卡、外集卡作业车辆完全分离，避免路口拥堵及交叉作业。

图 4-9　日照港无人集卡运营现场

无人集卡作业可实现适配不同作业车辆的作业模式一键切换，配合外集卡作业的系统培训，并根据船舶计划提前确定作业船舶，组织生产计划，提高了生产效率。

3.3　第三阶段：干线物流重卡的量产交付

无人驾驶干线物流能省去 0.5—1 个司机，节约 6 万—15 万的人力成本，同时还解决了司机短缺不足的痛点问题；[1] 目前产业中存在"商用车主机厂自研＋外购""自动驾驶初创企业＋商用车主机厂"以及"自动驾驶初创企业＋物流平台"多种商业化路径。

2022 年 4 月 28 日，挚途科技向德坤物流交付了 10 辆搭载挚途高级别自动驾驶系统的 J7 智能重卡，搭载智能驾驶系统，采用车规级零部件、异构融合的感知技术、三层节油架构、信息与网络安全技术，能够实现在高速公路场景的全天候自动驾驶，包括多车道自动巡航、拨杆换道、微调避障以及驾驶员状态监测等功能。

---

[1] 参见《36 氪研究院｜2021—2022 年中国自动驾驶行业研究报告》，https://baijiahao.baidu.com/s?id=1728158748012525811&wfr=spider&for=pc，2022 年 6 月 27 日。

4. 市场应用及未来展望

挚途科技确立了智能软硬件研发、智慧物流运营和智能车销售三个主要方向。截至目前，面向主机厂的研发合作已实现落地，在园区清扫、港口无人化场景运营方面，已经分别在苏州高铁新城、日照港完成商业化落地。预期未来，在智能车销售方面将与产业链上下游开展深度合作。

挚途科技将专注于自动驾驶技术在实际运营场景中的数据积累、迭代提升和解决方案的优化，未来将不断探索物流运营与智能驾驶技术结合的新应用、新模式，推进智能商用车商业运营市场发展。

第四章

挚途科技：创新多维探索商用车自动驾驶场景

编委会点评

社会价值

自动驾驶是全球人工智能创新市场最为关注的领域之一。当前，我国在交通强国顶层设计中，将自动驾驶纳入关键交通装备研发体系，强调"先进适用、完备可控"。近年来，我国智能网联汽车产业领域的众多自动驾驶创新企业，在核心技术研发与产业化应用方面均向国际领先水平迈进，并逐渐步入产业落地发展的关键成长期，尤其在商用车领域如干线物流、无人配送、港口矿山等车路协同条件更佳的场景中广泛应用，进而冲击产业突破与竞争格局的制高点，推动自动驾驶到无人驾驶的技术发展与生态建设。

创新价值

挚途科技积极探索自动驾驶技术在清扫车、集装箱卡车、干线物流重卡的技术应用与运营模式，在人车路场明晰、协同性更强的特定应用场景中充分发掘自动驾驶技术的优势，在 L2—L5 级商用车自动驾驶系统研发中着重面向前装智能车产品，在自动驾驶实践过程中，提升了传统场景的自动化、智能化，降低了人员成本投入，并注重安全性能的保证。目前，已实现环卫场景、港口场景的无人化落地，具有较为成熟的体系化开发能力与应用能力。

PKU
Innovation
Review

第五章

创新驱动的产业"数智化"发展路径

第五章
创新驱动的产业"数智化"发展路径

智能科技在制造、能源、金融、交通、医疗、政务等核心领域深入应用，在这种发展形势下，细化到具体的领域，也就是我们要把技术创新活力转变成为技术竞争实力的关键在于对创新原动力的认知、理解与运用，对企业在市场经济当中决胜千里具有绝对关键的作用。企业在提供或接受"数智化"的改造与升级，实现数字经济在微观层面上的创新时要注意两大要点。

数字资产：其有效性的实现是建立在企业从自动化到数字化再到智能化的改造升级基础之上，同时在加强治理、安全的数据规范之下，围绕"数字资产"的价值实现与增长，从研发、生产、运营、销售等实现全流程的技术栈建立，再到落实立足市场价值、用户需求的弹性战略、战术的变革升级。

创新组织：上述提到的变化过程，适配于较为传统或成熟的企业组织形态，当"数字"价值在企业市场价值中的比例进一步优化提升，企业将率先发起新一轮自主变革，弹性、自适应同样将成为新的组织价值选择，智能化组织的探索期优势将显现，针对创新业务、创新发展、创新文化的投入将加大，"创新"将指标化并落实到企业经营管理中，将成为系统性工程，创新系统将正向支撑企业发展直至成为不断进步的原动力。[1]

---

[1] 参见创新观点导读：北大创新评论《2022 INNO CHINA 大会——产业服务科技论坛主旨发言》。

e签宝：
数字签署打造数字政务场景新基建

摘要： 合规、安全、可信的电子签章是"互联网 + 政务服务"数字基建底座的重要组成。杭州天谷信息科技有限公司（以下简称"e签宝"）将区块链技术与电子印章相结合，研发了统一电子印章服务平台，为政府机关、公共服务机构提供互联互通、合规高效的电子签章解决方案及相关服务。

关键词： 电子签章　区块链　数字政务

1. 背景说明

1.1 "数字中国"背景下，电子签章应用得到政策大力推广

随着"互联网 + 政务服务"的深入发展，为全面推进数字政府的建设，进一步提升政务服务规范化、便利化水平，优化营商环境，解决电子印章应用和规范不足带来的问题，围绕实现"网上办、掌上办、就近办、一次办"，国务院持续发文强调电子印章应用场景推广必要性，以完善电子印章的标准化及应用场景为重点，实现政务服务线上线下深度融合。

2022 年 2 月，国务院办公厅发布《关于加快推进电子证照扩大应用领域和全国互通互认的意见》（国办发〔2022〕3 号），明确提出"鼓励企事业单位、社会组织、个人等各类主体开展电子签名、电子印章社会化应用"；3 月，国务院发布《关于加快推进政务服务标准化规范化便利化的指导意见》（国发〔2022〕5 号），再次强调"规范各地区各部门电子印章制发核验和用印"。

近年来，电子印章与现有行政审批、证照管理等业务流程结合，推进"互联网 +

政务服务"的纵深发展，助力政务服务实现"零跑腿"，也为各地的数字政府建设、跨省通办提供了技术支撑，为企业和民众办事减时间、降成本、简程序。电子印章的广泛应用已是大势所趋，各级政府、各个行业、各项业务全面使用电子印章呼之欲出。

1.2 政企合作，解决电子签章体系互联互通难题

在电子签章应用推广过程中，企业侧在各类商业活动中使用电子签章往往会陷入运营不佳的境地。究其原因，主要是因为企业侧与各政府部门侧的电子印章格式、标准不一，无法互联互通，导致一家企业往往存在两套甚至多套电子印章体系（比如招投标场景甚至是数十个印章），印章管理工作变得无序、烦琐，不利于电子签章在社会层面的普及推广。

面对该痛点，根据有关统计，已有16个省级政府部门出台相关政策和办法[1]，基于政府自身的社会公信力，通过与e签宝等第三方电子签名技术服务商开展合作，打通数据壁垒，建立一套覆盖政府侧、企业侧的统一电子印章服务平台。既实现了电子印章体系的规范化统一管理，也实现了跨层级、跨部门的联合签章，帮助企业解决了电子印章在社会层面应用过程中无法互联互通的难题。

2. 创新描述

e签宝统一电子印章平台在技术规范、管理模式、场景应用等层面均具备创新性。

2.1 技术创新：建立统一电子印章技术标准

在统一电子印章服务平台项目中，e签宝将区块链、AI、信创等技术融入平台建设，协助政府建立了一套规范的电子印章技术标准。

（1）区块链技术：相较实体印章，基于区块链的电子印章借助密码学技术和公钥基础设施，每次用印都需进行身份核实，并设置用印审批，记录用印过程。通过从发起签署到结束全流程上链，实现印章使用过程的多方鉴证和多节点安全存储，打

---

[1] 参见艾瑞：《2021年中国电子签名行业研究报告》，2022年1月12日。

通司法闭环，提升电子签章公信力。

（2）AI 技术：利用 AI 技术的人脸识别、合同文本识别、印章识别、语音识别等功能，可实现更严谨的身份认证、意愿验证、合同智能审阅等功能，加强电子签名过程的法律合规性，并为企业提供便捷易用的合同比对、风险识别等功能，提升风控能力。

（3）信创适配：平台建设过程中，e签宝采用完全自主研发的加密算法、文档格式等，能够兼容适配当前 99% 的国产化操作系统、服务器等软硬件设备，实现电子签章技术的完全自主可控性，符合国家对党政、金融、能源、医疗、教育等十大关键领域的信创要求。

2.2 模式创新："政府牵引、社会参与、管运分离"模式

为了使电子印章能够在全社会快速落地并得到大范围应用，统一电子印章以"管得住、放得开"为原则，推行"政府牵引、社会参与、管运分离"的开放模式。政府部门负责统筹和监管工作，在实现电子印章互联互通的同时，也通过共享交换中心向第三方电子签名服务商（e签宝）开放关键能力，由第三方电子签名服务商（e签宝）负责企业侧电子印章公共服务的运营，管理与运营由政府与e签宝分开运作，共同为企业提供电子印章全生命周期的社会化应用服务。

该模式可充分调动服务商的积极性，真正满足企事业单位、社会组织、个人等各类主体 B2G、B2B、C2G 领域电子签名、电子印章应用需求，并将电子印章的使用范围扩展到更多的场景，便利市场主体，降低交易成本。

2.3 应用创新：覆盖政府侧、企业侧各类应用场景

统一电子印章服务平台，实现了政府侧、企业侧的电子签章应用场景全覆盖。在政府侧，各政府部门在政务公共服务、行政办事许可、招投标、不动产登记等各类政务事务中均实现了电子印章应用，且能够进行跨部门、跨层级的数据交换、数据共享；在企业侧，企业也可以在商业经营活动中的采购、经销、物流货运、人力资源管理、财务对账等场景实现各类电子合同、文档、单据的数字化签署和存证，在

降本增效的同时，也能有效提升企业间的商业互信。

除了降本增效以外，政务数字化与企业办公数字化也能够显著减少大量纸张打印、邮寄、存放、管理等环节的能源消耗，助力弘扬绿色低碳理念，推动"双碳"目标更快落地。

3. 项目运行节奏

3.1 统一电子印章服务平台建设思路

统一电子印章服务平台"统一规划"建设，管理、授权、接收和监管党政机关、企业和个人电子印章的制发，实现电子印章全生命周期管理体系（见图5-1）。

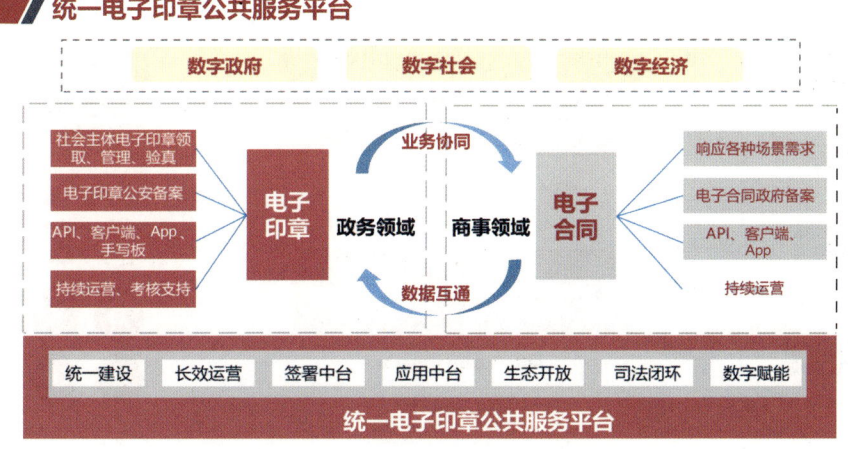

图 5-1 统一电子印章服务平台建设思路

（1）统一平台门户。建设统一电子印章服务平台统一门户，党政机关、企业及个人可通过电子印章服务门户自由申请、备案、查询、变更、注销、冻结等方式申领和管理所属部门、企业和个人的电子印章和电子签名。

（2）统一用户授权。依据"一个平台、一个号"的原则对党政机关、企业法人、个人实现身份核验，简化用户操作，完成"一个平台"登录即可实现电子印章同步申领、管理和使用电子印章、电子签名。

（3）统一平台支撑。建设统一电子印章制发系统、电子印章备案系统以及接口服务支撑系统在内的体系平台。

（4）统一数据管理。汇聚、整合党政机关、企业和个人电子印章的用章数据，为数字政府、数字民生等"智慧签署"提供大数据分析能力。

（5）统一开放服务。统一电子印章平台开放应用系统开发商入驻，为开发商提供快捷对接的开放服务能力。

3.2 统一电子印章服务平台运营思路

区域统一电子印章服务平台服务模式进行升级，政府做好监管工作，通过数据共享平台向第三方电子签名平台开放关键能力，由专业第三方电子签名平台提供电子印章全生命周期的社会化应用服务（见图5-2）。统一电子印章平台的建设便利于电子印章市场化服务，便利于汇集、分析和管控电子印章应用服务数据，辅助领导决策。

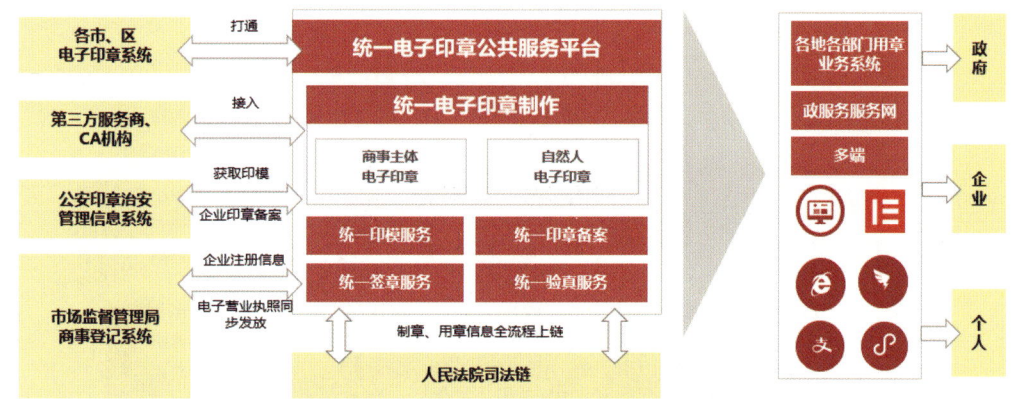

图 5-2 统一电子印章服务平台运营思路

从运营层面，针对全国各省、市已发的企业电子印章成本相对较高的现状，可采用限价入围的方式招募多家电子印章服务商，从成本上相互制衡，制定公平、公正、公开的市场竞价体系，为财政和企业降低投入成本。

在运营初期，可引入两到三家第三方电子签名服务商，不同服务商分别按照提供的标准、流程接入，提供电子印章制发与备案，电子印章应用由统一电子印章平台对接各领域应用系统，让制章和应用有效分离，服务商之间逐步形成良性竞争。开放市场化竞争的方式有利于平台长效运营，深化拓展电子印章的应用场景，满足各领域电子签章需求，激发用户在各领域主动领章和用章的动力。

3.3　统一电子印章服务平台职责分工

（1）政府主要职责。做好第三方电子签名服务商的监管，建立相关准入制度；制定包括电子印章管理办法、电子印章服务平台接入规范、电子印章应用推广行动方案等标准规范，推进互联互通；通过共享交换中心向第三方电子签名服务商共享公安企业印模信息和企业生命状态数据；推动共享交换中心集成第三方电子签名服务商能力，从而有效扩大社会侧电子印章的覆盖面；对用户数据、电子印章制作数据、电子印章授权数据、电子印章调用数据及电子印章应用数据适当归集，赋能政府治理。

（2）第三方电子签名服务商主要职责。基于向CA申请的数字证书、政府提供的企业印模制作电子印章。通过第三方电子签名服务商发放合法合规的、政府侧备案的企业电子印章；提供印章授权、印章变更、印章注销、审计服务等电子印章管理服务；提供企业和群众办理政务服务事项、商事活动中电子签名、电子印章、电子合同等应用服务；提供公证、司法鉴定、律师见证等法律服务。

3.4　实际案例展示

2020年7月17日，杭州市上线全国首个区块链电子印章应用平台，[1]区块链电子印章应用平台可以同模同轨、同步发放、全流程证据上链，构建从申领到使用、从使用到司法诉讼的闭环。将原有线下传统制章的申请、制作、邮寄环节，缩短为线上1分钟认证完成自动发放电子印章。将原有线下草拟、邮寄、双方盖章至少2天的流程缩短至平均5分钟完成签署。

截至目前，总共为企业发放区块链电子印章80余万枚，通过贯穿政务服务、商业活动的各个过程电子印章的应用，完成了数字化的最后一公里，真正实现零见面审批、"一次都不跑"，从而减少企业办事时间、办事成本，优化营商环境；在商业场景中，区块链电子印章应用平台的快速普及，推动企业将更多的工作搬到线上完成，进一步激发了中小微企业的创业热情和潜力。

---

[1] 李冰：《杭州全国首发区块链电子印章平台　业内人士：未来应用前景广阔》，证券日报网，2020年7月22日。

4. 市场应用及未来展望

4.1 市场应用

由政府机关负责监管、定标、数据共享，由e签宝作为第三方电子签名服务商负责电子印章全生命周期社会化应用，这一生态模式能够有效减轻财政负担，打造公平竞争机制，降低企业开办成本，丰富印章场景应用，促进印章互信互认，真正满足企事业单位、社会组织、个人等各类主体各领域电子签名、电子印章应用需求，加快推进数字政府基础设施建设。

目前，e签宝已为浙江、海南、内蒙古、甘肃、深圳、杭州等12个省区、20个地市政府构建了统一电子印章服务平台，将区块链电子签章技术应用于企业工商注册、不动产登记、人社电子劳动合同、社保公积金等150多个政务服务场景，助力各地政府优化营商环境，提升政务服务水平，实现"让数据多跑路，群众少跑腿"。

4.2 未来展望

4.2.1 电子签名行业的未来展望

建立行业统一标准及竞争机制。e签宝是国家密标委标准化委员会首批成员单位，早在2018年，e签宝就作为起草单位之一，参与制定国家标准《电子合同订立流程规范》[1]。在建设统一电子印章平台过程中，e签宝也积极推动各省建立统一技术规范和管理办法（《江西省电子印章管理暂行办法》[2]《海南省电子印章应用管理办法（试行）》[3]等），建设生态基础底座、互信互认系统和印章应用开放系统，具有相关资质的第三方服务商可以接入电子印章底座，形成服务商竞争机制，保障服务质量，构建电子印章服务发展新模式。

（1）降低企业开办成本。企业可免费申领四枚区块链电子印章，包括法定名称章、

---

[1] 国家标准《电子合同订立流程规范》（GB/T 36298—2018）由TC83（全国电子业务标准化技术委员会）归口上报及执行，主管部门为国家标准化管理委员会。

[2] 参见江西省人民政府办公厅：《江西省电子印章管理暂行办法》，2021年10月1日。

[3] 参见中共海南省委办公厅：《海南省电子印章应用管理办法（试行）》，2021年5月27日。

财务专用章、法人章、发票章，借助区块链不可篡改、全流程追溯等特性，解决企业印章管理、丢失、抢夺、伪造等安全问题，为企业提供高效便捷的公共服务，进一步优化城市营商环境。

（2）丰富印章应用场景。电子印章可以用于政务服务办事、公共服务、社区服务、商事、跨境贸易、企业内部管理、电子合同签署等各类场景，提高电子印章生命力。

（3）促进印章互信互认。统一制定电子印章互信互认接入标准规范、基础服务底座接入标准规范、制作管理及使用规范，有效破解各部门、各层级、各业务服务中涉企电子文件及签名数据标准不统一、平台不联通、数据不共享、业务不协同等突出问题，为电子印章推广与应用提供支撑。

4.2.2 e签宝的规划与展望

e签宝的目标是通过互联互通、互信互认的电子签章平台联结更多政府、企业和个人，为更多城市建设数字化签署的基础设施，着力构建覆盖中国的签署网络。具体来说，就是：到2024年，为政府和企业构建10万+签署场景，帮助100+城市建立数字化签署基础设施，帮助1000万企业法人实现签署数字化升级，建立起企业之间的天然链接，让e签宝成为政府政务、企业商务、个人事务的互信窗口，助力数字中国建设。

思变革 创新声
北大创新评论产业研究案例库（2022）

| 编委会点评

社会价值

"打造数字政府、培育数字经济、构建数字社会"是指运用新一代信息技术改善国家治理现代化，促进政府管理和社会治理能效提升的创新路径。其中，数字政府的内涵与外延随着经济发展、技术变革迎来了新的时代浪潮，重构互联化、数字化、智能化的管理体系，建设新型政府服务流程，绿色政务、低碳政府成为创新的主要方向。目前，全国一体化政务服务平台已具备较好的底层基础，实现了一定程度的区域覆盖。如何进一步加强营商互通互用、跨省际互联互信是实现协同创新、公平普惠的新目标，是对政府侧数字基础设施建设提出的新挑战。数字政府需要建设匹配需求的"数据中台、事务中台"，有效使用通用技术缩小数字鸿沟、释放数字红利，从而更好地支撑实业发展，促进经济社会均衡、包容、可持续发展。

创新价值

e签宝统一电子印章服务平台，是助力"数字政务"合规、高效建设的数字化工具，其创新运用区块链、人工智能技术以及自主研发的加密算法、文档格式等，形成了一体化、标准化的电子印章技术服务。同时，在建设过程中，将统筹、监管等工作由政府管理，将运营、服务等应用由服务商实施，形成了政企数字化的双向互动。无论是各类政务事务，还是企业经营事务，均可使用该平台，有利于数据价值的共享与提升，对营商环境的优化作出了贡献。

深信服：
"零信任"安全体系构建企业数字化安全底座

摘要： 企业数字化转型使得业务更开放，也带来了更多安全风险，需要打造坚实的"安全底座"。深信服科技股份有限公司（以下简称"深信服"）零信任安全解决方案以身份为基石，贯穿用户、终端、应用、连接、访问、数据全流程，构筑端到端的零信任安全体系，致力于让每个用户数字化更简单、更安全。

关键词： 零信任　数字化转型　安全底座

1. 背景说明

1.1 政策背景：技术迭代，着力突破

随着云计算、移动互联、大数据等技术在数字化转型过程中的广泛应用，以及数字攻击手段的日新月异、新形态的攻击手法不断涌现，内外部网络安全威胁势态的日益严峻，国家对网络安全的重视程度也日益提高，工信部在2019年《关于促进网络安全产业发展的指导意见（征求意见稿）》[1]中指出，作为未来着力突破的网络安全关键技术，零信任安全是积极探索的几个方向之一。

1.2 网络安全痛点：边界模糊，风险叠加

数字化转型背景下，业务开放性增强、网络边界日益模糊、内部员工／外包人员

---

[1] 参见工信部：《公开征求对〈关于促进网络安全产业发展的指导意见（征求意见稿）〉的意见》，2019年9月27日，https://wap.miit.gov.cn/gzcy/yjzj/art/2020/art_60711655e5344a2ba6fb8d5dfdfd64bf.html。

等身份访问权限多样，随之而来的安全风险逐渐增大。

从内部环境来看，远程办公导致网络边界模糊，传统基于边界的安全防护手段逐步失效。终端自身潜在风险不但会给业务系统引入新隐患，BYOD设备访问还极易导致敏感数据泄露。

从外部环境来看，云化、SaaS化促使业务更加开放，互联网暴露面扩大，给攻击者更多可乘之机。目前，主流的网络攻击手法已经演变为基于0Day与nDay漏洞的系统入侵、基于泄露账号/弱口令的打点与横向移动、社交网络钓鱼攻击等方式。这些攻击方式令传统的静态检测与防御技术难以应对。

企业数字化转型需要打造坚实的"安全底座"，零信任安全解决方案为此提供了一种全新的思路。

1.3 安全行业现状：百花齐放，寻求突破

国际上已经有很多厂商早在多年前提出基于零信任思路的安全体系建设方案（见图5-3），如Google、Palo Alto、Zscaler等。国内安全厂商百家争鸣，新兴互联网厂商风起云涌，基于网络访问、身份认证、微隔离、端点管理UEM等不同的技术路径，推出不同的解决方案，布局不同的落地场景。

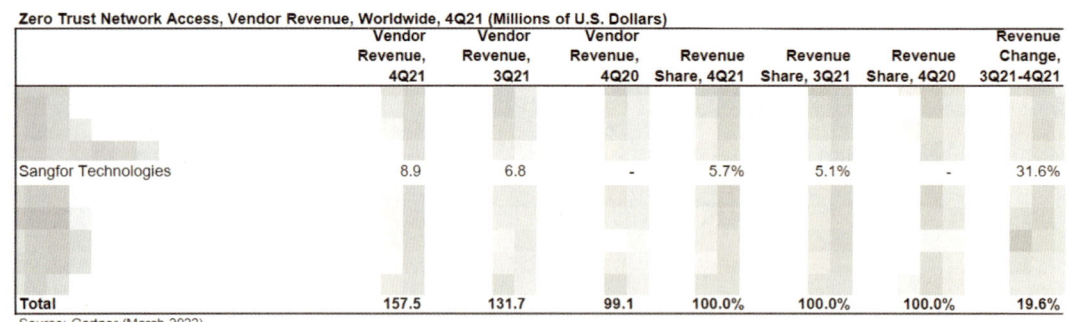

图5-3 Gartner全球零信任市场报告——*Zero Trust Network Access, Vendor Revenue, Worldwide*, 4Q21

但是对用户来说，不能一味追求技术路线形式上的完整，还是要基于自身的业务现状去选择不同的技术路线。用户应该如何选择适合自己的零信任方案，成了"零

信任"落地的关键难题。

2. 创新描述

作为一家专注于企业级网络安全的公司,深信服从 2019 年开始对"零信任"进行探索和研究。深信服零信任安全解决方案以身份为基石,贯穿用户、终端、应用、连接、访问、数据全流程,构筑端到端的零信任安全体系。通过零信任平台 ZTA 整合各类型安全组件,构建可适配不同场景的事前防御能力,结合深信服丰富的实施经验,以及实战化的安全服务能力,实现零信任安全体系的有效落地。

2.1 更广泛场景覆盖:多维度技术突破,满足不同需求

通过多年的探索和实践,深信服零信任在以下多个技术方向获得了进展。

(1)在网络访问上,通过零信任代理网关 ZTA-SDP、零信任直连网关 ZTA-DGW,在用户和应用间建立虚拟的网络安全边界,保证应用访问安全。

(2)在身份管理上,依托 ZTA 平台的对接能力,能与市面上主流的身份认证系统对接,完成用户的实施动态校验工作。

(3)在数据中心上,ZTA 平台可通过与云主机安全防护平台 CWPP 对接,建立主机间访问白基线和拦截黑名单,确保主机间访问安全。

(4)在安全沙箱 UEM 上,零信任客户端开发了数据隔离、文件高级加密、安全工作空间等功能,同时还具备终端环境检测能力,以及良好的终端系统适配性(见图 5-4)。

结合可靠的技术发展路径,深信服零信任覆盖更加广泛的需求场景,如远程办公、移动办公、远程开发、特权访问、内外网混合办公、多分支办公、数据中心微隔离、物联网等。根据各场景下的安全痛点、难点,深信服设计相应的方案,力图用优质的安全组件解决用户的实际问题。

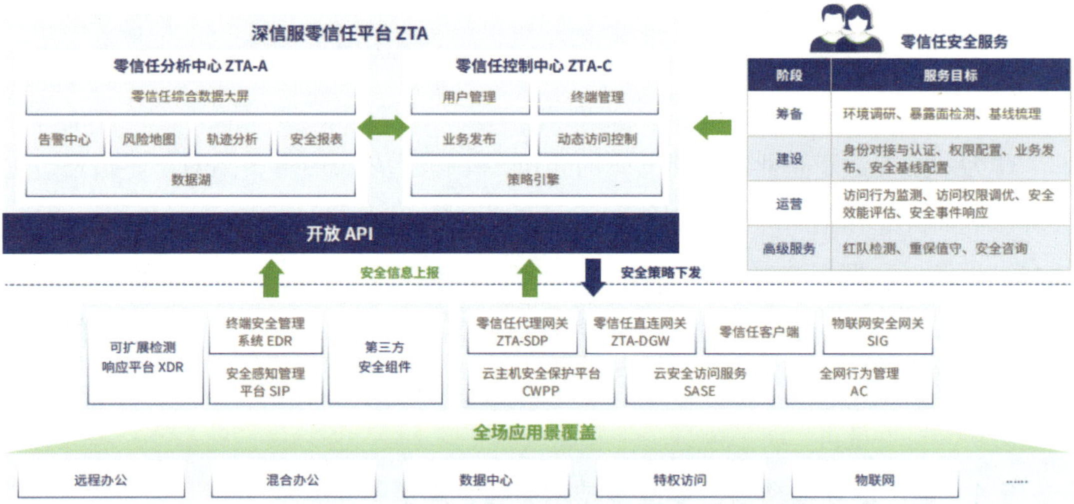

图 5-4 零信任安全解决方案整体架构

2.2 更容易部署落地：统一规划，灵活分步实施

深信服有丰富的零信任安全网络建设经验，结合自身对零信任安全建设的探索，通过以下几个方面的举措实现零信任有效落地。

2.2.1 统一规划、分步实施

首先，要收缩业务暴露面，通过零信任架构保护业务，再通过各类协议对接后端统一身份认证平台，优化用户使用体验。其次，按照遭受网络攻击风险程度，先对外网访问场景、核心业务资源做零信任防护。在此基础上，再建设远程开发、特权访问、内外网混合办公场景下的安全。在完成南北向访问的防护后，再进一步将零信任拓展到数据中心、物联网等场景。在部署上线运营后，深信服安全专家提供线上/线下的安全运营服务，协助用户更好地建设零信任网络安全。

2.2.2 部署方式灵活简单

用户可以通过"搭积木"方式，按需灵活接入安全组件，在成本可控的前提下提供充分的安全防护，还可针对不同场景匹配不同安全组件的组合。例如，在网络层面，根据用户需求，可以使用零信任直连网关 ZTA-DGW 以虚拟网线形式接入原有网络，实现"无摩擦"式部署；也可以使用零信任代理网关 ZTA-SDP，对分布于不同网络域的应用进行统一发布。

2.3 更强大"鉴白"能力：白与黑综合分析，精准研判处置风险

深信服零信任的数据底层为自研的大数据湖，结合流式数据处理机制，具备良好的开放性接口和第三方联动能力，不但能对接多类安全组件，收集各组件数据，还能利用自身的"鉴白+鉴黑"分析能力，对数据进行二次分析，进一步增强安全分析能力；必要时也可以将数据同步给安全感知等设备做分析溯源和联动处置。

"鉴白"方面，通过收集设备的访问数据，零信任控制中心 ZTA-A 对身份、终端、访问行为等因素进行大数据分析，提炼其中的合法特征建立"白基线"，通过比对基线及时发现潜在风险。

"鉴黑"方面，通过联动对接网络侧/终端侧检测设备的告警日志，与 ZTA-A 零信任控制中心已掌握的用户信息、访问信息等进行深度匹配，判断是否真实存在含恶意攻击、泄密、横向移动等违规行为。

以恶意黑客通过钓鱼邮件窃取公司财务数据为例。恶意黑客一般会按照"发送钓鱼邮件—获取财务人员域账号信息—窃取财务系统管理员密码—进入主机后台上传恶意代码"等步骤进行攻击。通过比对财务人员的域账号、管理员账号的访问行为，ZTA 零信控制中心任能够及时判断行为是否偏离安全基线，同时联动安全检测产品，如 XDR、EDR、NDR 等，识别攻击者上传恶意代码的行为。

2.4 可持续运营评估：数字化工具精细管理安全可视化

传统安全团队使用安全检测与响应类产品进行防护，往往习惯于在安全产品检测出问题后再进行针对性处置。而深信服零信任控制中心 ZTA-A 实现了网络风险信息可视化，通过告警中心、风险地图、轨迹分析、安全报表等数字化工具，直观地向安全管理者展示精细到用户和业务的安全风险（见图 5-5）。结合"持续信任评估""动态访问控制"等手段，深信服零信任能够实现暴露面收缩、访问权限精细化管理，

逐步将过去的"救火"模式转变为"监管治理"模式，最终有效提升系统整体的安全性。

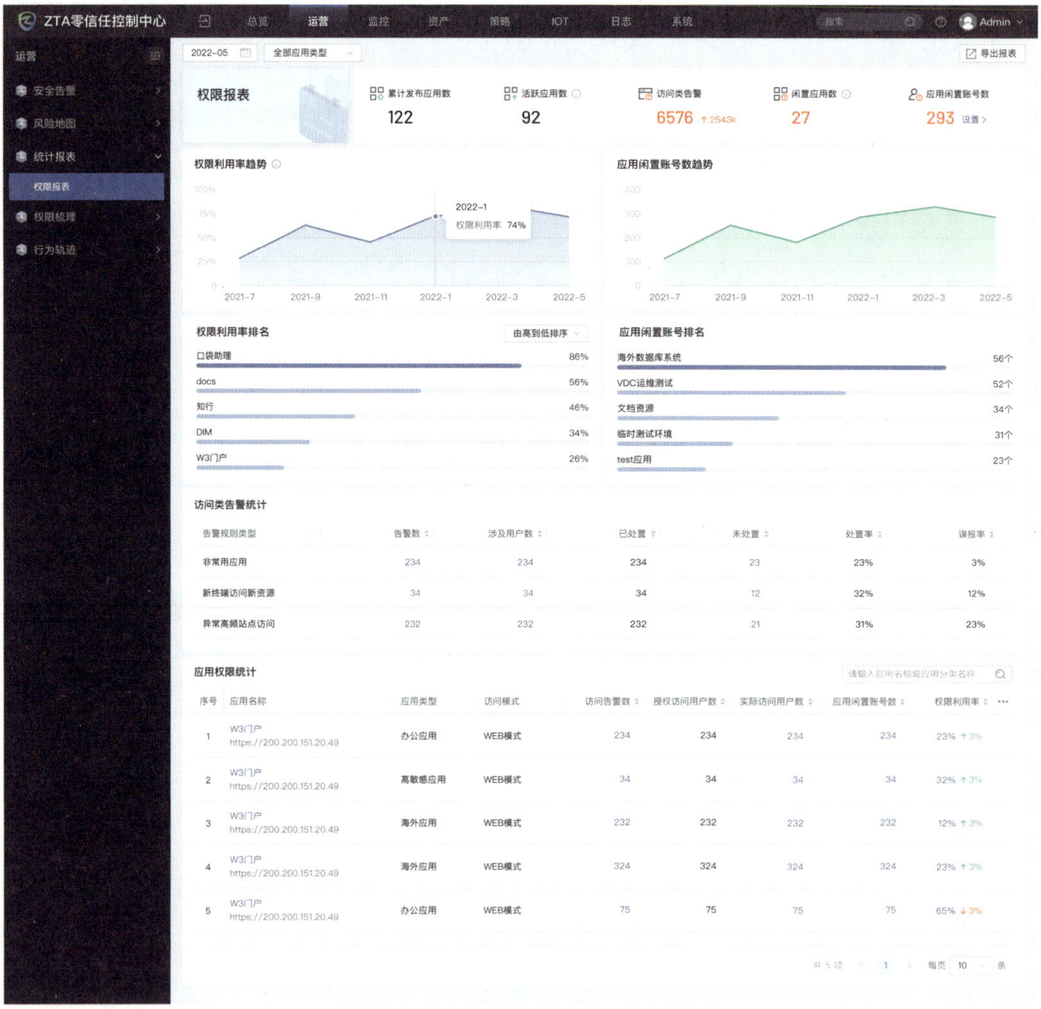

图 5-5　ZTA 平台数字化工具界面

3. 项目运作节奏

深信服零信任安全解决方案遵循如下案例落地步骤：第一阶段实施重点保护，第二阶段进行场景扩展，第三阶段保护持续演进。

3.1 第一阶段：重点保护

这一阶段的主要目标是针对远程办公、特权访问等远程访问场景实现零信任安全管控，以及对核心业务进行零信任防护。

建设过程：①通过梳理身份与业务系统的访问权限，构建零信任架构的基础；②利用零信任网关在外网与内部服务器之间建立"零信任边界"；③依托应用流量身份化等零信任关键技术，实现动态权限控制、收敛业务暴露面等目标；④部署安全沙箱 UEM 或桌面云 VDI，实现对敏感数据的安全保护。特权访问场景还可与堡垒机联动实现管理员安全访问。

3.2 第二阶段：场景扩展

扩大南北向零信任安全保护面，包括且不限于移动客户端接入、分支办公接入、多云场景等。同时内网部署零信任架构，利用零信任机制对内网场景下的访问进行管控，进而实现内外网统一准入和访问控制。此阶段还可结合深信服零信任 ZTA 平台的开放性，与其他安全防护产品进行对接联动，如终端安全管理系统 EDR、安全感知管理平台 SIP 等。

3.3 第三阶段：持续演进

此阶段进一步扩展零信任保护范围，如数据中心内部的访问防护，解决数据中心主机、虚拟机、容器、服务之间相互访问调用的安全访问控制问题。还可根据需要部署物联网（IoT）场景，提升对物联网设备的安全防护。

3.4 案例展示

3.4.1 深信服内部落地零信任安全解决方案

深信服作为"0 号样板点"落地"零信任"。

落地实施

（1）平滑接入，聚焦访问控制与统一身份认证：通过部署零信任 aTrust，员工通过身份认证才能访问业务系统，同时加强对终端基线检查。通过深信服统一认证平台 IDTrust 对后端应用进行改造，深信服实现了超过 200 个业务系统的单点登录与双因认证。

（2）横向拓展，实现双源双因素认证：在全员安装零信任 aTrust 客户端后，可将原有多个暴露的业务直接收敛成一个入口；采用了 IAM 主认证 +SDP 辅认证的双源双因素认证方式，保障了安全认证和使用体验。

（3）细化安全策略，实现安全远程开发与离岸权限管控：对研发服务器进行改造，收缩研发人员的应用访问权限，以零信任 aTrust+ 桌面云 VDI 三层嵌套方案，实现更安全的远程开发。

价值收益

（1）安全收益：解决了以往存在弱密码等安全风险、身份访问难以管控等问题；针对不同敏感度应用的不同安全控制，通过扫码、动态口令等增强认证，减少身份仿冒、钓鱼威胁。

（2）业务收益：员工连接内网时间缩短至 5 秒，效率提高 1 倍；最高并发 11 111 人、25 699 个终端，保障业务不间断运行。

（3）运维收益：过去内网权限管控完全依赖各网络区域边界的 ACL 来实现，仅策略管理维护都要投入 5—6 人；如今仅边界 ACL 运维一项工作，人力投入就可缩减至以前的 1/5，日常运维只需 1 个人。

3.4.2 银联商务基于零信任构建数字化安全办公平台

银联商务是国内最大的支付收单机构，提供以银行卡收单、网络支付为基础的综合支付服务，以及多样化和专业化的商户增值服务。

落地实施

（1）在数据中心部署零信任 aTrust 解决内外网办公接入身份认证安全问题：在数据中心部署零信任 aTrust，将各系统代理发布出去，所有终端（包括总部办公和云桌面）通过 aTrust 客户端接入进行认证管控。

（2）业务隐身机制保障业务安全：零信任 aTrust 为业务系统提供统一访问入口，能够有效收缩业务系统对外发布时的网络暴露面。

（3）对所有类型接入终端进行终端安全基线检查：零信任 aTrust 可实时动态检测操作系统、有无指定软件、系统补丁情况、运行进程等终端环境，当终端不满足安全基线时将禁止访问、注销登录或者禁用账号，保证接入终端安全。

（4）零信任沙箱防止终端数据泄露：零信任 aTrust 提供 UEM 沙箱模块，窗口化嵌入在用户的桌面中，办公空间与个人空间实现文件隔离、网络隔离、剪切板隔离等，并且可通过水印对截图拍照等途径进行追溯，既不改变用户的原有终端使用习惯，又能很好地对终端数据进行保护。

价值收益

（1）安全收益：基于零信任的数字化工作平台，实现了银联商务终端安全管控的统一化标准，同时降低了业务安全和数据安全风险。

（2）业务收益：面对生产办公灵活多变的需求，数字化办公平台提供了极大的生产保障。2022 年，银联商务在一周内完成全员远程办公切换。员工每天通过零信任使用邮箱、OA、法务、商户管理等生产及办公系统进行线上办公，日均访问量达 1.1 万人次。

（3）运维收益：通过数字化手段在网络层面和应用层面进行限制，从而更有效地推动不同类型的员工规范自己的安全基线。同时，新业务/新应用上线即可安全使用，风险研判、故障诊断和异常恢复更加容易。

3.4.3　山东省港口集团基于零信任构建安全移动办公环境

山东省港口集团有限公司是一家国有控股的集团公司，旗下拥有青岛港集团、日照港集团、烟台港集团、渤海湾港口集团等四大港口集团公司，经营覆盖十余个业务版块。

落地实施

（1）多数据中心的统一接入管理：在集团总部部署深信服零信任 aTrust 控制中心 ZTA-C，在集团各分部数据中心分阶段部署深信服零信任 aTrust 代理网关 ZTA-SDP，实现多数据中心的统一接入管理。

（2）收缩集团业务系统暴露面：通过深信服零信任系统的策略配置，将集团的业务系统收缩进内网，避免业务数据直接暴露在互联网，并通过 SSL 加密技术实现数据的安全传输。

（3）统一身份认证，实现单点登录：通过策略配置，将深信服零信任与办公门户 App、统一认证平台完成对接，实现办公门户 App 的安全接入和单点登录，保障业务安全且便捷地运行。

（4）动态权限访问控制：通过深信服零信任的权限策略配置，实现用户的动态权限管理。

价值收益

（1）安全收益：实现多数据中心业务系统的同时访问和灵活扩容，同时解决了传统 VPN 方案安全访问的问题。

（2）业务收益：实现了安全移动办公，员工可以随时随地安全访问各数据中心的业务系统，提高了经营生产效率。

（3）运维收益：通过建设办公门户 App、统一认证平台，并将其与零信任控制系统结合，实现了门户入口集约化、身份管理统一化、远程办公高效化与业务数据安全化。

4. 市场应用以及未来展望

4.1 市场应用

截至 2022 年初，深信服已经落地 1000 多个案例，覆盖大企业、金融、政府、互联网、运营商、教育、医疗等行业，单个项目最大规模并发达数十万个终端。以金融行业为例，深信服目前已与上百家用户达成合作，覆盖头部商业银行、证券、投行、期货、保险、城商行等多个细分领域。

4.2 未来展望

4.2.1 市场机遇：网络安全发展方向

深信服认为，在网络安全上未来会朝三个方向变化。

（1）越来越多的中高端用户会选择零信任方案来增强事前防护和信任评估能力，尤其是新建办公网场景，90%以上会选择基于零信任方案去建设。

（2）大量用户会使用一些轻量级易部署、更具性价比的零信任解决方案，如SASE+零信任。

（3）目前零信任主要立足于办公场景，未来会向其他场景扩展，如数据中心微隔离、特权访问、数据安全保护、物联网等。

4.2.2 拥抱变化：横纵演进积极扩展

深信服零信任安全解决方案在技术规划上通过横向和纵向两个方向探索，紧跟IT发展趋势，为广大用户提供更多价值方案。其中，横向指深信服将继续扩展应用场景，覆盖物联网、5G、数据安全、工业互联网等多个场景；纵向指能力扩展，包括持续加大机器学习、大数据分析、UEBA等智能技术的投入、进一步提升零信任产品分析检测能力；探索SaaS化交付方案，以匹配不同客户的需求；提升终端的环境感知、"白"控制、微隔离等能力；提供多样化的管理对接接口，持续提升零信任在主机侧的安全能力。在用户体验性方面，持续优化用户交互过程，协助用户管理员更快速地定位问题和溯源。

4.2.3 综合发展：深度强化生态合作

生态合作是深信服零信任业务的三大战略之一。通过引入生态合作伙伴，扩展深信服零信任的综合能力，更好地为用户提供安全服务。针对IAM、堡垒机、MSG、

API 网关、SOC、终端 EPP 等产品，深信服将持续拓展与更多厂商的生态合作。

4.2.4 未来挑战：探索更有效的安全服务

深信服零信任未来将持续探索提供贴近实战的安全服务，让用户的 IT 系统拥有足够的安全防护能力。方法包括前期的专家检测、风险评估、安全基线梳理、场景编排等，可据此制定有效的安全防护方案。交付后通过定期的攻击渗透测试、异常分析、权限梳理等安全服务，保障用户系统的安全稳定。

第五章
深信服："零信任"安全体系构建企业数字化安全底座

编委会点评

社会价值

随着数字化、网络化环境日益复杂多变，网络安全防护要求不断升级。网络安全对数字基础设施建设至关重要，是对国家数据安全、企业数字经营、个人信息保护的重要保障，是经济社会数字化发展过程中的必备要件。当前，网络安全产业加快发展，其中技术融合快速演化，5G、大数据、云计算、物联网、工业互联网、移动互联网等技术及场景复杂叠加，核心安全技术亟待全面创新，产业局势面临重构变革。虚拟化、可视化、智能化、服务化等需求趋势需要坚实的技术支撑，网络安全实质是技术对抗，网络安全产业需秉承创新驱动、协同发展的总原则，坚持技术引领、服务导向，积极践行新观念，发展新架构，实现新突破。

创新价值

深信服对零信任安全体系开展积极探索，在安全技术坚实可靠的基础上突破众多应用场景，覆盖企业级用户广泛需求，在对企业综合安全风险评估的基础上，建设远程开发、特权访问、内外网混合需求下的网络安全系统，并可扩展到企业数字经营、运营以及数据资产存储调用等方方面面，安全组件、第三方接入具备弹性方案，零信任控制中心ZTA-A在大数据分析、建立"白基线"以及阻截违规行为方面具备精准研判能力，并实现了网络风险可视化，具备精细安全管理能力。

爱笔智能：
AI Mall OS 人工智能重塑商业空间

摘要： 爱笔智能科技有限公司（以下简称"Aibee"）是专注于线下空间数字化与智能化的科技企业。Aibee 提出商业地产"数智化"解决方案 AI Mall OS：利用数据和人工智能重塑商业空间，从顶层设计、基础设施、数据挖掘三个层级出发，帮助线下实体商业实现数字化转型和智能化运营。

关键词： 商业地产　人工智能　数字孪生

1. 背景说明

1.1 政策背景：加快数字化发展，打造数字经济新优势

《中华人民共和国国民经济和社会发展第十四个五年规划和 2035 年远景目标纲要》中把"加快数字化发展，建设数字中国"作为独立篇章。

《2022 年政府工作报告》指出："十四五"时期，要加快数字化发展，打造数字经济新优势，协同推进数字产业化和产业数字化转型。同时报告还提到，将深入实施创新驱动发展战略，巩固壮大实体经济根基。

线下零售、交通、旅游等行业，都是国民经济中的重要组成部分，它们的转型升级牵动着数字经济的走向。线下空间数字化与智能化新赛道，是实体经济数字化的重要组成部分，其新型基础设施的建设成果，将为数字经济高质量发展贡献力量。

1.2 行业痛点：缺乏系统性赋能，商场管理、顾客体验双难

过去购物中心的数字化建设尚处于探索阶段，往往缺少总体的顶层规划，系统烟

卤林立，数据各自为营，难以形成合力。购物中心主要包括人、货、车、场四个维度的数据，长期以来这四个维度的数据缺乏系统性的整合，而获取、分析、解读数据又将在未来的商场运营中发挥重要作用，也是其向平台角色转变、业绩增长的关键所在。

线下商场相较于网购，主要的竞争力就体现在"体验感"上。商场运营管理和顾客体验是相辅相成的，如果商场管理人员可以知道"不同店铺的客流量""商场举办的活动具体带来的人流量及人群特征""何种活动会带来更好的效果"，那么就可以不断提升服务，将更优质的资源倾斜给顾客更需要的店铺，合理规划空间，同时也可以不断优化商场活动、丰富形式，并能科学衡量活动效果，实现真正的数字化管理。

1.3 行业现状：探索互联网经济下的新模式

技术作为原驱动力为各行各业带来了巨大的变化，人们的购物方式与购物习惯在短短数十年间发生了翻天覆地的变化。数字化1.0时代，商家引入ERP系统等基础数字化操作，开始将消费者的线下购物行为进行信息化和在线化处理。数字化2.0时代，淘宝、天猫、京东崛起，电商网站与物流产业快速发展。数字化3.0时代，O2O模式诞生，以美团为代表的企业探索出联动线上和线下资源的盈利模式。2016年以后，以生鲜电商为代表的系列新零售企业再次打通流量闭环，团购一时风靡。

这些都是ToC端的模式创新，大众能比较轻松感知到的变化，但并不是商业地产数字化和智能化应用的全部。

根据中购联的粗略盘点，在全国商业地产企业中，至少超半数的企业都在进行数字化和智能化布局。但是行业的变革不是一蹴而就的事情，尤其是购物中心，普遍在数字化转型上起步晚、基础薄弱。巨大的体量和高成本的投入让其转变过程变得异常艰难，都说"船小好掉头"，而面对全国上千家购物中心，其新模式的探索和应用仍是"路漫漫其修远兮"。[1]

---

[1] 参见中购联、曹婕:《如何利用人工智能,解商业地产数字化与智能化这道必答题》,2021年

2. 创新描述

在商业地产领域，Aibee 推出了 AI Mall OS 整体解决方案，帮助购物中心从"人、货、场、车"四个维度实现线下空间数字化，为购物中心提供包括 AI 精准客流系统、智能停车场系统、AI 导航导览系统、智能互动大屏、AR 无间断室内导航、AR\VR 活动玩法等在内的一系列操作系统。同时，通过室内实景 3D 地图机器人，快速完成大型线下空间的三维重建扫描，提升线下空间数字化的效率。[1]

2.1 "场"的数字化 —— 搭建数据底座

场的数字化是实现一切数字化的数据底座，Aibee 通过全场 3D 重建，厘米级定位场内每个区域、店铺、柜台甚至是商品的三维坐标，使空间中的全要素得以精准地进行坐标映射。

当前购物中心多数还在使用传统的 2D 平面地图，随着 3D 技术的应用，"看不懂地图，室内找店"将不再是难题。

Aibee 自研的室内 3D 实景地图机器人（见图 5-6），能够实现对大规模场景的自动拼接、自动建模，快速形成厘米级高精度的 3D 模型——这是购物中心数字孪生的基础。室内 3D 实景地图机器人能够一次性扫描包含密集图像、三维点云、地磁信号、气压计、Wi-Fi 指纹、蓝牙指纹等多种数据，帮助其他智能设备在空间中重新定位并提供相应的服务。构成无数个密集点位连接起来的动态的全景地图，并可大幅度降低成本，将费用支出降至过去的十分之一甚至几十分之一。

另外，Aibee 帮助商场构建出核心的数据资产——地图中台，一方面实现室内导航，打造出全场景无间断、可自动识别楼层的 AR 导航产品，从商场内部、商场到停车场，以及在停车场内，均能实现无缝衔接的导航导览。

---

[1] 参见时刻头条、金融界、CGTN《走近中国》专题报道：《Aibee：全球聚焦线下空间数字化与智能化引领者如何炼成》，2021 年 3 月 9 日。

图 5-6 室内 3D 实景地图采集机器人

通过 3D 重建还能将线下的商场完全复刻到线上，让顾客在手机上就能沉浸逛店，帮助商场化解一部分不可控因素的影响（见图 5-7）。

图 5-7 场的数字化

2.2 "人"的数字化 —— 基于场的动态追踪

在人的解读上，通过 3D 时空动线技术，对商场客群信息的精准捕捉、行为动线的分析和定位，重构了"人店场"的时空位置关联关系，实现对购物中心顾客的全场景、全流程、全量数字化（见图 5-8）。

相比过去的方案，该系统不仅能提供人次统计，更可实现去重后的客流人数统计。在保护顾客隐私的情况下，输出顾客群体动线，形成多层次的客流漏斗（过店/进店/

深逛），为购物中心日益增长的数字化运营需求提供精准数据支撑。

同时，基于顾客动线分析、店铺关联组合、公区/多经点位效率优化等两百多个数据维度的商业场景洞察，既能客观反映客群线下行为偏好，也能精准量化各类区域的空间利用效率，进而帮助购物中心招调、推广、运营全链路数智升级，让线下购物中心具备同线上一样的精细化运营能力。

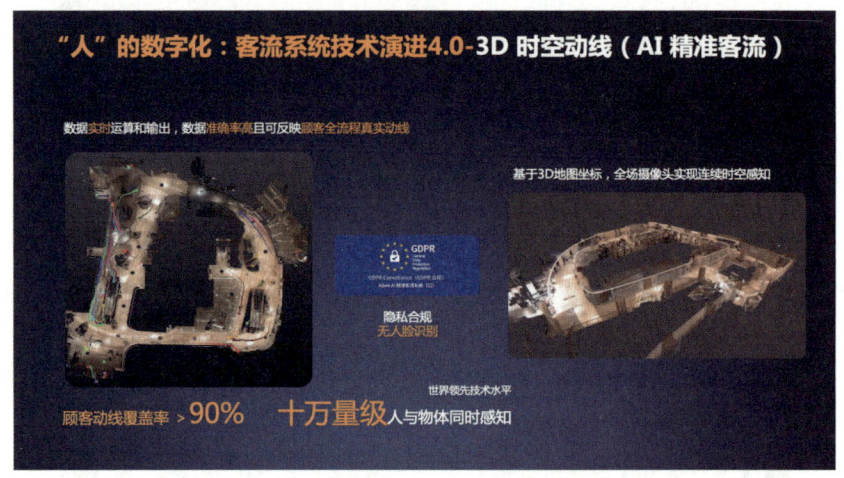

图 5-8 "人"的数字化

在保护顾客隐私方面，数据处理流程不涉及生物特征信息，包括坚决不使用人脸识别技术，同时也不保存原始图像和视频，所有信息匿名化处理，产品方案符合《中华人民共和国个人信息保护法》保护个人隐私及个人信息权益不受侵害的立法宗旨，并已通过《通用数据保护条例》[1] 合规评估。[2]

2.3 "货"的数字化 —— 基于场的链路整合

在商场的背景下，通过计算机视觉技术或 RFID 技术，数字化所有区域、货架的

---

[1]《通用数据保护条例》(General Data Protection Regulation，GDPR) 为欧洲联盟的条例，前身是欧盟在 1995 年制定的《计算机数据保护法》。

[2] 参见大众新闻:《Aibee AI 精准客流系统通过 GDPR 合规评估》，2021 年 7 月 22 日。

空间位置以及识别陈列商品。[1]

基于店铺维度,通过客群流量、销售与收租率、涨租率之间的关系,为商场提供了品牌招调指南,从转化矩阵、集客矩阵、经营矩阵、贡献矩阵的数据实现高效的品牌门店招调。在店铺评估诊断方面,将品牌门店划分为明星区、提效区、导流区、调改区,量化评估品牌门店,方便品牌快速解决门店问题以及进行门店升级。在线下活动评估方面,通过整合营销链路,基于顾客旅程搭建多场景触点评估平台。可以首先设立活动目标,然后发布策划活动、评估优化效果,最后沉淀复用经验,实现活动效益良性循环。[2]

在活动领域,开发了包括 AR 寻宝游戏、VR 快闪店等多种玩法,以元宇宙世界为商场开启增量空间。以 2021—2022 跨年期间北京颐堤港的活动为例,"雪野仙踪"AR 奇遇全攻略活动就获客超 1.2 万人,核销转化率提升了 40%。

2.4 "车"的数字化 —— 基于"人货场"的场景补充

除了"人、货、场",对购物中心而言,还有一个痛点就是解决"停车难、找车难"的问题。对此,Aibee 打造了 AI Parking OS(智能停车场整体解决方案),通过高精度室内实景 3D 地图结合车辆全流程追踪技术,实现车主体验、车场管理的升级。

针对车主,提供"快进、快停、快寻、快出"四快实景体验——从到场前的车位预约缴费、正向 VR 车位引导、智能分流引导屏、车位自动地锁,到离场前的反向大屏及手机 VR 寻车、自动抬杆结算全流程升级。

针对运营管理方,提供室内人员安全报警、闸口拥堵报警、违停拥堵提醒、异常事件统计分析、场内车流统计分析,可提升管理效率。此方案平均一个摄像头可管理的车位是过去的 5—10 倍,能够精准识别超过 2000 个车辆品牌及车型信息,为停车场开拓增值空间。

---

[1] 载雷锋网:《Aibee 出圈,林元庆守正出奇的胜利》,2021 年 3 月 11 日。
[2] 参见铱星云商:《铱星云商,课程回顾 | 看疫情第三年购物中心的创新与突围,中购联铱星云商首期线上培训专题研修班圆满结课》,2022 年 5 月 28 日。

3. 项目运作节奏

3.1 第一阶段：自研室内实景 3D 地图机器人，实现大规模场景高精 3D 重建

通过自研的 AI 技术，Aibee 让 3D 地图机器人来代替人力，大大提高了效率。10 万平方米的购物中心，可以只用 1 天就能完成 3D 重建，而传统技术手段往往需要 10 天。

除了效率高，通过 3D 地图机器人扫描，还可以一次性建立至少 6 层地图，建模精度可以达到厘米级，基于这一建模过程为 3D 时空动线技术建立了基础。通过连续跨摄像头动线感知，可以将 10 万级别的人和物体的运动全过程数据实时运算和输出。

3.2 第二阶段：技术指标与算法算力的不断优化

通过不断提升技术指标和算法算力，在实时运算方面，GPU 运算 1 分钟即可出数据。Aibee 的技术可以做到跨摄像头连续动线感知多个小时，同时感知 10 万个级别目标。

从 2018 年到 2022 年，Aibee 以"前置算力解决方案"，采用"摄像头＋边缘芯片"的产品形态，将算力前置到摄像头端，保证了数据可以实时处理，提高了运算效率，降低了运算成本。

3.3 第三阶段：打造无人脸识别技术方案，并打通全链路

客流的监测主要经历四个阶段：1.0 时期是头肩计数；2.0 时期是人脸识别；3.0 时期利用 REID 技术，但是难以获得顾客全流程、完整、真实、准确的数据；"无人脸识别方案——Aibee AI 精准客流系统 S2 方案"则解决了上述不合规、不全面的问题，在数据存储上遵循本地化部署或者可信任的私有云部署原则，方案还实现了连续时空追踪，数据准确率高。

4. 市场应用及未来展望

4.1 市场应用

4.1.1 惠州印象城"数字孪生"购物中心

2021年，Aibee与印力集团将粤港澳大湾区的惠州印象城打造为当地首个"数字孪生"购物中心。惠州印象城打通了线下空间的"人、货、场、车"，启动从"室内3D实景地图"到"智能停车场系统""AI精准客流系统"，再到"AI导览导航系统""VR/AR"等应用，成为一座装有人工智能系统的购物中心。

同时依托印力集团的"印享星"会员服务平台，形成线下线上融合的全触点应用闭环，围绕到场泊车、进场游逛、购物引导、优惠互动、会员服务、离开寻车、到家配送等服务，实现从场外到场内全量数据积累与反馈的正循环。[1]

4.1.2 成都远洋太古里智慧停车场

2022年，Aibee为成都远洋太古里打造了智慧停车场，在停车场内置智能分流屏，为每一辆车指引空闲车位，同时展示车道交通情况，清晰指引空闲车位具体方向，避免车主在停车场内打转寻找车位，解决"停车难"的问题。

在车主离场时，还可利用随处可见的寻车导航屏，输入个人车牌号码，获知目标车位位置，系统会为顾客匹配最优寻车路线，按照导航指引即可轻松抵达车位。导航过程通过手机VR指引完成，顾客可以通过扫描屏幕二维码或者直接用手机打开商城会员小程序开启VR导航。[2]

4.1.3 画廊周北京，开启AR/VR立体动态观展体验

2022年7月，画廊周北京与Aibee爱笔智能上线VR展厅与AR导航功能，依

---

[1]参见凤凰网房产、靳宝：《什么是"数字孪生"购物中心？惠州印象城给你答案》，2021年4月30日。
[2]参见Aibee，Aibee爱笔智能：《Aibee助力成都远洋太古里 全新上线智慧停车场体验》，2022年5月25日。

托高精度的三维建模加之 360 度的 8K 高清拍摄，将艺术类场景复现到手机上，实现漫游式的 VR 云逛展，同时也为画廊周在未来的布展策展、保留档案和时代记录等方面带来更多帮助和便利。

因为文化艺术机构很多都散落在城市各地，覆盖北京 798 园区的 AR 导航，则为到场的参观者自动规划最优路线，只需通过手机扫码进入小程序，便可一键开启 AR 导航，跟随箭头指引轻松抵达目的地。[1]

4.2 未来展望

Aibee 希望未来可以打造出 OOO（Offline Online One-world）世界，即线上线下一世界，实现从"物理空间"向"数字空间"再向"智能空间"的跃迁，继续将具有复用性的底层技术推广至更多应用场景。

2021 年，为促进客流系统走向规范化和标准化，推动购物中心数字化与智能化加速升级，Aibee 与中国连锁经营协会（CCFA）、爱琴海、百联、大悦城、中国电信、富力、万达、印力、龙湖、新城控股、永旺、海鼎等购物中心行业协会、头部企业、科技企业一同，推动《购物中心客流系统数据统计规范》[2]的发布与实施，这也是购物中心行业首个关于客流系统的规范标准。[3]

4.2.1 扩大技术应用场景

当前 Aibee 的数智解决方案已经成功应用在智慧门店、智慧商场、智慧旅游、智慧机场等多个领域，未来还将继续拓展到智慧银行、智慧轨道等其他场景领域，也将持续探索在上述场景中更加精细化的应用，持续优化产品能力。

---

[1] 参见画廊周北京 GWBJ：《画廊周北京 2022 智能技术合作伙伴——Aibee 爱笔智能》，2022 年 6 月 18 日。

[2] 参见中国连锁经营协会（CCFA）：《〈购物中心客流系统数据统计规范〉（编号 T/CCFAGS026—2021）团体标准》，2021 年 11 月 1 日。

[3] 参见 Aibee 爱笔智能：《Aibee，Aibee4 周年｜AI 在前方 肆意去闯》，2021 年 11 月 9 日。

4.2.2 构建元宇宙商业空间

通过物联网、人工智能、网络运算、人机交互等技术，Aibee 希望构建出传统商场的元宇宙商业空间，从商场美陈设计、室内导航导览到会员运营、数字交易，让技术为大众带来更新奇的体验和更便捷的服务。

4.2.3 普及"数智化"商场价值

Aibee AI Mall OS 解决方案的应用未来也将持续引导商业地产行业交流沟通，普及"数智化"商场的价值。

编委会点评

社会价值

　　智能科技与传统的地产行业从生产、管理、销售、服务等方面均可有效结合。在生产角度"元宇宙"技术、"零碳"技术等可帮助建筑更智慧、生活更绿色；在管理与销售角度可帮助房地产企业经营转型升级；在服务领域将不仅扩容增值，更将实现价值理念的转变，"数智化"工具及解决方案将突破传统地产行业服务不系统、不主动的窠臼，从"轻服务"到"强服务"，推动品牌强化、运营精细化、生活方式化，带动产业价值升级发展。

创新价值

　　Aibee AI Mall OS 具备一体化实施的 AI 技术及平台底座，从商业空间线下"人、货、场、车"全维需求视角出发，应用丰富立体。Aibee 自主研发的室内 3D 实景地图机器人，为大规模、高精度数字孪生体的建模提供了有效工具，具备产业应用创新价值，为商业智能效率提升、成本降低奠定了基础，以此建设的动态轨迹追踪技术与算法的优化，进一步促进商业智能精细化运营的实现。同时，Aibee 在顾客隐私保护方面的技术研发可圈可点，创新了"无人脸识别方案"，保障消费者基本权益。Aibee 通过智能科技的成熟运用及完整的商业化解决方案推动商业智能加速普及，提升产业服务能力。

众安科技：
主动风险管理服务赋能网络安全保险发展

摘要： 众安信息技术服务有限公司（以下简称"众安科技"）为众安在线财产保险股份有限公司旗下全资科技子公司，众安科技众至网络安全联合共创实验室（以下简称"众至实验室"）面向网络安全保险领域，推出了全周期网络安全保险服务保障模式，自主研发基于网络安全保险的一站式 ARMS 主动风险管理平台，为企业提供基于网络安全保险的"主动风险管理"服务。

关键词： 网络安全　　保险科技　　网络安全保险

1. 背景描述

1.1 政策背景

当前我国网络安全保险及科技服务仍处于萌芽阶段，近些年网络安全保险政策已有相关顶层规划提及。

2019 年 9 月，工信部发布的《关于促进网络安全产业发展的指导意见（征求意见稿）》[1]中提出要"探索开展网络安全保险服务"。

2021 年 7 月，工信部发布的《网络安全产业高质量发展三年行动计划（2021—

---

[1]参见工业和信息化部《关于促进网络安全产业发展的指导意见（征求意见稿）》，2019 年 9 月 27 日。

2023年)(征求意见稿)》[1]中提出：探索开展网络安全保险。加快网络安全保险政策引导和标准制定，通过网络安全保险服务监控风险敞口，鼓励企业构建并完善自身网络安全风险管理体系，强化网络安全风险应对能力。

2021年12月,《上海市建设网络安全产业创新高地行动计划(2021—2023年)》[2]提到：要推进安全服务化布局，倡导"安全即服务"理念，鼓励企业设立安全运营服务中心，由提供产品向提供服务和解决方案转变；培育面向网络安全领域的商业保险技术、产品、管理和服务创新能力，构建覆盖多层面的保险服务机制，培育事前预防、事中防护、事后补偿的全周期网络安全保险服务保障模式。

2022年6月，公安部发布《关于落实网络安全保护重点措施 深入实施网络安全等级保护制度的指导意见》[3]提出：加强自主可控和创新工程安全管理。探索开展网络安全保险，构建"保险+风险管控+服务"模式。

1.2 行业背景

1.2.1 行业痛点

随着数字化时代的到来，网络安全问题越发严峻，网络安全攻击日趋复杂，传统的网络安全建设和防护手段无法完全规避网络攻击、勒索等未知风险事件的发生。其中，中小微企业的网络安全建设体系更是缺少安全基础设施以及安全人才支撑，亟须一套可为中小微企业完善网络安全风险防控体系方案。而通过安全设施的风险缓解措施与网络安全保险的风险转移模式成为高效的安全投资方式。

---

[1] 参见工业和信息化部《网络安全产业高质量发展三年行动计划(2021—2023年)(征求意见稿)》，2021年7月。

[2] 参见上海市经信委：《关于印发〈上海市建设网络安全产业创新高地行动计划（2021—2023年)〉的通知》，2021年12月。

[3] 参见公安部：《〈关于落实网络安全保护重点措施 深入实施网络安全等级保护制度的指导意见〉的通知》，2022年6月。

1.2.2 市场空间

据我国国家工业信息安全发展研究中心测算，2021年我国网络安全保险保费规模预计将达7080万元左右，较上一年增长3.2倍以上，最高保额超过4亿元，[1]我国网络安全保险市场规模潜力巨大。

伴随着我国网络安全系列法律法规的实施落地，重要行业领域网络安全顶层设计的密集出台，我国网络安全产业已经迎来了发展机遇期。在我国数字化建设的进程中，随着各行业各领域数字化转型的深入推进，网络信息安全防护理念将逐渐从被动安全步入主动安全时代。网络安全保险将极大地助力数字经济新发展，提升网络风险防范水平，并进一步健全网络安全防御体系。[2]

近年来，在各方的共同努力下，国内网络安全保险产业发展正从萌芽阶段，即保险公司和安全企业合作模式初步确立，但认可度和获客渠道受限，逐步进入到探索阶段，即企业合规要求与风险意识不断提升，助推了网络安全保险产品优化升级。

2. 创新描述

基于网络安全保险的发展趋势及预期前景，众安科技发挥"保险+安全"的生态能力，将保险业务和网络安全优势进行整合，从基础安全到为客户提供网络安全技术架构，以及各安全数字化领域从设计规划、技术验证、优化投资到落地运营的解决方案。在此基础上，众安科技建立众至网络安全联合共创实验室，创新研发ARMS主动风险管理体系，并链接保险公司及安全企业，通过规模化、集中化的风险管理，提供普惠安全的服务。

---

[1] 参见国家工业信息安全发展研究中心：《网络安全保险发展现状研究及展望》，2021年5月。
[2] 参见上海证券报：《周延礼：建议加强顶层设计，将保险制度纳入三次分配框架体系》，2022年2月28日。

2.1 风险管理一体化闭环，技术创新结合保险基因

2.1.1 全周期网络安全保险服务保障模式

众安科技众至实验室基于网络安全保险服务流程，围绕核保、承保、出险、理赔各个阶段，提供"风险量化评级、主动风险管理及弹性应急救援"的网络安全保险技术、产品、管理和服务创新能力，构建覆盖多层面的保险服务机制，实现"事前主动防御，事中监控预警，事发应急响应，事后及时处理"的全周期网络安全保险科技服务保障模式，帮助企业大幅提升自身的风险防控能力（见图5-9）。

图 5-9 网络安全保险科技服务保障模式

2.1.2 自主研发基于网络安全保险的一站式ARMS主动风险管理体系

众至实验室自主研发基于网络安全保险的一站式ARMS主动风险管理体系（Active Risk Management System，ARMS），创新开发企业财损量化分析、网络安全风险量化分析、主动风险监控分析、风险预警监测四大引擎和算法模型，实现数据采集、存储、分析、治理全流程管理。该平台主要的能力是通过链接安全服务商和保险公司，为企业提供基于网络安全保险的"主动风险管理"服务。ARMS风险管理运营中心（ROC）涵盖如下功能。

（1）网络安全风险评估：通过网络安全调研、安全扫描、渗透测试、能力评估等

多维度安全信息采集,综合利用风险评估方法论,对企业的安全现状进行量化评估。

(2)安全运营服务:提供统一的安全监控和威胁检测、安全风险发现与评估管理、安全编排管理等服务,为企业安全运维人员提供技术和服务支撑。

(3)攻击溯源取证分析:对海量托管日志进行大数据分析,锁定企业被攻击的流程,精准溯源取证,通过不同场景的模型固定电子证据,为网络安全保险快速理赔提供依据。

通过分析企业网络安全风险管理需求,结合网络安全风险量化评估结果,为企业量身定制一套基于网络安全保险的风险保障解决方案,并通过网络安全整改建设,部署 ARMS ROC,完成网络安全保险投保及网络安全风险管理(见图 5-10)。

图 5-10　ARMS 主动风险管理体系

2.2　ARMS 化能力服务中小企业

传统的安全托管服务(Managed Security Service,MSS)通常面向大型企业,这类企业通常已配备成熟的安全设备和安全系统,而且每家企业的安全服务需求都各不相同,MSS 供应商面向各家企业都需要定制化运营,存在人力成本高、不可复制等特点,导致 MSS 模式在国内变质为安全人力外包服务。

不同于传统的 MSS 模式,ARMS 主要面向中小企业,利用自身沉淀的核心安全技术和产品，基于一站式安全、普惠式安全、安全生态体系构建的理念，为企业提供基于网络安全的全链路主动风险管理服务。ARMS 的主要特点如下：

（1）面向中小企业安全合规蓝海市场：国内中小企业的安全建设还处于初级水平，随着国家信息安全法制越来越健全，此类企业的安全需求越来越大，然而传统昂贵的安全解决方案并不适用于中小企业。

（2）一体化低成本快速交付：提供基于 SaaS 的一体化、低成本的安全产品和服务，能够实现快速交付，且低成本使得产品能够快速占领市场。

（3）基于金融杠杆降低成本：安全事件、安全事故是偶发性的，通过保险的金融杠杆属性，让中小企业用更低的成本实现和中大型企业一样的安全服务。

（4）保险兜底提升竞争力：传统的 MSS 无法为企业安全提供兜底保障，而保险可以提供兜底保障，这也是 ARMS 的竞争力所在。

2.3 "低成本广覆盖"的经营策略，基于大数据积累提升网安险的市场成熟度

众至实验室采取"低成本、广覆盖"的经营策略，通过提供互联网安全自动化套装的订阅服务模式，让中小微企业获得用得起的安全服务，广泛覆盖传统安全厂商没有触及的用户市场，从而快速开发、积累和沉淀网络安全保险风险数据，为保险公司开发多样化网络安全保险产品，构建风险模型和风险量化定价模式，提供风控数据和定价数据基准。

3. 项目运作节奏

3.1 第一阶段（2021—2022）：实现平台开发建设，试点落地应用

（1）产品能力建设：完成 ARMS 平台核心功能建设，为企业提供数字资产管理、动态风险管理、保险科技服务管理、安全运营服务等功能。

（2）服务体系完善：推出一站式 SECaaS 产品及服务，包括自动化网络安全体检、Web 应用安全网关、一站式等保合规产品、一站式数据安全产品。

（3）落地推广应用：面向电信和互联网、工业互联网、车联网等领域开展试点工作，形成行业标准版网络安全保险科技服务体系。

3.2 第二阶段（2022— ）：升级优化服务体系，提供广泛应用并搭建风险模型

（1）服务体系优化：实现网络安全保险全链路支撑，包括网络安全风险量化评估、网络安全保险方案定制、主动风险管理、出险网络安全取证和理赔。

（2）生态合作建设：实现网络安全保险科技生态建设，提供网络安全产品、网络安全服务、网络安全保险的生态市场。

（3）落地推广应用：扩大客户行业覆盖面，包括政府、金融、汽车、互联网、智能制造、医疗、电信、教育、能源等重点行业，为各数据敏感型行业企业提供风险缓解和风险转移服务保障。

（4）风险模型搭建：通过覆盖广泛的客户，实现网络安全风险数据积累并完成网络安全风险量化评估模型建设。

3.3 项目案例展示

3.3.1 案例背景

积库是一家致力于为汽车后市场合作伙伴提供一站式供应链解决方案的互联网公司，旗下产品除了积准 ERP，还为汽配商提供积库 WMS、超级 EPC、单来啦报价机器人等一系列 SaaS 产品。

因为汽配商使用的大多是传统软件，所以存在许多缺陷，如数据格式混乱、数据易泄露、仓库货物缺乏数字化标签、系统数据与实物不一致等问题。而积库可通过积准 ERP 产品帮助其客户在数据清洗、数据导入、账号权限控制、开单数据展示、仓库作业系统、电商平台对接等方面进行数据规范处理和安全管控。

但汽配商客户对积准 ERP 系统中的数据信息安全和隐私泄露问题存有顾虑，且积库对自身数据库安全和漏洞风险管理也缺乏系统性的评估，一旦遭遇突发网络安全事故，可能面临缺乏应急响应方案和遭遇客户要求相关赔偿的风险，对业务和品牌信誉造成影响。

3.3.2 解决方案

众安科技旗下众至实验室团队为积库提供从事前预防、事中监测，到事发响应及事后处理的全流程保险＋科技定制服务。从防灾减损的角度出发，为积库提供了数字资产风险核查、网络安全资产测绘、资产漏洞探测、数字资产健康性评估服务。

同时，该实验室团队还定制了网络安全风险评估问卷，为积库内部管理和运营安全风控进行全面的评估摸排。根据高风险点和风险面，为用户业务、资产提供了全面安全技术和管理的风险管理解决方案，旨在保护积库不出险、少出险、出小险、快止损。

4. 市场应用及未来展望

众至实验室团队致力于推动网络安全保险科技行业发展，构建超大规模网络安全风险数据量化平台及数据平台，基于 ARMS 平台，建立全国网络安全风险管理运营中心及海外运营中心，提供支撑全球 SECaaS 服务的能力，从而实现走出中国，完成与海外市场对接，服务国际网络安全保险市场的目标。

第五章
众安科技：主动风险管理服务赋能网络安全保险发展

编委会点评

社会价值

网络安全价值日益凸显，是国家安全的重要组成部分，也是稳经济、保民生的关键要素。随着网络化、数字化、智能化在我国的深化发展，"数智化"转型升级不断持续，网络安全风险的演进与迭代，是需要高度重视的，是数字时代目前的伴生风险之一，对数字风险格局产生了较大影响。网络安全保障正逐渐形成相应的法律体系架构，目前处于顶层趋于完善、实践亟待发展的阶段，需要更多更新的探索与研究，行业标准、行业规范及服务体系需要进一步制定与加强，社会需要更多的网络安全服务机构主体发挥作用，实现确实完备的安全防范与保障，在合法、合规、合理的科学方式下，帮助数字时代实现高效的数字生产与资源配置，保障企业经营平稳安全。

创新价值

众至实验室创新了"主动风险管理"体系化服务，结合企业风险管理需求分析、网络安全风险量化评估、网络安全整改建设要点、保险保障及风险管理要求等，为企业搭建"主动风险管理平台"，基于技术引擎及算法模型，实现科技赋能企业经营管理，从被动到主动，降低了企业网络安全风险管理成本，提升了网络安全风险保障能力。同时,其SaaS一体化低成本快速交付方式，更可服务于数量庞大的中小企业，使网络安全保险技术及服务产品能够覆盖更广泛的市场，有利于"保险＋安全＋技术"的模式创新推广，同时有助于未来链接更多保险及网络安全企业，提供更丰富、更安全、更普惠的产品及服务。

保利威：
"全链路视频直播"服务企业数字化创新

摘要： 中国企业直播市场已经进入高速增长阶段，在产业与技术变革的双重驱动下，企业直播更好地支撑着企业的数字化转型升级。保利威聚焦于企业直播服务解决方案，隶属于广州易方信息科技股份有限公司，通过可集成、可定制的视频直播技术，为企业搭建自主私域直播系统，以"直播+技术""直播+策划""直播+运营""直播+硬件"，提供全流程、全链路视频运营服务，帮助企业降本增效，赋能企业数字化学习与数字化营销。

关键词： 全链路视频服务　数字化学习　数字化营销

1. 背景说明

1.1　行业需求：企业级互联网视频培训需求升级

VUCA[1]时代下，组织能力建设成为企业的必修课。组织能力建设的基础是人才培养与管理，因此近年来不少企业都加强了员工培训，以提升组织健康度和可持续发展能力。企业要想提高核心竞争力、实现企业和员工的"双赢"，创造条件做好员工培训工作是关键路径之一。

近年，国家倡导大力发展新型基础设施，推动建设数字经济，积极培育创新创业文化，深化管理创新，推进数字化转型。而在转型的过程中，人才培养无疑是重中之重。

---

[1] vuca 是 volatility（易变性）、uncertainty（不确定性）、complexity（复杂性）、ambiguity（模糊性）的首字母缩写。

2020 年席卷全球的新冠肺炎疫情让大多数企业面临困境，全国各地企业多数延迟复工、无法营业，线上办公、管理、培训成为必备条件。

实际上，随着数字化转型的加速，从新产品的推广到新员工的培训再到企业文化建设等，大型企业的培训需求也发生了转变。

既往传统的线下培训方式存在着种种弊端，传统的集中式线下培训系统组织周期长、效率不高且成本高昂，包括时间地点受限、参与门槛高、人数有限、培训效果差、学习效果难以跟踪等。随着技术的发展和学习习惯的变化，员工的学习方式也发生了改变，从知识在线化的网络学习时代，到移动化、碎片化、社交化的移动学习时代，再到个性化、定制化的数字化 3.0 智慧学习时代：即通过超高清视频、VR/AR 等形式，融合大数据、人工智能技术，实现学习的个性定制、精准推荐。

1.2　行业现状：全链路视频直播技术与服务日渐成熟

依托互联网技术与培训教学结合的在线直播教育培训不断发展成熟，在线直播教育培训，可以大大提高培训的效率并节省成本，员工可以不受地点局限接受直播培训。

直播具有高信息密度、高内容分发效率和高渗透率三大优势。采用组织成本低、周期短的互动直播方式提供培训，可以激发员工学习热情，使培训效果达到最优。同时，培训数据的沉淀，还可作为人才管理和组织发展改进的有效依据和反复学习素材。如今，直播成为企业，乃至行业提升培训效率、互动提升的有力工具。

以医疗机构为例，其结构复杂，人员众多，信息参差不齐难同步，人员培训成本高且效果无法把控。省级医院、三甲医院数量庞大且技术领先，三、四线城市医院因渠道、地域受限难与先进医院联结，优质资源无法触达，医疗服务水平无法进一步提高和完善。

而直播的介入，为医疗行业打开新的解决途径，除了基本的医疗知识线上分享，医疗直播还可应用于远程问诊、实时手术展示等场景。这些形式对普及医学知识、提高医疗透明度、提高问诊效率大有裨益。

2. 创新描述

保利威通过可集成、可定制的视频直播技术，为企业搭建其自主私域直播系统，并提供直播全流程运营与现场执行服务。采用 SaaS、aPaaS 模式帮助企业部署其专属直播系统，实现基于在线视频技术的数字化学习、数字化营销转型，沉淀企业数字资产、构建企业全场景全链路直播矩阵（见图 5-11）。

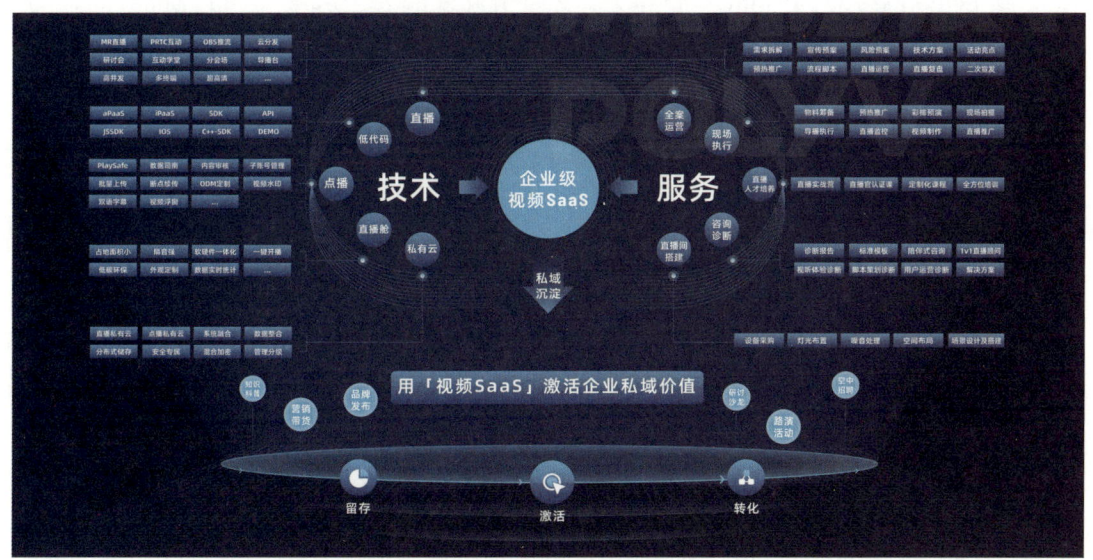

图 5-11　全链路直播

2.1　平台支撑高并发，满足用户互动观看需求

保利威直播点播能够支撑海量用户同时在线及实时并发，满足大用户量的同时观看、互动等需求，并且过程中保持直播点播视频传输的稳定性、低时延、不卡顿、不中断。

在点播视频安全方面，退出视频全流程加密体系——PlaySafe® 视频版权保护体系，通过对视频进行逐帧加密，杜绝被破解下载。

在直播培训功能方面，保利威直播云推出无延迟直播技术及应用，将直播延时降低至 400 毫秒内。实现多人课堂互动、在线答题、红包打赏、PPT 共享、回放录制等多种功能，满足企业用户的不同需求。

2.2 敏捷创新

保利威提供混合云方案，采用公有云后端能力，通用性高，扩展性高，弹性较高，容灾能力强，在保证公有云低成本的功能迭代和稳定性能的同时，保持对内业务定制的能力。企业在一套中台系统的基础上进行维护，对比私有云，需要的开发对接能力及维护成本大大降低。

直播点播系统可快速与新开发的学习平台进行集成，快速上线，并且保证业务稳定。同时，可以将直播后台系统中的稳定通用业务能力"沉降"到直播中台层，大部分直播后台定制无须公有云配合。

2.3 数据沉淀

培训过程中涉及的直播与点播的视频内容，以及学员在平台中的相关数据，可在系统中进行数据沉淀，并且保障数据安全，支持防盗链、防盗版等。

在直播点播培训课程完成后，"视频数据司南"将培训过程中所产生的数据进行沉淀，企业可通过沉淀数据深度洞察培训效果。例如，访问信息（进入直播间渠道）、查看观看时长（是否按时参与、完成培训）、观看热力图（具体知识点掌握情况），以及视频实时观看人数、视频完播率、播放次数、复看率（体现知识点难易度、课程精彩程度等）。这些数据沉淀，可以帮助企业优化培训内容与授课风格，进而为学员制订差异化培训计划。

3. 项目运作节奏

3.1 案例介绍：建设银行大讲堂直播平台

3.1.1 需求分析

建设银行大讲堂直播平台是建设银行内部员工观看学习在线直播课程的统一平台，是建设银行研修中心的核心模块，拟在行内搭建一个直播发布、管理及监控统一平台（简称"直播中台"）。

在该直播中台下，主播可以发起直播申请，经对应管理员审核通过后，可以创建直播并发出通知,观众可以预约并观看直播。同时,该平台需具备多层级权限管理系统,并与建设银行内部的用户管理系统进行对接,实现统一认证和管理。

3.1.2 设计思路

针对建行研修中心直播中台的需求,保利威设计并提供了"直播中台+直播云"的视频直播统一平台解决方案,可实现直播中台系统设计与建设银行业务、管理权限紧密结合,可调用直播供应商公有云后端能力,来保障直播平台的通用性、可拓展性、高弹性、强容灾能力。

建设银行内部已有企业内部信息化统一平台,通过开发、定制、对接服务,可实现将该视频直播中台与企业内部信息化统一平台的对接融合,包括对接企业用户管理系统等,可对平台操作者权限进行管控及验证;同时,该直播中台具备高拓展性,可以被一个或多个前台业务部门进行调用(见图5-12)。

图5-12 直播中台架构

3.1.3 项目实施

(1)平台接入及部署:视频直播统一平台核心是部署在建设银行的"直播中台"

系统。直播管理后台与保利威直播系统之间由 API 相通，API 接口定义规范由视频直播统一平台定义。同时，该后台系统还将对内提供 API 接口，供建设银行内部各业务系统使用。

（2）接入规范：视频中台接入规范流程如下，分为两步：第一步创建好封装成子模块的"直播中台"；第二步将"直播中台"集成在用户企业平台内。

（3）直播观看端部署：直播观看页、助教管理页等直播功能性页面，技术上与直播技术底层技术实现方案关联紧密。在确保统一体验、权限可控、充分发挥供应商底层技术能力的原则下，由建设银行视频直播统一平台制定功能、交互、界面的统一标准，保利威来完成并提供页面功能，并通过建设银行视频直播统一平台定义的统一鉴权规范来确保页面访问的合法性和安全性。

（4）直播推流端部署：与直播观看端类似，主播端的应用程序、App 与直播技术底层技术实现方案关联紧密。同样由建设银行视频直播统一平台定义的统一鉴权规范来确保软件访问的合法性和安全性。

3.1.4 案例成果

建设银行研修中心视频直播统一平台在正式上线后，实现了企业内部培训、领导人讲话、政策宣导、制度讲解、高峰论坛活动直播等多种线上化场景。截至 2022 年 5 月 5 日，平台访问量突破 8 亿人次。其中，累计开展直播近 2 万场，直播累计观看人次突破 3000 万。

3.2 案例介绍：某大型国企

3.2.1 需求分析

与某大型国企共同打造了全员、全专业、全层级、全过程、全产业链、全生命周期的"云课堂"学习平台，平台支持 PC 端、手机 App 端和 iPad 端，部署培训项目、课程、师资、案例、题库、学员"六大体系"，涵盖线上线下、培训管理、资源共享和专区学习等模块功能，实现跨平台、跨终端、跨国界的同步课堂直播点播。

3.2.2 设计思路与实施

第一步：完成云课堂线上学习平台的搭建，实现线上培训业务直播与点播的正常开展，支撑海量用户同时在线，满足高并发、低时延、高可靠、保证内容安全等需求。

第二步：在内容逐步丰富后，随着培训课程内容上传越来越多，为学员进行自适应机器学习智能化推荐，实现千人千面的个性化学习。

第三步：与人力资源管理平台打通对接，将培训服务与人才评价进行关联，形成岗位学习地图，通过学习与评价工具，引导员工根据当前岗位进行对应的培训，形成数字化管理培训体系。

第四步：在覆盖全公司的基础上，面向公司整体产业链进行外部延展，打造产业链数字化学习平台，实现产业链的标准化、规范化管理。

3.2.3 案例成果

在2.0版本上线后，云课堂线上学习平台的用户量持续攀升，累计访问人次突破1100万，学员累计学时超过2900万，总点击量突破3800万次，最高日活超过5.4万，总人数超过66万。

3.3 案例介绍：爱尔眼科

3.3.1 需求分析

爱尔眼科600余家医疗连锁机构，4万名员工遍布亚美欧三大洲，年门诊量高达574万人次，年手术量高达56万台，专业、标准的人才培养难度大、跨度大。它通过建设自己的企业培训中心，在其分级医疗体系中，打造自上到下的支持培训和资源共享体系，满足可持续人才培养和人才储备的需求。

3.3.2 设计思路与实施

（1）直播过程中，通过签到、答题卡等功能随机"点名"，监督员工保持在线学习。

（2）直播结束后，可登录管理后台实时查询员工学习情况，包括出勤签到记录、近期参与课程、直播观看时长等维度；根据每期课程中的答题测评结果汇总及分析，了解直播培训效果。

（3）直播结束后，自动生成回放视频存档，方便后续对精彩内容的回顾和复用。同时，根据学员在直播间留下的行为数据，指导下一次培训活动的内容和方式。

3.3.3 案例成果

爱尔管理学院针对不同需求、不同层次、不同专业的员工，制订高效的培训方案。目前，已支持储备干部训练营、年度工作会议、述职答辩等多场直播。此外，直播正在渗透爱尔眼科更多业务场景，眼科专家用直播普及推广医疗知识，让健康知识以多元化形式惠及更多人。

3.4 案例介绍：肝胆相照——肝胆病在线公共服务平台

3.4.1 需求分析

肝胆相照——肝胆病在线公共服务平台，作为国内互联网肝胆病医疗健康领域品牌，为4亿名肝病人群提供科普教育服务，为肝胆病患者和肝胆病专家提供在线交流平台，并构建了肝胆病领域医生教育的新模式。

3.4.2 设计思路与实施

2016年底，肝胆相照接入保利威直播，肝胆病行业学术会议步入直播时代。平台采用新技术实现实时与专家线上随访、线下就诊、全周期病历管理、免费咨询、临床检验、疾病科普知识学习等服务。

3.4.3 案例成果

直播成为肝胆相照的主要服务形式之一，目前已累计直播超千场，覆盖70%左右的肝胆病感染病国家级会议和50%的省级年会直播。肝胆相照预测未来医疗学术会议直播有两个趋势：国家级会议和省级年会依然还是以线下为主，但会逐渐往线上线下相结合的形式靠拢；地市级小型培训则会大量投向网络直播，以线上为主。

4. 市场应用及未来展望

直播作为移动互联网视频时代的新基建，其所具备的连接能力也将帮助企业感知、管理、组织员工的培训，使教学更加个性化和规模化，真正实现因材施教的终极目标。

保利威为金融、教育、医疗等行业大型集团定制"直播中台"方案，通过视频中台的接口与保利威对接，帮助企业快速形成一整套视频及视频周边互动的技术解决能力，协助企业进行在线培训发展、人才培养及数字化创新。

未来，保利威将持续探索培训直播，通过直播平台数据分析等智能化的能力，反哺企业的人才管理与人才发展，辅助建立更符合需求的人才管理方法与制度，助力行业发展。

思变革 创新声
北大创新评论产业研究案例库（2022）

编委会点评

社会价值

在文化与科技融合的整体环境下，内容的呈现形态被技术深刻改变。企业、行业组织等主体可以通过在线直播的方式并运用多样化的呈现，完成对内对外的价值输出与传递，从而实现对企业员工、市场客户、组织成员、合作单位的影响与渗透。在后疫情时期，从被动到主动，从偶然到必然，以企业级直播平台为代表之一的数字化管理、培训、传播服务工具正日益成为数字化转型的必选项，成为具有深刻影响力的数字经济价值载体。

创新价值

保利威全链路视频服务具备直播中台化、管理融合化、应用扩展化等特点，可以帮助企业尤其是对直播培训质量要求较高的大中型企业搭建可自主运营、可沉淀数据、可优化成果的直播培训数字化平台，技术表现优异、方案成熟可靠。在可复用的标准直播功能之外，它还能够满足个性化、定制化需求，并预计进一步深入智能化推荐、营销等服务，与企业数字化管理系统、企业学习与文化机制有机整合，是企业数字化创新的高效支撑平台与管理者。